市场调查与预测

（第3版）

主　编　叶　伟　江玲妍　陈艳庆
副主编　吴龙平　刘　颖　欧丽玲
　　　　文　铮　陈　钢

北京理工大学出版社
BEIJING INSTITUTE OF TECHNOLOGY PRESS

内 容 简 介

本书为市场调查与预测的方法工具书,以任务驱动为主线,以工作过程为线索,以职业岗位和职业能力为本位进行课程体系构建。从市场营销人员岗位群角度出发,讲解了从市场调查设计到市场调查实施,最后进行市场调查分析与预测的理论与实践知识。

本书共设有三个学习情境10项任务,每项任务设有学习目标、任务导入、任务分析、任务知识、任务实施、课后巩固等模块。

本书采用"纸质教材+二维码关联数字资源+在线课程"的新形态一体化形式,通过数字化实现教材即时性,学习重难点突出,拓展学习配套资源丰富。内容选取按照理论够用、实用为主的原则,力求较前两版技术上更先进、结构上更符合教学规律。内容编排充分考虑高职学生的思维特点,采取由易到难、循序渐进的设计思路,操作案例贴近企业真实场景需求,实现"做中教,做中学"的理实一体化教学模式。

版权专有　侵权必究

图书在版编目(CIP)数据

市场调查与预测 / 叶伟,江玲妍,陈艳庆主编. — 3版. -- 北京:北京理工大学出版社,2024.2
ISBN 978-7-5763-3609-2

Ⅰ. ①市… Ⅱ. ①叶… ②江… ③陈… Ⅲ. ①市场调查 ②市场预测 Ⅳ. ①F713.52

中国国家版本馆CIP数据核字(2024)第045980号

责任编辑:王晓莉	**文案编辑**:王晓莉
责任校对:刘亚男	**责任印制**:施胜娟

出版发行 /	北京理工大学出版社有限责任公司
社　　址 /	北京市丰台区四合庄路6号
邮　　编 /	100070
电　　话 /	(010)68914026(教材售后服务热线)
	(010)68944437(课件资源服务热线)
网　　址 /	http://www.bitpress.com.cn
版 印 次 /	2024年2月第3版第1次印刷
印　　刷 /	河北盛世彩捷印刷有限公司
开　　本 /	787 mm×1092 mm　1/16
印　　张 /	17
字　　数 /	407千字
定　　价 /	88.00元

图书出现印装质量问题,请拨打售后服务热线,负责调换

前　　言

　　市场调查与预测是企业制定营销战略与策略的基础。尤其是在数字经济的浪潮中，我们正见证着一场前所未有的变革，人工智能（AI）的出现为市场调查与预测提供了新技术、新思路。在这一背景下，企业需要重塑商业实践和思维方式，通过新技术开展市场调查掌握海量数据，并运用新工具对数据进行处理，快速对市场需求与变化做出正确认识与判断，据此展开战略决策、产品定位、技术开发、产品生产和市场营销等一切活动。因此，只有及时展开市场调研，把握市场机会，才能在竞争激烈的市场中立于不败之地。

　　而对高职院校来说，市场调查与预测这门课程是大多数经管类专业的一个专业工具和方法课，这门课程不仅仅是传授事实性的市场调查与预测的知识，更是让学生在尽量真实的职业情境中学习"如何工作"。

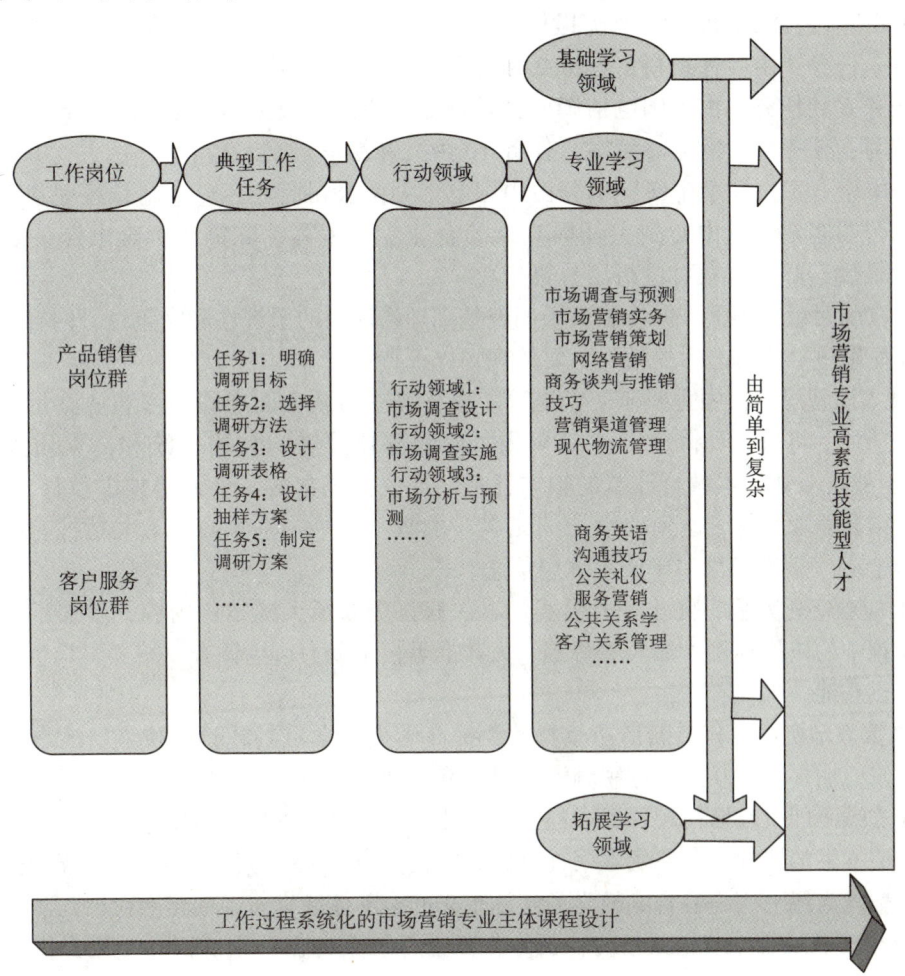

教材编写团队积极投身"三教"改革，在编写时充分体现职业教育类型特征，注重德技并修、育训结合，在课程思政中有机融入了劳动教育、工匠精神、职业精神、职业道德和职业规范等内容。

本书定位于市场调查与预测的实践应用，基于工作过程设置课程体系，以市场调查的实际运作过程为主线，从分析市场营销人员岗位群的典型工作任务出发，立足于市场调研人员工作的过程，采用工作过程描述的方式，确定了构成职业能力的典型工作任务，形成综合能力的行动领域，由三大行动领域映射构成整个市场调查与预测的学习领域。

在设计学习情境的过程中，我们按照市场调研的典型工作任务以及对应的职业岗位进行综合分析，从市场调研的工作过程出发，立足于高职院校现有的实践环境和条件，对应三大行动领域，将学习情境分成三个：学习情境一，其对于教学环境的要求不高，一般的多媒体教室即可完成；学习情境二，其主要是实地调研，特别是在户外调研环境下，对人和物进行合理配置，从而达到按时、保质、保量完成调研任务；学习情境三，其主要集中在机房上课，利用计算机辅助教学，进行数据的统计和分析。在组织教材内容时，我们从市场调研工作的整体出发，认识知识与工作的关系，从而掌握综合职业能力形成过程中极为重要的"工作过程知识"和"专业背景知识"，实现学习的迁移。因此，本教材不仅适用于高职院校市场营销、工商管理专业的学生，也可作为开放性教育、继续教育、社区教育的成人学生以及在职员工业务培训的参考书。

本书由叶伟、江玲妍、陈艳庆担任主编，全书共分为三个学习情境10项学习任务，其中前言、任务1由叶伟编写，任务2和任务3由江玲妍编写，任务4和任务5由陈艳庆编写，任务6和任务7由中国电信湖南公司商业客户部高级运营总监吴龙平编写，任务8由刘颖编写，任务9由欧丽玲编写，任务10由文铮编写。

本书中企业案例和学生实践部分由中国电信湖南公司商业客户部副总经理刘军、中国电信湖南公司客户经营中心副主任周开来等企业专家编写，陈钢负责全书课件及配套练习制作。最后，叶伟对教材进行了总纂定稿。

本书在前两版基础上，保持了市场调查基础理论框架的系统性和完整性，内容由基础到应用，循序渐进。修订之后的教材主要体现了以下特色：

1. 融入课程思政，强化职业素养培育。教材编写团队全面准确学习和认真贯彻落实党的二十大精神，将研究和落实"立德树人、培养德技并修的大国工匠和高素质人才"的"人才强国战略"作为本教材改革的根本任务。加快推进党的二十大精神进教材、进课堂、进头脑，结合职业教念，达到"润物细无声"的教学效果，将党的二十大精神有机融入教材，使学生在"学思践悟"中坚定理想信念。

2. 顺应数字化发展，优化育人模式。本次修订更新了大量案例内容，增加了新兴技术在市场调查中的应用实例，如人工智能、大数据等技术助力市场调查，培养了学生在专业领域的数智化技能。

3. 丰富教学资源，打造新形态教材。为提高学生的学习兴趣，反映最新的教学改革成果，此次修订增加了100余个微视频资源以及其他动画、图表、拓展案例等教学资源，学生通过扫描二维码即可获取视频资源。通过数字化实现教材可视性，帮助学生加深对重难点的理解。选用本书的老师通过使用本书提供的数字化资源，可以方便地实现在线互动教学，感受新形态教材为线上线下混合式教学的实施带来的全新体验。

4. 突出产教融合、校企共建的特征。积极推行校企合作，邀请行业专家提供案例及指导，根据岗位技术更新知识内容，使教材内容贴近行业规范。

5. 体现岗位性，注重实操性，突出职业性。本次修订注重在岗位能力培养方面的理念更新、知识更新、案例更新，使本书内容更加科学合理，更贴近实际。

在本书的编写过程中，我们得到了中国电信湖南分公司、中国通信服务湖南分公司专家们的大力支持，也得到了湖南邮电职业技术学院师生的共同协助。同时，我们也参考了国内外学者相关著作、教材以及相关网站资料，在此，我们一并表示衷心的感谢。

市场调研学科的发展速度迅猛，我们了解到，许多企业在实际工作中已经开始运用AI新技术改进传统的市场调查方式，这些最新进展仍有待进一步充实。我们真诚地希望得到老师和企业专家的指正与建议，共同推动本教材不断改进、与时俱进。我们将认真吸取成功的编写经验，在下一版的升级中进一步提高内容的系统性、先进性和适用性。

目　录

学习情境一　市场调查设计

任务 1　确定调查决策 ·· 003
　　学习目标 ··· 003
　　任务导入 ··· 003
　　任务分析 ··· 004
　　任务知识 ··· 004
　　任务实施 ··· 015
　　课后巩固 ··· 017

任务 2　选择调查方法 ·· 021
　　学习目标 ··· 021
　　任务导入 ··· 021
　　任务分析 ··· 022
　　任务知识 ··· 022
　　任务实施 ··· 037
　　课后巩固 ··· 043

任务 3　设计调查表格 ·· 049
　　学习目标 ··· 049
　　任务导入 ··· 049
　　任务分析 ··· 052
　　任务知识 ··· 052
　　任务实施 ··· 062
　　课后巩固 ··· 076

任务 4　设计抽样样本 ·· 081
　　学习目标 ··· 081
　　任务导入 ··· 081
　　任务分析 ··· 082

任务知识	082
任务实施	092
课后巩固	095

任务 5　制定调查方案 — 099

学习目标	099
任务导入	099
任务分析	101
任务知识	101
任务实施	108
课后巩固	121

学习情境二　市场调查实施

任务 6　组建调查团队 — 127

学习目标	127
任务导入	127
任务分析	128
任务知识	128
任务实施	142
课后巩固	147

任务 7　管控调查过程 — 151

学习目标	151
任务导入	151
任务分析	152
任务知识	152
任务实施	168
课后巩固	171

学习情境三　市场调查分析与预测

任务 8　整理调查数据 — 177

学习目标	177
任务导入	177
任务分析	178
任务知识	179
任务实施	188

  课后巩固 ·· 201

任务 9　预测市场趋势 ··· 207

  学习目标 ·· 207
  任务导入 ·· 207
  任务分析 ·· 208
  任务知识 ·· 209
  任务实施 ·· 227
  课后巩固 ·· 229

任务 10　撰写调查报告 ··· 235

  学习目标 ·· 235
  任务导入 ·· 235
  任务分析 ·· 236
  任务知识 ·· 236
  任务实施 ·· 250
  课后巩固 ·· 254

学习情境一

市场调查设计

【学习情境描述】

在一个调查项目中,前期的调查设计阶段决定了后续调查工作是否具有成效,学习情境一的主要目标是完成一份完整的调查计划书写作,在这个过程中,有一系列的典型工作任务需要完成,先看下面的调查项目:

家润多连锁超市的管理人员通过对商店近期销售额和市场份额进行分析,发现其商店的顾客人数出现下降。管理者希望改变这种状况,但是在这之前,企业需要知道顾客人数下降的原因,并在此基础上采取合适的对策。因此该商店的管理者委托一家市场调查机构进行一次调查。超市内部陈列如图1-1所示。

图1-1 某连锁超市内部陈列

该市场调查机构派出调查人员进行调查项目的实施:

首先调查人员与该商店的管理者进行交谈,界定调查问题。经过与管理者的一系列交谈,分析二手资料,调查公司认为家润多连锁超市的管理决策问题是:应该采取何种措施来增加家润多连锁超市的顾客?

其次就是界定应该调查的问题。通过探讨,将问题限定为:和主要竞争对手比较,判断家润多连锁超市对顾客产生影响的优点和缺点。

然后根据调查的问题，调查公司应该找到如下信息：

①家庭消费者在选择超市时使用什么标准？

②根据问题1得到的选择标准，家庭消费者如何评价家润多连锁超市和它的竞争者？

③在购买某一具体的产品时，消费者会选择哪些商店？

④针对具体的产品种类，家润多连锁超市和它的竞争对手各占多少市场份额？

⑤家润多连锁超市的顾客人数和形象如何？和它的竞争对手的区别在什么地方？

⑥对家润多连锁超市的评价和消费者的特点能否足以解释该商店的经营状况？

随后调查公司针对以上六个问题进行信息搜集，根据调查需要搜集的信息的不同，分别采用了二手资料调查、问卷调查法、深度访谈法、观察法等方法进行调查。

调查包括：

①任何进入这个连锁超市的人，无论是否购买东西；

②任何在这个连锁超市购买了商品的人；

③任何在这个连锁超市每月至少购买一次商品的人；

④经常负责在连锁超市购物的家庭消费者。

本项目是调查公司日常业务的一项。通过对业务的过程分析和对市场调查人员工作的内容进行分析，在市场调查设计阶段，需要完成以下几项工作任务：

任务1：明确调查目标，调查者需要明确地知道到底应该调查什么项目；

任务2：选择调查方法，根据不同的调查项目应该采用什么调查方法进行数据的收集；

任务3：设计调查表格，如果需要设计数据收集的表格，应如何设计；

任务4：设计抽样方案，写明调查的对象是谁、应该调查多少人；

任务5：制定调查方案，阐明针对此次调查项目，我们应该如何组织和管理。

任务 1 确定调查决策

学习目标

知识目标
1. 了解市场调查与预测的研究内容
2. 理解市场调查与预测的功能和作用
3. 理解企业管理决策过程和调查的关系
4. 掌握确定调查目的的方法

技能目标
1. 明确市场调查与预测在战略规划和决策制定中的作用
2. 向决策者提供有效的市场调查与预测信息
3. 解释市场调查与预测为何要分析和解释数据
4. 讨论市场调查与预测和决策制定之间的联系
5. 描述市场调查与预测的各种应用

素质目标
1. 学生良好的职业道德和公民素养
2. 学生对新技术、新知识的研究精神
3. 学生对调查工作实事求是的工作态度

任务导入

世界上第一瓶百事可乐同样诞生于美国，那是在 1898 年，比可口可乐的问世晚了 12 年。

20 世纪 70—80 年代，百事的销售量逐年递增，与对手可口可乐之间的竞争达到白热化程度。可口可乐除了声誉与口味外，其突出的、漏斗形的瓶身设计也是深得人心。百事可乐决心花费巨资研究新的可乐瓶外形与可口可乐抗衡。

百事可乐曾经推出螺旋形的瓶子，然而此举不仅没有给产品带来销路，反而被认为是仿冒者。饮料行业行销大师约翰·史考利决心从消费者的"真正需要"着手。他们选择了 350 个家庭做"长期的产品饮用测试"，结果发现，"无论消费者订购多少数量的百事可乐，总有办法将它喝完"。由此，调查团队总结出，消费者需要的是容量更大的瓶子。于是，百事可乐在调查结果的基础上，结合设计，推出了大容量的瓶装可乐。结果，百事可乐的市场占有率出现了较快的提升。可口可乐也被迫在市场的反应下，改变了其一直以来引以为傲的漏斗形设计，从而也推出大容量外包装系列。百事可乐陈列架如图1-2所示。

通过市场调查，百事可乐准确确定了市场的需求点，从而为其赢得了一场营销的胜利。

图1-2　百事可乐陈列架

结合案例思考：

1. 什么是市场调查？
2. 市场调查在企业经营中有什么样的作用？

任务分析

企业在需要调查时一般情况下是需要做某个管理决策，而市场调查则是要解决在决策过程中能提供什么必要的信息，这个信息必须能够降低决策风险。在很多情况下，企业针对出现的或要解决的问题只是向市场调查部门提出一个大致的调查范围或意图，因而对于市场调查人员来说，需要根据调查范围来确定调查的意图，了解调查意图是调查过程中比较困难的任务，在此阶段市场调查人员需要认真思考以下这些问题：

◇ 为什么要寻找这些信息？
◇ 这些信息是否已经存在？
◇ 问题确实存在答案吗？
◇ 谁需要这些信息？

市场调查过程的第一步是认识市场调查的背景。为了了解市场调查的背景，调查人员首先需要了解客户的公司现状和内外部环境，尤其是找出那些对界定调查问题会产生影响的各种因素，如客户公司的现状、能提供的资源和当前调查的限制性条件、目标顾客购买行为、经济环境、政治法律环境等。

任务知识

一、市场调查与预测的定义

对于刚接触市场调查与预测的人来讲，可能认为市场调查与预测是：
◇ 从市场收集信息；

◇ 开展客户调查；
◇ 识别消费者需求；
◇ 评估消费者对广告的反映；
◇ 收集竞争者的销售数据和市场份额；
◇ 在市场中测试产品或者服务；
◇ 估计公司的产品或者服务的销售潜力。

虽然上述定义描述了市场调查与预测，但是该定义没有完全反映市场调查与预测的内容。该定义只是市场调查与预测运用的例子而已，而非正确的定义。

美国营销协会（AMA）的定义是：市场调查与预测是一种通过信息将消费者、顾客和公众与营销者连接起来的职能。这些信息被用来识别和确定市场机会和问题，产生、提炼和评估营销活动，监督营销绩效，增进人们对营销过程的认识。市场调查与预测能详细提供回答上述问题所需的信息、收集信息的方法、事实信息收集的过程，并管理和执行数据收集流程、分析结果、传达调查结果和应用意义。

视频1 美国营销协会

由上可知：市场调查与预测是一种在现代营销和经济活动中有目的的活动，是一个与市场营销活动相关的系统过程，是对信息的判断、收集、记录、整理，对市场调查进行设计，对市场信息进行收集，对市场调查得到的结果进行分析和预测，以及对市场调查与预测的报告进行报告的过程。

对于这个定义我们可以从以下几个方面来理解：

（1）市场信息：市场信息是指与市场情况和企业营销活动有关的各种文字、声音、影像、图表、信息、商业情报等的总称，这也是市场调查与预测的一项基本任务。收集市场信息是为了解决一些特定的营销问题，或是为了更深入地把握市场，或者为了更准确地认识某种营销现象。

如：某服装品牌向市场推出新的产品，对企业而言，潜在消费者对新产品的价格、功能、款式等的接受程度就是该企业进行市场调查与预测工作中必须收集的市场信息。

（2）数据：数据是市场信息的载体，是指用数值量化来表达市场信息。市场调查的工作成果之一就是市场调查数据。作为市场信息收集、处理后的一种主要结果，市场调查数据也是市场分析与预测的基本工作对象。

如：某服装品牌通过调查后，得到了潜在消费者对新产品价格的市场数据信息，通过分析得知潜在消费者市场可以接受高于现有产品价格20%的新产品价格。

（3）过程：市场调查与预测是一个具有明确目标、进行市场信息收集和处理以及调查数据分析的规范性研究过程，需要遵循一些既定的原则和流程。

作为一项系统性的专业知识和技能，市场调查规定了特定营销问题的解决需要哪些市场信息，收集并管理市场信息可以运用哪些手段，分析调查数据可以采用哪些方法，调查结果和分析结论的沟通和报告方式以及进行市场预测时可具体采用哪些方法。

如：在某服装品牌进行市场调查的工作开始之前，管理层就依托既定的市场调查原则与流程，有章可循地管理市场部门的市场调查活动、监督市场调查与预测工作、判定市场调查工作质量。

（4）营销活动：作为达成营销目标的各种定价、分销、促销等市场行为的统称，营销活动的范围和领域构成实质意义上的市场调查内容。

企业的具体营销活动总是伴随一定的营销现象和营销问题而产生，也会催生一系列的营销现象和营销问题，并使企业开展市场调查与预测工作。

如：某服装品牌在新产品销售不畅的情况下，希望采取一定的营销方式来扭转当前的不利局面。由此，本次市场调查与预测来自该企业营销活动中实际遇到的营销问题。

（5）营销决策：营销决策是指对营销活动的目标、策略、战略等重大问题进行选择和决断的过程。市场调查工作者遵循规范的市场调查流程，开展市场信息收集和分析的工作，从而为营销决策的科学制定提供客观的数据和有效的分析。

如：某服装品牌通过对新产品的现有和潜在消费市场进行市场调查后发现，消费者虽然接受新产品比原有产品高20%的价格，但由于同类型竞争对手也同时推出新产品并维持原有价格，从而使得本公司新产品的市场受欢迎度不高。通过这些调研信息分析，营销决策结合市场现状和发展规律，通过一系列促销、降低定价等方式降低价格，从而提升了新产品的市场占有率。

二、市场调查与预测的作用

在任何组织中都会有大量的决策制定，总的来讲，市场调查与预测的作用就是为企业解决特定的营销决策问题而收集加工信息并提供数据分析结果。具体而言，它的作用与营销决策的各种问题密切相关。

视频2　市场调查与预测的作用

（一）发现营销机会和限制条件

发现营销机会和限制条件是制定营销战略的出发点，特别是公司在考虑推出新产品或使用现有产品开拓新市场时，以下的信息将非常有用：

◇ 潜在的竞争者是谁？
◇ 潜在竞争者的市场地位有多强？
◇ 客户如何看待我们的产品和竞争者的产品？
◇ 新市场有哪些条件是和其他市场不同的？

市场调查与预测有助于回答以上和其他的市场问题，越来越多的公司定期开展市场调查来获得制定有效战略需要的信息。为了更好地了解客户和需要，公司在制定营销战略的早期就非常有必要开展市场调查。

许多公司就是由于在推出新产品前忽视了研究营销机会和限制条件，而导致新产品的失败。

案例 1.1

向洋葱认输的麦当劳

作为世界上最大的快餐连锁店，2009年10月31日午夜，麦当劳在冰岛结束了这一天的营业，也结束了在冰岛长达16年的营业历史，全面退出冰岛市场，甚至没有表示会有重新开张的一天。

虽然麦当劳总部发表声明表示在冰岛开展业务是一项非常大的挑战，但冰岛麦当劳的总经销商欧曼德森却表示，麦当劳在冰岛的生意一直十分兴隆，"每到就餐时间，麦当劳里汹涌的人群是任何一个地方都没有的。"既然生意这么好，又是什么原因使得麦当劳选择退出呢？

答案就是冰岛的洋葱！

冰岛的农业不发达，大部分的农作物都进口于德国，包括麦当劳里一种必不可少的原料：洋葱。然而麦当劳1993年决定在冰岛开设分店时，并没有进行仔细的市场调查，作为一种其他市场中随处可见的便宜货，该地区的洋葱贵得出奇：购进一个普通大小的洋葱，需要卖掉十几个巨无霸汉堡才能够本！当然，这是在冰岛麦当劳店开张后才发现的。

但是当时既然已经开张，麦当劳就坚持了下来。虽然在冰岛的生意看上去兴隆，但所产生的利润实在是微薄。麦当劳冰岛的特许经营商奥格蒙德森用一句话描述了这十几年来的经营状况："一直在不断地亏钱。"

2008年的金融风暴使得冰岛的货币克朗大幅度贬值，欧元逐渐走强，加上进口食品税率提高，农作物进口的成本不断攀升，更是加大了麦当劳的经营难度。在冰岛的首都雷克雅未克，一个巨无霸的售价当时为650冰岛克朗，但是如果要获得经营所必需的利润，价格就要上涨为780冰岛克朗（约6.36美元），这个价格甚至比挪威和瑞士的5.75美元还要高。而且，如果是这个价格，作为快餐中的一员，麦当劳根本不会成为当地消费者的选择。而购买一个普通的洋葱，按照欧曼德森的话来说，"要花掉购买一瓶上等威士忌酒的钱"。

由此，进口洋葱的高价，加上金融危机的影响，使得麦当劳这个在全世界所向披靡的巨无霸在冰岛认了输。试想一下，如果麦当劳在开拓冰岛市场的时候进行了市场调查，考虑到原材料对产品价格的影响并采取了一系列的营销决策，或许就不会出现这样的后果。

思考：

在上述案例中，除了调查农产品等原材料对麦当劳市场的影响，还有哪些因素是可以在进入新市场前提前调查的？

（二）选择营销目标

市场调查与预测能够帮助企业确定和选择恰当的营销目标。企业营销活动的基本目标，一是满足目标市场的需求，二是实现企业的销售额与利润额。其他目标在很大程度上取决于这两个目标的实现。不管是确定目标市场，还是确定企业的销售与利润目标，都需要可靠的信息作为基础。

市场调查与预测可以提供以下几个方面的信息，帮助企业确定和选择营销目标：

◇ 现有和潜在市场的客户需求是什么？
◇ 企业的产品能够满足的欲望和需求是什么？
◇ 满足与本企业提供的同种需求竞争者都有谁？
◇ 现有的和潜在的细分市场有哪些？
◇ 各细分市场的潜量有多大？
◇ 在哪些细分市场上企业可以得利？
◇ 企业投入一定的营销费用在某个市场推广活动中，能获得多大的销售份额？

案例 1.2

百事可乐的大容量瓶装饮料问世

在美国软性饮料市场中,通过市场调查结果发现,排名第一的可口可乐除了口味和声誉以外,它突出的漏斗形的设计也在消费者心目中占有重要的分量,在同类产品竞争中占据着重要优势。

为此,百事可乐决心花费巨资来研究新的饮料瓶设计与之抗衡。

一开始,百事可乐曾推出螺旋形的瓶子,不但没有为百事可乐带来好的销路,反而被认为是仿冒者。由此,百事可乐行销副总裁约翰·史考利决心利用市场调查与预测来弄清楚消费者们"真正的需要是什么"。于是,选择350个家庭做"长期的饮品测试",消费者的一个倾向引起了调查人员的关注:"消费者不管订购多少数量的百事可乐,总有办法把它喝完。"由此,再通过其他一系列的方法调查确认:消费者需要的是更大容量的可乐瓶。于是,百事可乐针对家庭推出了大容量的瓶装可乐。

结果百事可乐的市场占有率出现了戏剧性的扩张。可口可乐被迫改变了它长期引以为傲的"可口可乐"设计,采用更大容器。

思考:
百事可乐是怎样选择它们的营销目标的?

(三) 分析竞争环境

市场调查与预测是保持和提高公司整体竞争力的关键,众多机构都在持续收集和评估市场信息以识别未来市场的机遇和威胁。

在分析竞争环境中,竞争对手调查是非常重要的方面。企业为了得到这方面的信息,可以开展以下调查工作:

◇ 识别企业的竞争对手及其数量:包括生产或销售与本企业相同的、类似的以及可替代的产品的企业;

◇ 竞争对手的市场占有率:比如同类产品各重要品牌的市场占有率及未来变动趋势;

◇ 竞争对手的竞争力:主要包括企业的规模、资金、财务状况、技术装备、人力资源、管理水平、领导作风、经营风格等;

◇ 竞争对手的目标和市场营销组合策略;

◇ 竞争对手的竞争策略与手段;

◇ 竞争对手的产品设计开发能力与动向;

◇ 潜在竞争对手出现的可能性;

◇ 竞争对手的关键数据调查,如销量、产量、市场份额、毛利、投资收益率、新增投资等;

◇ 竞争对手的经营战略调查,包括竞争对手的目标、业务组合、产品特征与组合、广告和促销方案、研发能力与研发计划等;

◇ 竞争对手的主要顾客调查。

(四) 制定和执行营销战略

一个公司必须制定有效的营销战略和有效的营销组合才能充分利用市场上未发掘的机

会。也就是说，公司必须就以下事项做出正确决策：产品性质、产品促销方式、对潜在消费者的定价以及让消费者获得产品的途径。

好的市场调查能够发现某一营销组合能否将现有的机会有效地变成公司最大的收益（销售额、利润、客户满意度和价值）。许多新产品在开发前都会进行深入的市场调查以帮助确定营销组合的一个或多个要素。

案例 1.3

吉利公司市场调查的成功案例

男人长胡子，因而要刮胡子；女人不长胡子，自然也就不必刮胡子。然而，美国的吉列公司却把"刮胡刀"推销给女人，居然大获成功。吉列公司创建于1901年，其产品因使男人刮胡子变得方便、舒适、安全而大受欢迎。进入20世纪70年代，吉列公司的销售额已达20亿美元，成为世界著名的跨国公司。然而吉列公司的领导者并不以此满足，而是想方设法继续拓展市场，以争取更多用户。1974年，公司提出了面向妇女的专用"刮毛刀"。

这一决策看似荒谬，却是建立在坚实可靠的基础之上的。

吉列公司先用一年的时间进行了周密的市场调查，发现在美国30岁以上的妇女中，有65%的人为保持美好形象，要定期刮除腿毛和腋毛。这些妇女之中，除使用电动刮胡刀和脱毛剂之外，主要靠购买各种男用刮胡刀来满足此项需要，一年在这方面的花费高达7 500万美元。相比之下，美国妇女一年花在眉笔和眼影上的费用仅有6 300万美元、染发剂费用5 500万美元。毫无疑问，这是一个极有潜力的市场。

根据市场调查结果，吉列公司精心设计了新产品，它的刀头部分与男用刮胡刀并无两样，采用一次性使用的双层刀片，但是刀架则选用了色彩鲜艳的塑料，并将握柄改为弧形以利于妇女使用，握柄上还印压了一朵雏菊图案。这样一来，新产品立即显示了女性的特点。

为了使雏菊刮毛刀迅速占领市场，吉列公司还拟定了几种不同的"定位观念"，到消费者之中征求意见。这些定位观念包括：突出刮毛刀的"双刀刮毛"，突出其创造性的"完全适合女性需求"，强调价格的"不到50美分"，以及表明产品使用安全的"不伤玉腿"，等等。

最后，公司根据多数妇女的意见，选择了"不伤玉腿"作为推销时突出的重点，刊登广告进行刻意宣传。结果，雏菊刮毛刀一炮打响，迅速畅销全球。

这个案例说明，市场调查研究是经营决策的前提，只有充分认识市场、了解市场需求，对市场做出科学的分析判断，决策才具有针对性，从而拓展市场，使企业兴旺发达。

（五）评估营销计划的有效性

在给定的目标市场中运用某种营销组合或者营销计划后，就需要通过一定的方式对营销绩效进行一定的评估，从而得知营销计划是否有效。

而在市场中，要取得不断的成功，公司必须定期监测市场情况，常用手段为消费者反馈和进行与评估营销计划有效性相关的调研，具体包含：

◇ 企业形象分析；
◇ 企业产品跟踪研究；
◇ 顾客满意度研究；
◇ 企业员工满意度研究；
◇ 分销商满意度研究；
◇ 顾客忠诚度评估。

公司希望知悉这类问题来评估其市场表现时，只有市场调查与预测，而非营销商的主观意见，才可以正确回答这些问题。

由以上内容可见，市场调查是营销决策者和市场之间的基础联系。市场调查在计划和决策所有的三个环境中都可以发挥重要作用：发现市场机会和限制条件、建立和执行营销战略，以及评估营销计划的有效性。

三、市场调查与预测的基本原则

为了向管理者提供有效的信息，市场调查与预测需要遵循以下七个原则：

（一）时效性原则

由于市场总是在动态的变化，市场中的信息总是存在一定的时效，过去的信息可能不适用于当前的市场。依据过去的信息来把握当前的市场，就如同驾驶车辆时使用一张过时的地图导航，对企业来说是非常危险的。时效性原则如图1-3所示。

图1-3　市场调查与预测的时效性原则

案例 1.4

汽车行业的调查

以汽车行业为例，美国汽车生产商通用汽车和福特汽车公司根据市场调查得到的需求预测和客户的反应，开发和销售了大量的运动型汽车。虽然销售战略非常成功，但是客户对运动型汽车的需求却受到中东紧张局势和石油价格的猛涨的影响而开始疲软。

在变化迅速的市场环境中，市场调查与新型的运动型汽车推出之间的时间间隔太长。虽然投资新产品开发的决策基于市场调查，但是在两到三年才推出产品是不妥的。因为在开发新车型之前要花费大量的时间和金钱开展市场调研。

值得注意的是，及时性的问题也适用于其他企业和产品，特别是设计与推出时间间隔长的产品，其调查结果的及时性和相关性也是值得怀疑。

思考：
汽车等设计与产品间隔长的产品，如何更有效地进行市场调查与预测？

（二）经济性原则

如果从投入产出角度来看市场调查：投入的是资金、人力与时间，产出的是市场信息与分析结果。经济性原则意味着市场调查的投入与产出的比例要恰当，即市场调查与预测要以尽可能少的成本投入取得价值较高的信息产出。

（三）科学性原则

经过长期的发展，市场调查已经演变成一项结构化的工作，具有规范的流程，这个工作流程的必要性已经得到市场调查与预测理论界的认可，并在实践中被反复证实其合理性。

科学性原则要求市场调查与预测的工作必须遵循相应的流程化步骤。而结合时效性原则，流程化的步骤也能够保障较为合理的调查时间。

（四）客观性原则

客观性原则要求市场调查人员自始至终去寻求反映事物真实状态的准确信息，去正视事实和接受调查的结果。

市场调查人员不允许用数据去支持已经做出的决定，也不允许在调查过程中带有个人主观的意愿和偏见。在最终的调查资料和结果不符合最初的期望时，调查人员要正视事实，客观地接受市场调查结果。

（五）系统性原则

市场调查与预测的系统性表现为全面收集所需的信息资料。调查人员需要将市场视作一个完整的系统，既要收集消费者的信息和企业自身的信息，也要收集社会环境以及竞争对手的信息。

（六）保密性原则

市场调查与预测信息反映了市场状况和企业运营状况，具有极大的商业价值，也有可能在调查过程中涉及个人和客户的隐私。保密性原则就是要求市场调查与预测的从业人员在没有获得授权的情况下为委托方保密，即不将材料泄露给第三方；在没有获得许可的情况下为被调查者保密，以此来保证被调查者对市场调查的信任。

（七）准确性原则

市场调查与预测过程中，要实事求是地进行收集调查资料，尊重客观事实，调查资料的分析过程中不人为造假和虚构。

该原则和客观性原则有紧密关联，其主要的要求是市场调查与预测中尽可能地减少调查误差，控制调查误差的范围。

> **素质提升**
>
> **人口普查会泄露隐私吗**
>
> 人口普查会泄露隐私吗？这应该是每个人所关心的问题，在人口普查表格中，我们可以看到除了年龄、性别外，婚姻、工作等都需要如实填写，很多人会有点不太放心，万一泄露了怎么办呢？
>
> 所有人口普查教员和调查员均应按要求签署保密承诺。普查对象声明的信息必须保密，并且严禁将个人和家庭登记信息透露给第三方。有关普查信息应在规定时间内无条件退还或按要求销毁，并且不得通过拍照、复制或其他方式保留。违反规定的，由有关部门责令中止普查工作，并依照法律法规承担政治责任和法律责任。
>
> 此外，本次普查还按照国家网络安全三级安全标准进行了安全管理，以建立坚实的数据安全保障，加强对公民个人信息的保护。
>
> 所以政府部门在市场调查时会严格遵守保密性原则，保障个人隐私不被泄露，作为中国公民我们应积极配合政府部门组织的调查。

视频3　人口普查

四、市场调查协助决策，但不能取代决策

市场调查本身不能提供可靠的营销决策。市场调查可以向决策者提供信息来源，即提供相关、及时、可靠的信息。反过来，市场调查的相关性取决于：

营销人员正确判断问题性质的能力；

营销人员在恰当的时间、恰当的数据收集过程中，正确判断问题性质的能力；

营销人员在恰当的时间、恰当的数据收集过程中，正确判断需要解决的问题及提出正确问题的能力。

概括起来，虽然市场调查可以协助和影响决策，但是调查的有效性受调查决策者的影响。市场调查和决策者之间存在互动关系，双方不可互相取代。

市场调查只能协助而不是取代决策的另一个原因是，最终决策不仅受到市场调查结果的影响，同时还受到公司其他因素的影响，比如资源限制、公司目标及公司外部因素，比如竞争者的反应和法律制约等都必须考虑，因为决策者比调查者更清楚这些因素，所以他们对最后的决策负最终的责任。

在市场调查与预测过程中，调查目标的确定主要有三个工作需要完成：

第一个工作是确定信息的需求；

第二个工作是具体描述调查目标；

第三个工作是具体描述信息需求。

以上都是市场调查与预测的准备阶段，即明确调查目标阶段的工作内容，这个过程需要与企业经营管理的决策过程结合起来，在企业决策的前期，企业领导人需要识别决策情况，也就是说有什么问题需要进行决策。

其次，如何定义这个决策问题，最后有哪些可供选择的行为方案，具体情况可以通过图1-4说明。

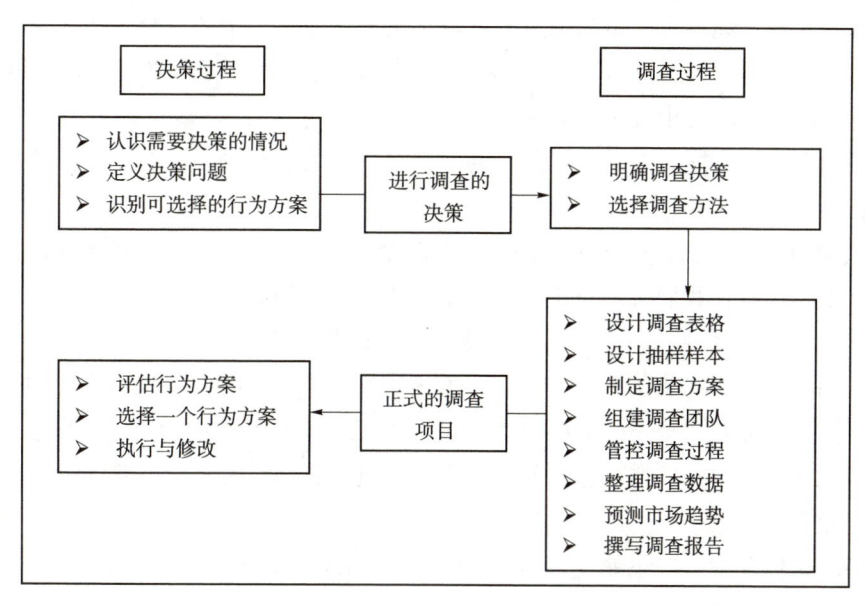

图1-4　市场调查与企业决策的关系

（一）决策情况的识别

在企业管理过程中，当目标已经确定，但是在绩效衡量的时候发现并没有达到预期的目标，就要查明存在什么问题导致目标无法达成。

例如新产品推广的市场份额低于预期市场份额，广告的有效性不尽如人意，营销活动并没有取得预期的目标的时候，问题就出现了，企业的决策者需要思考这个问题：为什么没有达到这个目标？

除此之外，企业的决策者在做出一个决策时很可能是想要利用某个市场机会，如何才能够利用好一个机会来实现更高的目标？

也有的企业决策者可能在企业管理过程中发现了一些征兆，例如销售下降或者利润下降等情况，一旦发现这些征兆，企业决策者就会进行进一步的分析，以识别和定义问题和机会。

（二）决策问题的定义

一旦决策者觉察到，存在需要决策的情况，那么下一步就是清晰地定义决策问题。一个清晰的决策问题定义由两个组成部分：

一是对于决策环境中目标的彻底的理解。

二是对于在决策环境中问题和机会的陈述。

决策制定者有两种方法来定义决策问题：第一种是有系统地陈述决策问题，这些决策问题是以现有信息的分析为基础的，这种方法依赖于决策者的经验和判断，外加与决策情况有关的现存数据的分析技巧；第二种是利用探索性调查来帮助定义决策问题。两者可以结合使用，也可以单独使用。

如果后一种方案被采用，则会存在一种相互作用的过程，这是基于现存信息的先前详细陈述的假设，与从探索性调查中发现生成的假设之间的相互作用，在这个相互作用的几个点上，决策者必须清楚地界定决策问题，并且继续决策制定过程中的其余步骤。

（1）决策问题是什么？每当管理层要完成一个目标，面对两个或两个以上行为方案来达到目标的情况，这时便出现了决策问题。

决策问题会出现在同时涉及问题和机会的情况中。关于解决问题的最佳行动方案与如何利用机会冒险的不确定性，可能同时存在。

（2）决策目标是什么？决策制定程序具有两个典型的目标来源，一是组织，二是个人。为了理解决策的动机，我们必须对于组织和个人的目标都很敏感：

① 当两套目标一致时，决策制定程序会比冲突时更有效；

② 但是如果组织和个人的目标相冲突，为了实现组织目标，如何解决这一冲突问题，显然就是一个复杂的问题，而一个方法是把组织的目标明确地向组织中的其他人陈述。

确定明确的决策目标，在可选择的行为方案中进行选择，常常能够确保组织目标在决策的时候起主导作用。

在很多决策情况中，决策制定者并不是个人，组织中的决策会涉及两个或更多的决策者，从而形成决策梯队。

另外一种情况涉及一个占主导优势的决策者，而决策过程中的其他个人则强烈影响着他。在这种情况下，不仅仅在组织目标和个人目标之间存在着潜在的冲突，而且决策过程中涉及的个人目标之间也存在着冲突。

（3）问题和机会如何陈述？识别问题和机会的过程，被称为环境分析。其目的是分析组织所面对的过去和将来的环境，以发现组织的问题或展示未来的机会。

环境分析是一个创新的过程，在进行环境分析的时候，需要各种信息来源，以确立关于原因因素的洞察力和假说。思考的自由度，以及多种信息来源的应用，对于成功的环境分析是十分关键的。

（4）可选择的行为方案有哪些？如果有了决策问题的清晰陈述，那么决策程序的下一步就是识别可选择的行为方案。行为方案描述了如何在给定的一段时间内，配置组织的资源。保持现状和改变现状一样，都是一种行为方案。

可选择行为方案的形成，对于详细描述决策问题是很关键的。识别平庸的行为方案通常是一件简单的事情。执行平庸的行为方案，可能会部分地解决问题或在某种程度上利用优势。真正的管理问题是识别最优的行为方案，产生最好的业绩，并且赋予组织竞争力。

（三）评估可选的方案

一旦确认了可选择的行为方案，下一步就是评估。在这时，决策者面对的问题是"需要什么样的信息来正确选择行为方案"。决策者的经验和判断，外加由市场调查体系所提供的当前信息，可以帮助回答这个问题。

另外，决策者会决定需要新信息，并要求进行正式的市场调查。进行调查的决定，意味着可以获得想要的信息，而与收集信息的相关的成本与时间的延误，将被调查所带来的潜在价值所冲抵。所以此时调查所花费的时间不应该超过环境变化的要求，即遵循时效性原则。

▶ **任务实施**

在市场调查与预测过程中，调查目标的确定主要有三个工作需要完成：第一个工作是调查问题的定义，第二个工作是确定问题的解决办法，第三个工作是具体描述信息需求。

这些都是市场调查与预测的准备阶段，即明确调查目标阶段的工作内容，这个过程需要与企业经营管理的决策过程结合起来。具体来讲，明确调查目的的步骤如下：

1. 第一步：调查问题的定义

明确调查目的所涉及的准备工作包括：和决策者讨论，采访行业专家，分析第二手资料以及实施定性调查。所有这些工作的目的是获取关于问题的背景信息，以帮助正确地界定营销调查问题。

（1）和决策者讨论。和决策者讨论的工作非常重要。决策者需要理解调查的作用和局限性，调查可以提供与管理决策相关的信息，但是并不能提供解决问题的办法，这需要管理者来判断。

反过来，调查者也需要了解决策者面临的决策或管理问题的实质，以及决策者希望从调查中获得的信息。

（2）会见行业专家。除了和决策者交谈外，会见对公司和产品非常熟悉的专家，对系统地阐述调查问题也是非常有帮助的。

行业专家，既包括公司内部的行业专家，也包括公司外部的专家，通常情况下，对于专家访谈无须制作正式的调查问卷，但是还是需要在前期做好准备，以便于快速完整地获取相关信息。

（3）分析第二手资料。第一手资料通常指调查者为解决具体的调查问题而亲自收集的资料，第二手资料则是指并非为解决现有问题而收集的资料。

第二手资料来源非常广泛，包括企业和政府、商业性调查公司以及互联网。第二手资料是了解背景知识最省时间的渠道。

（4）定性调查。在有些情况下，根据从决策者、行业专家处获得的信息以及收集的第二手资料仍不足以界定调查问题，这时，还应采取定性调查的方法来了解问题及相关的潜在因素。定性调查没有固定的模式，具有一定的探索性，这种调查方法以少量的样本为基础。

从定性调查中获得的信息，结合与决策者的交谈、与行业专家的会见以及对第二手资料的分析，就能够使调查者充分了解问题的背景内容。

2. 第二步：确定问题的解决办法

当调查人员通过与企业管理者进行沟通的时候，往往可以发现企业管理者真正的决策难题是什么，有些什么样的决策方案可以供其选择。

通过与行业专家的讨论和对二手资料的分析，调查人员可以确定出调查的目的。确定调查目的的过程，从本质上来讲，就是发现能够支持做出决策所需的数据，进行相关的调查假设。

3. 第三步：具体描述信息的需求

调查设计的工作，是根据第二步调查目的的需要，提供各种需要收集的数据，最终的结果通常是一张数据需求列表，数据需求列表对所需要收集的所有数据进行说明，并且在此基础上提出基本的理论模型和假设、数据收集和分析的方法。

当调查者了解了问题的背景因素后就可以对调查问题进行精确定义，并且根据调查问题的定义寻找问题的解决办法，最后完善调查整体设计，如图1-5所示。

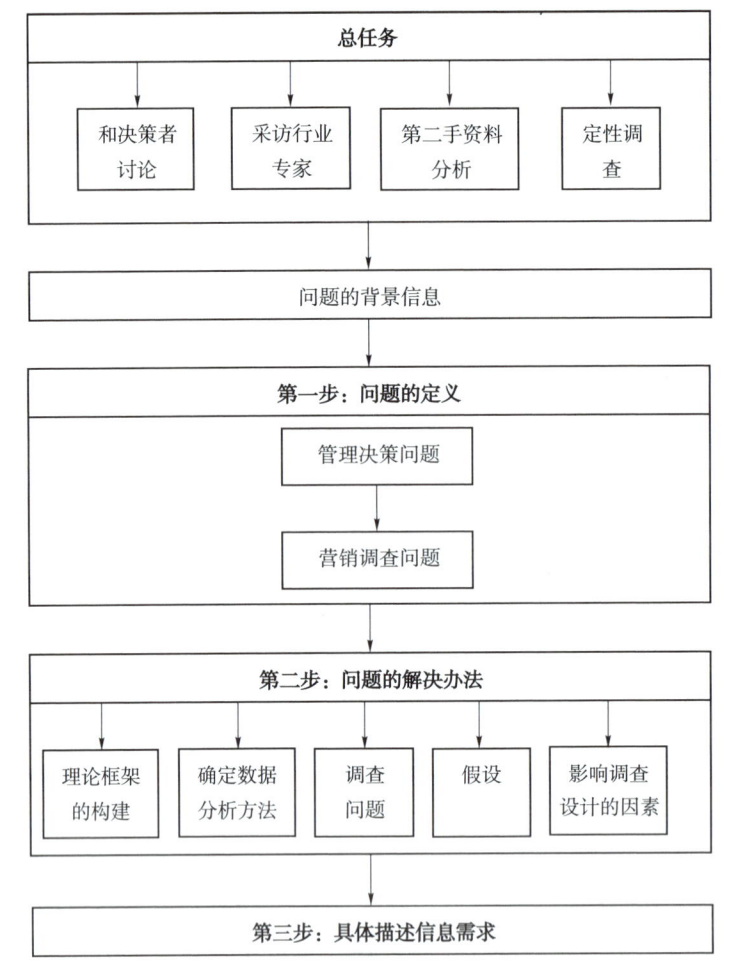

图1-5 界定调查问题的一般步骤

拓展阅读

高校电信市场客户需求分析

课后巩固

◆ 知识训练

一、单项选择题

1. 以下不属于能够帮助企业选择和确定营销目标的信息是（　　）。
   A. 现有和潜在市场的客户需求是什么？
   B. 各细分市场的潜量多大？
   C. 在哪些细分市场上企业可以得利？
   D. 潜在的竞争者是谁？

2. 由于市场总是在不断变化，过去的信息可能不适用于当前的市场，指的是市场调查与预测的什么原则？（　　）
   A. 时效性　　　　　　　　B. 经济性
   C. 科学性　　　　　　　　D. 客观性

3. 以下不属于明确调研目标所涉及的准备工作的是（　　）。
   A. 和决策者讨论　　　　　B. 采访行业专家
   C. 确定问题的解决办法　　D. 分析第二手资料

二、多项选择题

1. 营销活动是达成营销目标的各种（　　）等市场行为的统称。
   A. 定价　　　　　　　　　B. 分销
   C. 促销　　　　　　　　　D. 生产

2. 以下属于市场调查与预测的基本原则的是（　　）。
   A. 时效性　　　　　　　　B. 经济性
   C. 安全性　　　　　　　　D. 科学性

3. 以下属于决策制定程序典型的目标来源的是（　　）。
   A. 组织　　　　　　　　　B. 个人
   C. 团体　　　　　　　　　D. 领导

三、判断题

1. 收集市场信息是市场调查与预测的一项基本任务，目的是解决一些特定的营销任务。（　　）
2. 在采访行业专业时无须制作正式的调查问卷，但还是需要在前期做好准备。（　　）
3. 市场调查协助决策并且调查结果可以取代决策。（　　）
4. 市场调查人员可根据需要适当修改调查结果。（　　）

◆ 实践演练

1. 小组练习：
结合本章内容，查找资料并分小组撰写"市场调查与预测的重要性"的演讲稿，小组代表上台进行5分钟左右的主题演讲，小组演讲的背景角色选择如下：

（1）普通消费者；

（2）基层营销从业人员；

（3）企业市场部工作人员；

（4）销售部门经理；

（5）企业董事会成员；

（6）市场专业调研机构；

（7）市场竞争对手；

（8）行业专家。

2. 思考：

某连锁超市将自己定位于高校内部营业，该连锁超市的决策者曾经在本省数十个高校成功开了一系列连锁店，并且有成功的经营经验。面对高校环境的不断变化：

（1）你建议该决策者进行什么样的调查项目？

（2）你建议决策者进行这些市场调查项目的依据是什么？

◆ 任务评价

任务执行评价

序号	评价维度	评价内容	所占分值/%	自我评价/30%	小组评价/20%	教师评价/50%
1	任务完成情况	学习自觉性高，积极主动，一丝不苟。遵守时间，能在规定时间内完成并上交	10			
2	任务呈现形式	如实记录，表达准确，条理清晰，内容丰富，图文并茂，有一定的创新力	20			
3	行动工具达成	正确使用行动工具，作业步骤清晰，能够举一反三、融会贯通	25			
4	任务成果达成	思想上积极上进，有强烈的求知欲和进取心，能够立足专业、提升技能、夯实基础，综合素养得到全面提升	25			
5	学习小组合作情况	团队目标明确，沟通顺畅，有团队协作精神，有领导组织能力	20			
		小计				
		合计				

任务 1　确定调查决策　随堂笔记

姓名		上课时间	
地点		授课教师	
主题			
重点及难点			
我的思考与问题			

任务 2 选择调查方法

学习目标

知识目标

1. 市场调查与预测的类型
2. 二手资料调查法的内涵
3. 观察法的内涵
4. 实验法的内涵
5. 询问法的类型和原理

技能目标

1. 能根据不同的调查项目进行调查设计
2. 能进行探索性调查设计
3. 能进行描述性调查设计
4. 能根据不同的调查对象的特征选择不同的调查方法

素质目标

1. 提升学生对真理、学术的尊重
2. 培养学生良好的沟通态度
3. 培养学生深入实践脚踏实地的工作精神

任务导入

某公司想了解一下其产品的需求情况，为此组织了一次市场调查活动。按照调查方案，该企业首先进行了一次问卷调查，选取了北京、上海和广州三个城市作为代表城市，在这三个城市中随机发放问卷。在向消费者所提供的问卷中，问答项目达几百个，而且十分具体，该调查所获得的数据被存入计算机，进行详细的分析。

此外，该公司为了改进刚刚研制成功的产品，还邀请消费者担当"商品顾问"，让他们试用这种新产品，然后"鸡蛋里挑骨头"，从他们那里收集各种改进的意见。该公司担心"商品顾问"有时也会提供不真实的信息，因此，研究所的市场调查人员经常亲自逛市场，"偷听"消费者购买时的对话，或者干脆装扮成消费者，四处探听店员和消费者对产品的意见。他们的目的只有一个，就是一定要搞到真正准确的信息，而不是虚假的赞誉。

在亲自获取市场信息的同时，该公司还把其他部门所提供的市场分析进行加工和整理，

案例1 调查方法的选择

来补充市场调查所获取信息的不足。这些从报纸、杂志、政府和有关行业获取的统计资料，为该企业了解整个市场的宏观信息提供了帮助。

来自消费者的信息成千上万，如何分析研究，取其精华，该公司有其独特的方法。他们把所有信息分为两类：一类是期望值高的信息，即希望商品达到某种程度，或希望出现某种新产品；另一类是具体的改进建议。该公司十分重视前者，这类信息虽然没有具体意见，甚至很模糊，却反映了消费者的期望，是新产品开发的重要启示，而具体的改进意见一旦和高期望值信息结合起来，则能起到锦上添花的作用。

任务分析

从上述案例可以看出，市场调查质量的高低，与收集到的各类信息资料价值高低有关。而市场上的信息成千上万，调查方法不同，收集到的信息资料种类不同，价值高低也不同。

因此，做好市场调查资料的分类、市场调查方法的选择至关重要。市场调查资料包括哪些类型？文案调查法、询问调查法、观察调查法、实验调查法如何应用？这是本章所要解决的问题。

任务知识

一、探索性调研

探索性调查在以下情况下采用：在必须更准确地界定调查问题，或必须确定调查行为的有关过程，在开发调查方法前获得更多的信息时。

这个阶段所需要的信息是很粗略的，所采用的调查程序具有灵活性和非固定性。例如，它可以包括对行业专家的个人采访，被选中来做最快了解的样本，既小又不具有代表性，这些最初的数据在本质上是定性的，可以根据它们进行分析。考虑到调查程序的这些特点，探索性调查的研究结果应当被视为一种尝试或投入，伴随探索性调查之后的通常是更进一步的探索调查或者是结论性调查，有时探索性调查尤其是定性调查，就是要进行的全部调查。在这种情况下，对已获得的调查结果就应小心应用。

显而易见，探索性调查的目标就是通过对一个问题的探索或研究，来提供对问题的洞察力和理解。探索性调查可用于下列任何一种目的：

◇ 更准确地界定或形成调查问题；
◇ 确定可供选择的调查施行程序；
◇ 设计假设；
◇ 为进一步的检验而分离出关键的变量和关系；
◇ 了解如何解决问题的有效方法；
◇ 确定进一步调查所应优先考虑的事情。

通常，当调查者对开始进行的调查项目缺乏足够的了解时，探索性调查便有重要意义。由于探索性调查还没有采用正式的调查计划和程序，因而其调查方法具有相当的灵活多样性。探索性调查很少采用设计调查问卷、大样本以及样本调查计划等调查方法，调查人员在调查过程中对新的思路和发现极为敏感。一旦有了新的思路和发现,他们会立即对调查方向做出调整。除非发现了没有可能性或者确立了另一个调查方向,他们会始终坚持这个新的调查方向。由于这个原因,探索性调查的重点经常随着新发现的产生而发生变化。这样,调查人员的创造力和灵敏性就在探索过程中发挥了举足轻重的作用。但是,调查人员的能力并不是取得探索性调查成功的唯一决定因素,探索性调查设计还可以利用专家调查、实验性调查、二手资料调查等方式展开。

二、描述性调查

顾名思义,描述性调查就是描述一些事物,通常指描述市场功能或特征。进行描述性调查的理由有如下几点:

(1) 可以描述相关群体的特征,相关群体包括顾客、销售人员、机构及市场等。例如,可以描述某通信运营商的顾客的主要顾客形象是什么样的。

(2) 可以估计在某个具体的群体中,具有特定行为特征的人所占的比重,例如,逛名牌商场的顾客和逛打折商店的顾客的比重是多少。

(3) 可以判断顾客对产品特征的理解力,例如,可以判断家庭消费者如何看待不同的百货商店的特点。

(4) 可以判断营销变量的相互联系程度,例如,可以判断外出购物和在外面吃饭的联系程度有多大。

(5) 可以做具体的预测,例如可以预测某款手机在某一地区的销售额将达到多少。

进行描述性调查的一个假设是调查人员对调查问题状况有非常多的提前了解。事实上,探索性调查和描述性调查的一个关键区别是描述性调查提前形成了具体的假设。这样,就非常清楚需要哪些信息。因此描述性调查通常都是被提前设计和规划好了的。它通常建立在大量有代表性的样本的基础上。一个正式的调查设计必须明确指出选择信息渠道的方法以及从这些渠道收集资料的方法。描述性调查设计通常需要明确回答与调查有关的六个基本问题,即调查对象是谁?应该从他们那里收集哪些信息?什么时间收集?收集的地点在哪里?为什么要收集那些信息?应该采用哪些方法收集这些信息?

我们可以根据上述问题的答案最终获得准确清楚的信息。简言之,描述性调查的特征是对问题的清楚描述、具体的假设以及详细的信息需求,这和探索性调查截然不同。下面再列举其他描述性调查的例子:

◇ 描述市场的规模、消费者的购买力以及消费者的形象。
◇ 判断一个公司和它的竞争者在市场销售总额中分别所占的比重。
◇ 描述在地理位置、产品品牌、消费特征以及广告等因素作用下的销售情况。
◇ 判断消费者对某一公司和它的产品的印象。
◇ 产品用途描述不同的消费模式。
◇ 经销商调查判断交通流动模式以及经销商的数量和分布位置。
◇ 价格调查描述价格变动的范围和频率以及消费者对价格变动的反应。
◇ 广告调查描述媒体消费习惯以及具体电视节目或杂志的观众形象。

通常描述性调查根据调查过程的周期不同而分别进行横向调查和纵向调查设计。横向调查设计是在营销调查中经常使用的描述性设计,这种设计方法是指向既定的人口样本只收集一次信息,它包括单一的横向设计和多重的横向设计,在单一的横向设计中,只从目标人口中选出一个应答者样本，并且只向这个样本收集一次信息，因此这种设计也被称为单样本调查设计，在多重的横向设计中，尽管存在两个或以上应答者样本，但从每个样本仍然只收集一次信息。

纵向调查设计是指重复地对一个固定的样本的组成人员进行调查的方法。和横向调查设计大不相同，纵向调查设计在不同的时间仍选择组成人员相同的样本。换句话说，同一个人会在不同的时间里被作为调查对象。如果将横向设计和纵向设计进行比较的话，横向设计相当于在某个特定的时点上的拍照，而纵向设计则相当于一段时间里不同情况的一系列照片。

三、因果关系调查

因果调查的目的是找到因果关系的证据。营销经理总是根据假设的因果关系不停地做出决策，这些假设可能不正确，必须通过正式的调查对它进行检验。例如，通常假设价格下降会引起销售的增加和市场份额的提高，但在特定的竞争环境里，这个假设可能是错误的。因果调查对于实现以下目的非常有帮助：

◇ 理解哪些变量是原因（独立变量）、哪些变量是结果（非独立变量）。
◇ 判断原因变量和预测结果之间的关系的实质。

和描述性调查相似，因果调查也需要有计划、有结构的设计，尽管描述性调查可以判断变量之间的相互关联程度，但对于检验因果关系却不合适。检验因果关系需要进行原因调查设计，使得原因和独立变量能够在相对控制的环境里被操作运用。这里所说的"相对控制环境"是指能够尽最大可能对那些影响非独立变量的其他变量实施控制和检查的环境。因果调查的主要方法是进行试验。

考虑到复杂性和重要程度，在选择调查方法这一模块将专门对因果调查设计和实验性调查做讨论。这里举个简单的例子进行说明。

在某百货公司顾客调查项目中，一个调查人员想测定销售人员的表现和服务水平（原因变量）对家具销售（结果变量）的影响。他设计了一个因果调查，即从一个特定的连锁店中选出两组不同的家具商店进行比较。在其中一个家具商店中安排了经过培训的销售人员，另一个商店的销售人员没有经过培训。一个月以后通过比较两个商店的销量，就能判断出销售人员对于家具商店的销售的影响。这个对比调查的项目同样可以选择另外一种对比调查方法，即在同一个商店分两个时间段，一个时间段使用经过培训的销售人员，另外一个时间段采用没有经过培训的销售人员。

四、探索性调查、描述性调查和因果调查的关系

我们已经提到过，探索性调查、描述性调查和因果关系调查是调查设计的主要类别，但是千万不要将它们之间的区别绝对化。一项具体的调查项目可能会涉及几种调查设计以实现多种目标。究竟应选择哪种调查设计取决于调查问题的特征。下面是选择调查设计的一些基本的原则：

（1）如果对于调查问题的情况了解很少，理想的做法就是从探索性调查开始。探索性调查在以下几种情况使用：

① 调查问题需要得到精确界定的时候；
② 需要寻找替换的行动方案的时候；

③ 需要设计调查疑问或假设的时候；

④ 关键变量需要被隔离出来并划分为独立或非独立的时候。

（2）探索性调查是整个调查设计框架的第一步，在大多数情况下，探索性调查之后会出现描述性调查或因果调查。

例如根据探索性调查做出的假设应该用描述性调查或因果调查进行统计上的验证。

（3）并不是所有的调查设计都有必要从探索性调查开始，这取决于调查问题被界定的确切程度，以及调查人员对找到调查问题的确切程度。一项调查设计也可以从描述性调查或因果调查开始。

例如一项针对消费者满意程度而每年举行的调查就没有必要涉及探索性调查阶段。

（4）尽管探索性调查在一般情况下都是调查的第一步，但这并不是必然的规律，有时探索性调查也被排在描述性调查和因果调查后面。

例如当描述性调查和因果调查的结果很难让管理人员理解的话，探索性调查可以为理解这些调查结果提供更多的信息。

五、二手资料收集

二手资料收集，根据调查的目的不同，市场调查所采用的方法各不相同，研究表明，单一的市场调查方法容易导致调查结果较大的偏差，因此科学地采用适合调查目的和内容的数据收集方法显得非常重要。市场调查中搜集的二手资料，来源非常广泛，除了企业内部的业务资料、统计资料、财务资料和企业之前搜集的其他资料之外，还有大量的来自企业外部的资料，如统计部门公布的资料、市场调查机构发布的统计信息、各种媒体提供的资料、图书馆馆藏资料等，如图2-1所示。二手资料的第三个来源是国际互联网和在线的数据库。

图2-1 二手资料收集图书馆

二手资料在市场调查的前期特别是探索性调查设计的阶段作用非常大。是一种非常重要的市场调查手段，一般来说，其作用主要有以下几个方面：

（1）帮助解决市场调查目的的确定，为后期的一手资料收集提供必要的帮助，如设计问卷。

（2）可以作为评价原始资料是否可靠的依据，例如，可以根据人口统计学的基本特征来指导抽样。

（3）为未知的调查提供调查的方向，并不是每次调查都明确地知道应该调查什么项目，特别是那些探索性调查项目，二手资料可以帮助寻找调查方向。

（4）通过连贯的市场信息，可以进行市场供求趋势分析和市场现象之间的相关和回归分析。

二手资料的收集除了具有费用低、速度快等特点，还具有以下特点：

（1）间接性：二手资料是收集、筛选已经经过加工的以文字、图像、符号、视频等形式所负载的二手资料或次级资料，不需要再进行实地调查。

（2）文献性：二手资料调查法以收集文献性信息为主，具体表现为对各种文献资料的收集、整理与汇总。

（3）无接触性：二手资料收集不直接接触被调查者，在调查过程中不存在与被调查者之间的关系协调的问题。

（4）机动灵活性：二手资料收集法能够快速、以较低成本获取所需的资料，以满足市场研究的需要，或作为评价原始资料的标准，或作为原始资料的补充说明。

六、观察法

观察法，观察法是由调查者有目的地来观察、记录调查对象的行为、活动、反应、感受，以获取资料的方法。有时候为了调查需要，还会利用各种仪器和设备，总的来说观察法有以下几类：

（1）自然观察和非自然观察。自然观察是在行为正常发生的环境中观察行为，例如，人们在商场购物，非自然的观察是人为设计一个环境，观察人们在此环境中的行为模式，例如改变商场灯光等设备观察购物者的行为表现。

（2）伪装观察和非伪装观察。伪装观察是指不被调查对象发现的观察行为，非伪装观察是调查对象知道自己正在被观察，如果调查对象会因为感觉到有人观察自己而改变自己的行为，则应该用伪装观察，否则无须伪装。

（3）严谨观察和松散观察。严谨观察是清楚地定义了决策问题，并详细描述信息的需求，清楚地识别所观察和测量的行为。松散观察是调查者尚未清楚地定义调查问题，试图通过松散观察发现调查问题的方向。

（4）直接观察和间接观察。直接观察是在行为发生的时候观察其行为，间接观察是观察一些过去行为的记录。间接观察是观察行为的影响而非行为本身，如收集竞争对手的垃圾或者通过观察生活垃圾发现家庭生活特征等。

（5）人类观察和机械观察。在一些情况下，适合用一些形式的机械观察来替代人类观察，原因是机械观察更加客观，可重复利用，在观察中所使用的主要设备有摄像机、照相机、声音探测仪等。

相比较起询问法，观察法有其独特的优势，首先，它并不取决于应答者是否愿意提供理想的数据；其次，减少了由于采访员采访过程而产生的潜在偏差，因此观察数据更加准确；最后，有些数据只有通过观察才能收集，如心理学方面的研究经常用到的测谎仪。

当然，观察法也有一些局限，第一是不能观察到人的意识、信念、感觉和偏好，此外还有些人由于其行踪无法确定因此无法观察；第二是观察法通常耗时较长，而且需要从中查找规律，所以必须是反复出现的现象才能方便统计分析。

案例 2.1

东芝洗衣机的不断改进

东芝为了将洗衣机产品推广给日本国内的消费者，使用观察调查法来观察市场变化。东芝洗衣机的设计者在观察中发现，越来越多的日本家庭妇女进入就业大军，洗衣服不得不在早晨或晚上进行，这样噪声就成为一个问题。为此东芝设计出一种低噪声的洗衣机进入市场。在开发这种低噪声产品时，东芝还发现，当时的衣服已经不像以前那么脏了，许多日本人洗衣的观念也转变了，以前是衣服脏了才洗，而后来是衣服穿过了就要洗以获得新鲜的感觉。认识到职业妇女生活方式的转变，公司推出了烘干机，后来又发现大多数消费者的居住空间有限，继而发明了洗衣烘干二合一的洗衣机。

要成功采用观察调查法，必须具备如下条件：
（1）所需要的信息必须是能观察到并能够从观察的行为中推断出来的；
（2）所观察的行为必须是重复的、频繁的或者是可预测的；
（3）观察的行为是短期的并可获得结果的。

七、实验法

实验法是在既定的条件下，通过一系列的实验对比，对市场现象中某些变量之间的因果关系及其发展变化过程加以分析的一种调查方法。实验法通常在因果调查中应用，旨在通过控制某一个或某些营销变量，来研究其对因变量的影响。如通过改变不同地区的广告投入来考核销量的变化，可以测定广告的效果。图2-2所示为屠呦呦年轻时在实验室进行实验的场景。

图2-2 屠呦呦年轻时在实验室做实验

实验法的优势：
（1）结果的客观和实用性。实验法是一种真实的或者模拟真实环境下的调查方法，所以结果客观且有较大的推广价值。

（2）方法主动积极，可控性较高。调查人员可以主动改变某些市场变量，通过发现其他变量的变化来发现市场变化的影响因素，这是其他调查方法无法做到的。

（3）实验的结论具有较强的说服力。由于控制了实验的环境，实验反复进行，使结果更加精确，因此说服力较强。

（4）可以探索尚不明确的市场变量之间的关系，认识事物的本质和发展规律。

实验法的劣势：首先，影响市场变化的因素错综复杂，实验法又需要对各种营销变量进行控制，难免出现无法控制的现象；其次，实验控制的条件不可能与其他市场条件完全相同，所以实验成果的推广效果也受到局限；再次，实验法耗时长，费用高，且实验过程控制难度大，通常无法在短期内完成；最后，实验的保密性差，容易泄密，导致造成巨大损失。

八、询问法

询问法是指通过向调查对象有目的、有逻辑地询问对于某些问题的看法，最后得出结论。询问法由于有其他调查方法无法比拟的优势，所以得到广泛应用，也衍生出一系列的具体的市场调查方法，特别是问卷调查法，更是风靡全球。以下介绍几种常用询问法。

（一）深度访谈法

在市场调查中，常常需要对某个专题进行全面深入的了解，同时希望通过访问发现一些潜在的重要情况，在这种情况下，针对个人的深度访谈法则能够达到调查的目的。深度访谈法类似于记者的采访，是一种由调查员和调查对象进行沟通的方法，主要从交谈中获取有用的信息，调查对象可以随便提出自己的意见，而不管调查者想要什么。

深度访谈的优势是可以深入了解调查对象的动机和行为，调查对象的经验和学识通常能够使调查项目少走弯路，为调查节约大量的资金；缺点是对于调查员和调查对象来讲都要求非常高，调查对象的经验和学识往往跟他的社会地位有很大的关系，社会地位越高，获取对方的配合所付出的成本就越高，调查员应该具备跟各种不同的专业人士进行访谈的必要的学识和经验，否则无法达到目的。正是由于这个限制，这个方法使用的面并不是特别广泛。央视播出的多档节目采用的都是深度访谈法，如图2-3所示。

图2-3 央视网"人人都爱中国造"访谈节目

（二）焦点小组访谈法

焦点小组的访谈是在国外广泛使用的另一种定性研究方法，在有些地方也叫座谈法，通常是采用小型座谈会的形式举行，挑选出一组具有代表性的消费者或客户，在一个设施齐全的房间由主持人组织就某个专题进行讨论，从而获得调查资料。与深度访谈不同，焦点小组访谈不是一对一的行为，而是同时访问若干个调查者，通过了解小组成员的意向来获取信息，如图 2-4 所示。

图 2-4　焦点小组访谈法

焦点小组访谈的优点：①取得的资料较为广泛和深入，由于有多个被调查者参加座谈会，在主持人的适度引导下，能够开动脑筋、互相启发，并能有效地激发人们产生想法，即连锁反应。②资料收集快，效率高。③能将调查与讨论相结合，还能探讨原因和寻找解决问题的途径。

焦点小组访谈的缺点：①主持人需要有较丰富的经验和组织控制能力，这导致挑选主持人的工作非常困难，而主持人对于一次焦点小组的访谈成功与否非常重要。②由于焦点小组的访谈往往需要较多的费用，所以无法大规模推广使用，这导致抽样的样本很难说有很大的代表性。③焦点小组的访谈结果通常非常分散，不利于编辑和统计分析。④有很多涉及敏感性的问题无法在焦点小组的访谈中获得真实的数据。

（三）问卷调查法

问卷调查法是指那些需要借助于问卷进行调查的一类方法，主要有入户访问法、电话调查法、拦截调查法、邮寄问卷调查法、网络调查法等多种方法。所有的问卷调查法都有共同的特征，就是在调查过程中要设计好问卷才能进行，问卷设计得好坏直接影响调查结果的准确性。

问卷设计将在任务 3 中进行详细讨论，这里就几种主要的问卷调查法进行说明，让我们能对每个具体的问卷调查法的特征进行了解，目的是可以根据实际收集数据的需要进行调查方法的选择。

1. 入户访问法

入户访问是指采用随机抽样方式抽取一定数量的家庭或单位，访问员到抽取出来的家庭或单位中进行访问，直接与被访者接触，然后依照问卷或调查提纲进行面对面的直接提问，并记录下对方答案的调查方式。

入户访问是询问法中收集信息的一种主要方式，有较强的适用性。这种方式曾经被认为是最佳的个人访谈方式，因为入户访问是一种私下的、面对面的直接访问，可以立即反馈信息，可以对复杂的问题进行解释，可以进行深度的交谈，而且可以在被调查者感到熟悉、舒适和没有压力的环境下进行。由于多种原因，如家庭结构的变化和小型化、安全问题、调查者的数值和访谈结果的可信度等,这种方法目前的使用率正在下降。

入户访问成本高、组织难度大,因此在实施入户访问调查时除了规范的管理外,还有一些注意事项。如果要求根据调查数据对总体做推论,则抽取完全代表总体的样本是非常重要的。这些规范包括抽样框确定原则、起点原则、家庭户抽取原则、敲门入户原则、家庭成员甄选原则等。

在许多情况下,抽样方案无法给出具体的待访家庭的名单,而只是给出若干个抽样点,如某个居委会、某个地段或某个大院等。这时,访问员有一定的确定调查对象的主动权。为了对访问员实施管理,组织者应尽可能详细地规定抽取家庭户的方法。例如,通常可规定在某个抽样点内按等距抽样法抽取5户家庭,还要规定起始点的确定方法、计算抽样间距的方法,以及行走路线的方向等。

抽样方案中还应给出当抽中的家庭户内无人或抽中的家庭户拒绝接受访问时的处理方法。例如,提出规定,家中无人时应再访,三次均不成功才能放弃。对于拒绝接受访问的家庭应进行耐心地说服,仍无效者可以放弃,改访最邻近的家庭。

入户后需具体确定访问的对象。根据研究目的的不同,确定的访问对象也相应会有变化。若调查内容主要涉及整个家庭,例如,住房、耐用品等,一般访问户主或最具有决定权的家庭成员为宜;若调查内容主要涉及个人行为或态度,如个人消费行为等,一般访问家中所有某个年龄段的成员,或是按照某种规定选取一位成员进行访问。

入户访问的优点:①直接与被访者接触,可以观察被访者回答问题的态度;②采用严格的抽样方法,样本的代表性更强;③能够得到较高的有效回答率;④对于不符合填答要求的答案,可以在访问当时予以纠正;⑤可由访问员控制跳答题或开放题的追问。

入户访问的缺点:①人力、时间及费用消耗较大;②可能出现访问员错误理解的情况;③对访问员的要求较高;④需要严格管理访问员。

素养提升

"掌握调查研究这个基本功",总书记这样言传身教

调查研究是谋事之基、成事之道。习近平总书记在不同场合反复强调调查研究的重要性,更是身体力行、带头垂范,用最坚实的脚步丈量了大江南北、千山万水,追寻了实事求是、真知灼见。从在河北正定跑遍25个乡镇、221个村,到在福建宁德到任3个月走遍9个县,再到赴任浙江用1年多时间跑遍全省90个县市区,直至如今,总书记始终坚持深入基层、四处调研。

2022年4月11日,习近平总书记来到海南省毛纳村考察调研。村寨凉亭里,乡亲们正议农事。

"总书记好!欢迎到我们村做客。"

"来吧,咱们一块儿坐坐。""这个村真是欣欣向荣啊。扶贫和振兴要衔接上,这边是巩固扶贫成果,这边是迈出振兴第一步。"

坐到村民们中间,总书记和大家拉起话来。

从打赢脱贫攻坚战到实施乡村振兴战略,在全面建设社会主义现代化国家新征程中,促进全体人民共同富裕被摆在更加重要的位置。

> 共同富裕，是中国共产党人孜孜以求、不懈奋斗的目标，是中国式现代化的一个重要方面。
>
> 2022年8月16日下午，在辽宁锦州市东湖森林公园调研时，习近平总书记同正在休闲娱乐的市民亲切交流。总书记指出，中国式现代化是全体人民共同富裕的现代化，不只是少数人富裕，而是要全体人民共同富裕、皆大欢喜。
>
> 正如习近平总书记所说："小康梦、强国梦、中国梦，归根到底是老百姓的'幸福梦'。中国共产党的一切奋斗都是为人民谋幸福。"
>
> "让人民生活幸福是'国之大者'"，书写在不倦的足迹、声声的关切里，书写在每个中国人的生活里。

2. 邮寄问卷调查法

邮寄问卷调查是调查者将设计好的问卷通过邮寄的方式送达被调查者手中，请他们按要求和规定时间填写问卷并寄回调查表，以此获取信息的一种方法。

邮寄调查是一种高效、方便、费用低的信息收集方法。邮寄调查的适用范围广，调查成本在各种询问中最低，而且被调查者有充分的时间来填写问卷，填写较为灵活、自由、方便，还能避免由于调查人员的干扰而产生的调查误差。但是，邮寄调查的真实价值与问卷的有效回收率有关。由于邮寄调查的有效回收率通常都很低，同时被调查者的不回应不是一个随机过程，因此调查结果可能会产生相当大的偏差。而且邮寄调查的问卷回收时间长，即使是回收的问卷，也有答非所问的情况，所以对调查结果往往很难控制。

在设计邮寄调查的问卷时，应注意以下几个方面的问题：①注意印刷字体及纸张质地，应尽量具有吸引力；②问卷上应讲明进行调查的目的和调查结果的重要性，在问卷时应写上"致谢"等礼貌用语；③问卷内容不宜太多、太难，要简单明了；④问卷表达要简洁，意思清楚，切忌含糊；⑤应向被访者说明回答问卷的要求，对问卷回收的时间期限也要做详细说明。

邮寄问卷的主要优点：①可以做大样本调查；②费用较低，因为减少了访问员的劳务费，免除了对访问员的管理；③被访者能避免与陌生人接触而引起的情绪波动；④被访者有充足的时间填写问卷；⑤可以对较敏感或隐私问题进行调查。

邮寄问卷的主要缺点：①问卷回收率较低；②信息反馈周期长，影响收集资料的时效；③要求被访者有较好的文字表达能力；④需要在问卷设计上花较多的时间和精力。

3. 拦截访问法

拦截访问是目前十分流行的一种询问调研方法。该方法的特点是调查者在某一特定人相对集中的地点，如广场、购物中心、超市等公共场所现场拦截被调查者进行访谈。

拦截访问是一种新兴的调查方式，主要优点是被调查者相对集中，可以节省寻找被调查者的时间，并且使调查者容易接近目标顾客，收集资料。对于市场研究机构来说，许多时候所要收集的信息并非有十分严格的准确性、数量性特征的要求，此时采用拦截访问法可以在较短的时间内收集到所需要的基本信息。

拦截访问主要有两种方式。第一种方式是由经过培训的访问员在选定的若干地点，如交通路口、户外广告牌前、商场或购物中心外等，按照一定程序和要求选取访问对象，征得其同意后在现场按照问卷进行简短的面访调查，常用于需要快速完成的小样本试探性研究，例如对某种新上市的商品的反应等。第二种方式也叫中心地调查或厅堂测试，是在事先选定的若干场所内，租借访问专用的房间或厅堂，然后按照一定的程序和要求，在选定的场所附近拦截访问对象，征得其同意后，带到专用的房间或厅堂内进行面访调查，常用于需要进行实物显实的或特别要求有现场控制的探索性研究，例如某种新开发产品的使用实验等。

拦截访问需要注意的事项：

（1）事先需要对调查的地点进行认真选择。拦截访问的地点一般选择在交通便利、人流量较大的主要交通路口，或是大商场、会展中心、娱乐中心等地方。但在地点的选择上应注意不要造成交通堵塞或给其他商家收益带来不利影响，否则会引起纠纷。若是采用中心地调查，还可能需要涉及场地的租借，注意租借的场地应该是交通便利的地方，拦截活动应该在场地外就能实施，因为即使被访者被成功拦截后也很少有愿意走很远路程去配合调查的。

（2）事先要合理安排调查的时间。拦截访问结合调查的目的和内容选择调查对象、时间和地点，只有这样，才能保证获取的样本具有代表性。

（3）事先需要对访问员进行必要的培训。拦截访问的拒访率很高，行人的态度也并非很友善。因此访问员应具有良好的礼节，以及耐心和自信，能及时向被访者讲明调查的目的，以使被访者对调查的问题持有兴趣。拦截访问对于访问员的总体要求是：认真负责、大胆灵活、不怕困难、善于交流。调查中常常使用满腔热情、渴望了解社会、掌握市场调查基本知识而且具有初生牛犊不怕虎精神的大学生。

拦截访问的主要优点：①访问时间短，效率高；②可以很好地控制访问过程；③可以节省抽样环节和费用。

拦截访问的缺点：①由于在固定场所，容易流失掉不到该场所去的群体，所以样本的代表性有所欠缺；②不能耽误被访者太长时间，所以问卷的问题不能过长、过多；③被访者中途拒答的情况时有发生。

4. 电话调查法

电话调查是指调查人员借助电话工具依据调查问卷向被调查者逐项询问，了解意见看法，收集信息资料的一种调查方法。电话调查可以分为电话访谈、计算机辅助电话访谈和中心控制电话访谈等形式。电话访谈是访问员直接通过电话与被访者进行交谈、获取信息的调查方式。使用计算机辅助电话访谈方式时，需要将问卷输入计算机，计算机按要求的电话号码拨号，被访者接听电话后，由访问员按设计显示屏上的问题向被访者提问，并把答案直接输入计算机。中心控制电话访谈法通过专门的设备对电话访谈的过程进行监听，以控制电话访谈的效果和效率。

电话调查由于成本低、花费时间短而被许多调查机构采用。但由于通话时间有限，电话调查受到很多限制，如不能进行深入访谈、对对方的回答无法验证等，甚至有时候被访者会突然挂断电话，从而导致调查无法进行。因此，为了提高电话访问的完成率和成功率，调查组织者应该做好以下方面的工作：

（1）建立一个尽可能完善的调研对象电话号码信息库，也就是确定一个较理想的抽样框。

（2）设置通话监控程序。

（3）选择确定较好的抽样方法，若是信息库很大，使用黄页电话号码簿来选择具体的调查对象，调查人员就会面临采用哪种抽样方法的抉择，等距（系统）抽样、简单随机抽样、按区号分类再简单随机抽样等方法都不失为好的选择。

（4）选择最恰当的通话时间。

（5）确定合适的访谈对象，当被访者是适当而且合格的人士时，电话访谈的结果才有价值，特别是在工业品市场对于调查对象的筛选尤其重要。

（6）掌握良好的电话沟通技巧。

电话调查的优点：①整个项目的访问时间短；②节省费用；③可以解除对陌生人的心理压力；④问卷较简单，对访问员的要求较低。

电话调查的缺点：①无法访问到没有电话的单位或个人；②只能得到简单的资料，无法深入了解情况；③无法出示卡片、照片等相关资料；④无法了解被访者当时的态度，难以辨别答案的真伪；⑤拒访情况较多。

案例 2.2

设想你正坐着工作，电话响了，在电话的另一端，传来一段试探性的话："您好，我是 Masterful Research 调查公司的鲍勃。今天，我正在进行一项有关机械小物件的调查，您是否有时间回答一些问题？"

你会怎么做？

对许多商业购买决策者（如 IT 经理）而言，这样的电话是家常便饭。除非有一个使受访者从一开始就参与的有趣的理由，否则受访者很可能拒绝这一请求。下面是一些增加调查介绍说服力的准则。

介绍应简短自然。访谈员需要一字不差地读出介绍和问题，因此，事先准备好的介绍应是简短的。

务必说出你打电话的原因。弄清调查的主题不仅能引起受访者的兴趣而且能避免困惑，从而获得更直接更全面的答案。

告诉受访者你需要多少时间。如果调查在 20 分钟内可以完成，预先告知受访者这一调查所需的时间。市场调研协会的一份调研显示，调查时长超过 20 分钟，合作率会急剧下降。因此，如果你的调查长于 20 分钟，你可能要考虑缩短调查时间。

提供奖励。如果调查时长超过 15 分钟而且（或者）总体中的受访者发生率相当低，你很可能需要提供奖励来赢得受访者的参与。

通过非销售方式将你与电话促销员区分开来。一个例子是："我们对您关于公司的意见很感兴趣，通过考虑您的意见，'产品'生产商能够不断地提高产品与服务质量。请问您愿意参与我们的调查吗？"

如果可能的话，识别客户。告诉受访者是谁在进行这一调查，如果你或你的客户是一个信誉卓著且受人尊重的品牌组织，尤其应该如此，说明主办方不会偏袒某些回答。

提供保密并尊重受访者。最后一点，需要提醒受访者，他们的回答将被保密，而且他们会由于参与而被放在邮寄名单上或收到一些商品推介。也提醒他们，他们的意见是宝贵的。

（案例来源：小卡尔·麦克丹尼尔等著，李桂华等译，《当代市场调研（第八版）》，机械工业出版社，2015 年版，第 127 页。）

5. 网络调查法

网络调查，也叫网上调查，是指将设计好的问卷置于互联网上，进而收集资料及分析咨询等活动。网络调查不仅仅涉及网上行为的研究，即研究人们在虚拟环境中和中间环境中做些什么，还涉及"利用计算机为工具和利用能接触计算机的人群来研究人类的一般行为"。网络调查与传统调查方式比较，在组织实施、信息采集、信息处理、调查效果等方面具有明显的优势，充分认识这一调查方式的特点，是开展好网络调查的前提。

按照调查者组织调查样本的行为，网络调查可以分为主动调查法和被动调查法。主动调查法是指调查者主动组织调查样本，完成统计调查；被动调查法的调查者被动地等待调查样本造访，完成统计调查。被动调查法的出现是统计调查的一种新形式。

按网络调查采用的技术可以分为站点法、电子邮件法、随机 IP 法等。

（1）站点法。站点法是将调查问卷的 HTML 文件附加在一个或几个网络站点的 Web 上，由浏览这些站点的网上用户在此 Web 上回答问题。站点法属于被动调查法，这是目前网络调查的基本方法。

（2）电子邮件法。电子邮件法是指通过给被调查者发送电子邮件，将调查问卷发给一些特定的网上用户，由用户填写后以电子邮件的形式反馈给调查者。电子邮件法属于主动调查法，与传统邮件法相似，其优点是邮件传送的时效性大大提高了。

（3）随机 IP 法。随机 IP 法是以产生一批随机 IP 地址作为抽样样本进行调查的方法。随机 IP 法属于主动调查法，其理论基础是随机抽样，利用该方法可以进行纯随机抽样，也可以依据一定的标准排队进行分层抽样和分段抽样。

网络调查的优点：①组织简单、费用低廉、效果高；②采取匿名的形式，使得调查对象很容易打消顾虑，对于敏感性问题的调查项目进行网络调查效果非常好；③快速传播与多媒体问卷可以给予被调查者更多的信息资料便于消费者理解调查项目；④采集信息的质量可靠；⑤网络调查可以对收集信息质量实时系统地检验和控制；⑥没有时空、地域限制；⑦网络调查的周期大大缩短。

网络调查的缺点：①样本缺乏代表性，这是网上调查最大的缺陷，网上调查的调查对象仅限于网民，网民的构成决定着预定的被调查者是否构成群体规模，如果被调查对象规模不够大，就意味着不适合在网上进行调查；②有人可能会因为礼品或者其他的奖励的原因反复接受调查，使调查数据不准确；③回答率低，网上调查作为一种被动式的调查，调查人员对受访者无法加以直接的影响，因此吸引上网人员回答具有一定的难度；④不适合开放性问题的调查，由于中文输入的困难，许多上网的人不愿意在网上打字，因此网上调查当尽可能避免设置开放性问题。

6. 留置调查法

留置调查法是调查人员把调查表当面交给被调查者，并说明调查的意图、填写的方法和要求，由其自行填写，再由调查人员定期收回调查表的调查方法。一些宾馆、商店等多采用留置调查法。

留置调查法的优点：①形式灵活，回收率高，费用较低；②可以当面向被调查者说明调查的目的和要求，消除被调查者的疑虑；③答卷时间长，从而给被调查者充分思考问题的时间，信息可靠性高。

留置调查法的缺点：①调查地域范围受到限制；②周期相对较长，需要访问两次以上；③无法获得被调查者的个人特征和偏好；④因被调查者的个性、受教育水平、理解能力、道德标准、宗教信仰、生活习惯、职业和家庭背景等差异而影响调查结果；⑤真实性、可靠性不足。

除了这几种使用广泛的调查方法之外，还有其他一些调查方法，如投射法等，在这里不再一一介绍。

九、各种调查方法的比较和选择

（一）市场调查方法的评价准则

一种市场调查方法的优劣并不是绝对的。在某种情况或条件下，一种调查方法可能是相对较好的，但在另一种情况或条件下，这种方法可能就是不好的。因此，对调查方法的评价离不开研究的目的、环境、经费和时间的要求等。一般来说，可以通过以下几个方面，来判断一种调查方法的优劣。

（1）与所研究问题的性质是否相吻合，如果所研究的问题是探索性的，那么定性研究的几种方法就是相对较好的；如果要评估市场的容量和需求，那么随机抽样调查可能就是比较好的；如果要研究的问题是检验因果关系，那么定量研究的实验法可能就是最好的。

（2）对所研究的问题是否针对性强，例如，如果要估计某市居民家庭消费的结构、品种、数量和变化趋势，最好的办法可能是家庭户固定样组的日记调查法；如果要了解企业对某大型自动化办公系统的购买意向，那么对主管领导的电话调查可能会是针对性较强的方法。

（3）在满足研究要求的条件下是否最省费用，如果入户面访调查和街头拦截面访调查都能满足研究的要求，那么后者肯定费用较低，因此是相对较好的方法。

（4）在满足研究要求的条件下是否最省时间，如果面访调查和电话调查都能满足研究的要求，那么后者肯定快速省时，因此是相对较好的方法。

（5）在满足研究要求的条件下是否最易于操作和控制，如果深度访谈和小组座谈会都能满足研究的要求，例如，需要了解现代青年对高科技通信产品的消费观念，那么在专用座谈会会议室的设施齐备而且拥有经验丰富的主持人的情况下，小组座谈会的方法可能更易于操作和控制；否则，在设计了详细的访谈和分析模型的前提下，深度访谈可能就是更可行的方法。

（6）在费用一定的情况下是否精度更高，例如，在新产品属性测试的研究中，既可以采用直接询问的常规的大样本的面访调查法，也可以采用间接询问的使用结合分析法的较小样本的面访调查，相比之下，后者将可能得到更合理的精度更高的结果。

（二）市场调查方法的选择依据

前面我们介绍的各种各样的资料采集方法，在一项调查研究中，通常只能采用一种或少数几种。那么究竟采用什么方法呢？这是市场研究人员在市场研究策划过程中必须回答的问题。对于特定的市场研究问题，调查方法的选择一般不是单一的。也就是说，要根据问题的性质、研究的目的和要求、经费和时间的限制等方面，选择对的调查方法的组合，来完成预定的市场研究项目。一般来说，选择什么方法，取决于以下几方面的条件。

1. 调查的问题

解决不同的问题，采用不同的方法，这是必然的。例如，如果调查研究要深入探讨某些现象出现的原因，深度访问可能就比较合适；如果调查的目的是了解对于某一或某些问题究竟有多少不同的意见和见解，那么采用座谈会就比较合理；如果调查研究旨在探索某些因素之间的因果关系，那么实验法可能是比较合适的方法；如果调查研究想了解人的动机或态度，那么投射法可能比较有效；如果想通过调查研究监控市场的发展变化情况，那么可以采用固定样本调查。

2. 抽样的精确性

在实际调查研究中，有些研究需要高度的精确性，而另一些研究对抽样的精确性的要求则不太高。对于精确性要求高的调查研究，电话访问由于一般都采用随机抽样，比较能够满足精确性要求，所以是比较理想的方法。入户访问如果抽样控制严格也可以产生结构较好的样本。邮寄问卷调查虽然也可以严格控制抽样，但由于回收率较低可能会损害样本结构的合理性，从而影响抽样的精确性。拦截访问等方法因抽样难以得到很好的控制，精确性比较差。

3. 费用预算

费用预算对调查方法的使用有重要的影响。例如，电话访问、邮寄调查，费用就比较节省；而入户访问，费用就相对比较昂贵。不过费用预算对选择方法的影响是结合其他问题来考虑的。

4. 数据的质量

数据的质量涉及调查的信度和效度。影响信度和效度的因素包括抽样方法、问卷设计以及访问员的训练等，资料采集方法也是其中第一个因素。资料采集方法对数据质量的影响主要和资料采集过程能否得到严密的控制有关。一般来说，采用有访问员参与的资料采集方法，如入户访问、电话访问、深度访问、拦截访问以及座谈会等，受访者的反应能够得到较好的控制，数据的质量比较高。但必须对访问员本身进行严格的监督，否则也可能因为访问员的主观偏向以及不负责任而损害数据的质量。

5. 调查的时间

一般来说，询问问题的多少和问卷的长度决定着调查的时间。而受调查者需要花多少时间，在某种程度上决定着他们接受调查和完成调查的可能性。大多数方法都不适合长的问卷，只有入户访问、深度访谈相对比较适合。因为采用这些方法有访问员的说服，而且调查通常选择在比较合适的时间进行，可以最大限度地减少受调查者拒绝调查的可能性。

6. 问卷的结构化程度

问卷的结构化程度指问题是否按一定的次序列出，答案是否属封闭性的。低结构化的问卷需要面对面的访问，而高结构化的问卷可以采用邮寄问卷调查、电话访问等方法。

7. 刺激呈现

在许多市场调查中，研究者需要给受调查者呈现各种刺激，如产品或产品的样品、广告包装以及各种图片资料。在这种情况下，就需要采用面对面的方法。因此拦截访问、入户访问是比较合适的方法。

8. 调查对象占人口的比例

当调查对象占人口的比例小的时候，就意味着找到他们不是一件容易的事。采用入户访问就比较昂贵，采用邮寄或电话访问可能就比较合适。

案例 2.3

1982年，可口可乐在美国10个城市进行了大约2 000次访问，问题是："可口可乐配方将添加新成本，使口味更加柔和，您会喜欢吗？"结果一半多的消费者回答"是"。

调查的区域很广泛，样本也足够大，按说这种调查的指导性应该很强。所以，可口可乐全线采用了新配方。上市没多久，那些传统可口可乐爱好者就强烈反对，甚至上街游行抵制新可乐，原先说喜欢的人也变了态度。最终，可口可乐不得不恢复老配方。

问题：

（1）可口可乐调查的错误出在什么地方？

（2）应该采用什么方法？

可口可乐调查的错误在于，问卷把"新配方，更柔和"这种正面感受直接告诉了消费者，而人都是不愿意思考的，当然会顺着它的想法说。调查可采用实验法。

任务实施

一旦具体化了调查目标与信息的需求，调查者需要将调查目标和信息需求进行系统的陈述，并且确定出合适的数据来源，调查目标确定的步骤如图2-5所示。

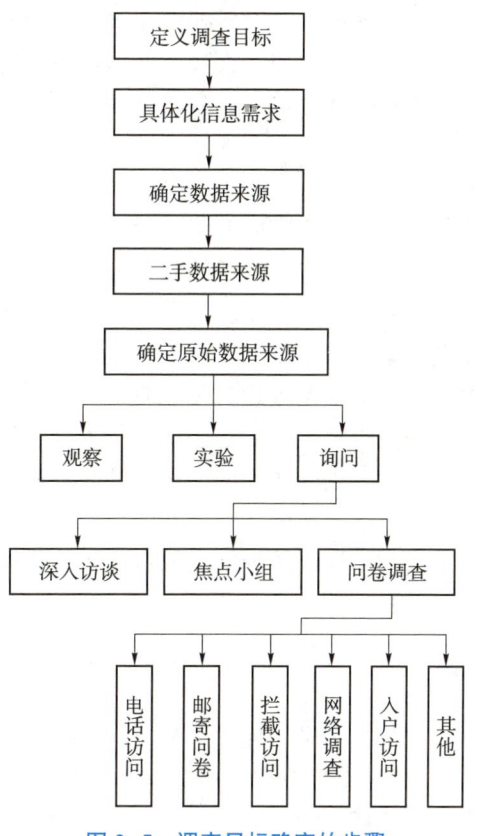

图 2-5 调查目标确定的步骤

任务 2 选择调查方法 037

对于调查目标的确定和具体化信息的需求这两个步骤，在任务 1 里已经做过详细讨论，这里从确定数据来源开始进行下一步的分析。

提供给市场调查的数据来源，可以分为原始的和二手的，二手数据是已经为其他调查机构或者组织为了其他目的而调查得来的数据。与原始数据相比，二手数据的主要优势是节约成本与时间。

例如在一次对于某区域市场进行市场可行性分析的时候，需要对该区域的人口、家庭收入、可支配收入等项目进行调查，如果使用原始数据的话，需要进行相关实地调查，但是如果利用当地统计部门的统计报告或者一些公开出版的统计分析报告，则便宜得多。

因此，进行原始数据调查之前，先明确二手数据的需求特别重要，二手数据有三个主要的功能：第一，帮助系统陈述决策问题；第二，提供正确的数据搜集的方法和思路；第三，可以对搜集的原始数据进行评估和对比分析。

但是二手数据也有其不足的地方，这也是为什么通常一次市场调查无法仅仅通过二手数据收集来实现调查的所有目的。其主要不足的地方在于：第一，由于二手数据的收集并不是为了眼前的调查项目，所以它们很少能够完全满足项目的信息需求；第二，数据的准确性难以保证，由于在调查过程中，影响数据准确性的抽样、数据收集、分析以及报告提交阶段，都存在许多误差，而这个过程对于二手数据来讲，无法获取相应的信息，因此也无法评估其误差，通常对于二手数据只能从来源、发布目的、与数据质量有关的证据等三个方面来衡量其准确性；第三，数据的及时性难以保证，二手数据通常都有一定的时效性，超过该时间段的数据，无法保证其还有效，因为市场环境的不断变化导致数据迅速失效。

采集二手数据有两个重要的来源：内部资料和外部资料，内部资料主要是业务资料、日常统计资料、财务资料和企业积累的其他相关资料。外部资料有统计部门及各级政府部门发布的资料；各种市场调查机构发布的调查数据；各种媒体提供的市场文献资料；企业名录；公司发布的财务报表；图书馆存档的资料；国内外各种展销会等会议资料；竞争对手发布的新闻信息、网站等相关资料。

二手数据是否有效主要考虑以下几个方面的因素：第一是原始资料提供者的信誉；第二是原始资料收集的目的和时间；第三是原始资料的研究方法。

由于二手数据有其优势及不足之处，所以，通常一次市场调查还是需要进行一些必要的原始数据的搜集，在原始数据搜集过程中，通常根据不同的调查目的有不同的方法相对应，即观察法、实验法、询问法三类。而在调查设计的初期阶段，特别是探索性调查设计阶段，被广泛使用的是询问法，而询问法中焦点人群访谈和关键人物的深入访谈使用得尤其多。实验法则主要应用在因果调查过程中，观察法和询问法中的问卷调查法主要应用于描述性调查设计过程中。

以下就探索性调查中焦点人群访谈和关键人物的深入访谈来进行分析。首先看一个焦点人群访谈的例子：

一、焦点人群访谈步骤

这个焦点人群的访谈是关于皇室新推出的麦片的看法的一次访谈，主要由 10 名不同职业、不同收入的成员组成，图 2-6 是其中的一部分访谈内容。

通常在设计有效的焦点人群访谈的项目中，调查者必须对管理层的目标以及访谈的目标十分清楚，如果需要进行焦点人群的访谈，则可以按照如图 2-7 所示的步骤进行：

介绍
主持人：请你们每个人做个自我介绍，好吗？

小张：我叫小张，是一个大学的教师，有一个孩子。

小林：我叫小林，我在北京有一家物流公司，有两个孩子。

小宋：我叫小宋，我是一名国有企业的工程师，有一个孩子。

探究在麦片中什么是最重要的。
主持人：你喜欢什么样的麦片？

小张：我喜欢充满麸皮的麦片，因为含热量比较低。

小林：不喜欢糖麦片，只喜欢健康麦片。

小宋：我主要吃雀巢的麦片，因为它口味好，而且对身体有益。

皇室新麦片的介绍。
主持人：你们中有多少人听说过皇室的麦片？

小张：我在品尝之前就已经听说过皇室麦片。

小林：有人提过它的名字，并且说价格昂贵。

小宋：我以前从未听说过。

主持人让每个参与者品尝一份皇室的麦片样品，然后说出自己的看法
主持人：你现在认为如何？

小张：可以吃出很多麦麸。

小林：它没有很多糖，这样很好。

小宋：吃上去没有什么味道。

探究原因。
主持人：你说它吃上去没有什么味道是什么意思？

小宋：我的意思是，它不用加任何调味品，这样很好，因为像健康麦片。

结束。
主持人：感谢各位的合作！

图 2-6　部分访谈内容

步骤一：确定调查目标，定义管理层问题，管理层想要得到什么或者说管理层的决策目的是什么，需要什么样的信息来满足管理层的需求。

步骤二：进行调查设计，目标市场分割——哪个地区需要探究？群体规模——焦点人群需要多少人？人群的数量——是不是需要多个人群访谈会议？会议的时间及定时——会议必须持续多少时间？必须在一天中的什么时间开会？群体会议的定位——会议必须在何处召

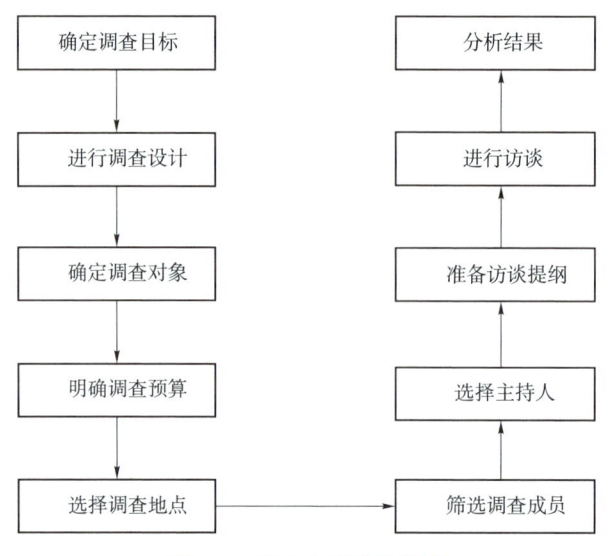

图 2-7　焦点人群访谈步骤

开？如果需要在不同的城市或者国家召开，则应该选择在哪里召开？

步骤三：确定调查对象，对焦点人群的成员，形成筛选性的特征描述，人口统计学特征，如性别、年龄等，生产或工作经验，会议是否由专家或者此领域中有经验的人来组织？通常应答群体必须由具有相当均一特征的人组成，应该避免把有孩子的、整日在家的已婚女性与在外工作的未婚女性混在一起，因为她们的生活模式和观念通常差别非常大。

步骤四：确定预算、预期成本：主持人成本、设备成本、参与者成本、偶发事件、设备租用、旅行成本等，如果会议在异地召开，则所有这些项目都是预算中的因素；参与者的激励水平——什么样的激励才会调动人们参与讨论的积极性？

步骤五：选择调查地点，为焦点人群选择并租用合适的地点，因为环境会影响参与者的答案，而且客户可能希望在比较好的环境中接受访谈，在选择地点的时候需要考虑以下这些标准：松散的、舒适的环境；根据需要提供录音录像设备；客户在访谈过程中需要体验到的相关设施等。

步骤六：筛选调查成员。既然所需人员的种类已经知道，那么就从焦点人群候选人库中挑选更加符合条件的成员，首先剔除掉从事市场调查工作或者竞争对手的员工，其次考虑群体成员的一致性，通常应该把具有同一特征的人群集中在一起进行访谈，如都是整日在家的已婚妇女或者都是 15 岁左右的男青年等。这样可以避免群体成员间为了与调查目标无关的问题而相互影响或发生矛盾。如果讨论的是关于消费品市场的项目，人数规模保持在 8～12 人，如果是工业品市场调查，参与者最好是 6～7 人。

步骤七：选择主持人。主持人的角色对于焦点访谈的成功至关重要。富有经验的主持人可以保证建立适当的应答者关系，根据相关尺度来指导讨论。此外，主持人是数据分析与解释的中心，需要熟练的技术、经验、讨论话题的知识，以及群体动态本质的直觉远见来完成这一任务，因此主持人通常是一名训练有素的心理学专家。在选择主持人的时候通常根据如下一些要求进行：①和蔼与刚毅兼备，主持人必须兼备严格的超然态度和体谅的感情；②随意自由，随意自由的氛围适于鼓励开放的交流，然而主持人必须注意不要让讨论内容偏离调查方向；③鼓励参与的能力；④能够用准确的语句总结不完整的讨论结果；⑤灵活性，主持人必须在讨论话题之前，将所涉及的知识提前告知参与者。

步骤八：准备访谈提纲。访谈提纲通常包括所涉及的讨论的话题，以及时间方面的安排。

步骤九：进行访谈。在访谈过程中，需要回顾调查目的，然后彻底地调查每个成员关于讨论问题的看法，最后进行分类汇总访谈的结果。

步骤十：分析访谈的结果，把所有的数据编辑成有意义的信息，并向相关负责人提交调查报告。

二、深入访谈步骤

另外，在探索性调查设计的时候，针对某个领域专家的个人的深入访谈也有使用，不过并不广泛，因为这个方法的最大的局限在于，对调查人员的要求非常高，深入访谈成功与否完全取决于调查员的技巧和经验，而且由于样本群体规模非常小，完全依靠采访员分析与解释。深入访谈的目的是透过应答者的表现反应，发现更多的存在于应答者的态度和行为中的深层次的原因。

深入访谈的步骤简单介绍如图 2-8 所示。

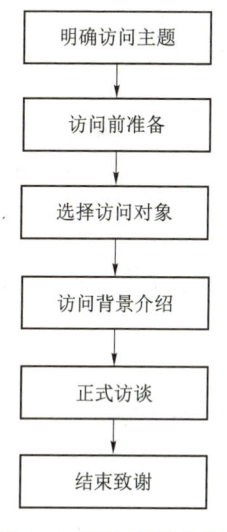

```
明确访问主题
    ↓
访问前准备
    ↓
选择访问对象
    ↓
访问背景介绍
    ↓
正式访谈
    ↓
结束致谢
```

图 2-8　深入访谈步骤

步骤一：明确访问主题。访问员在访问之前，必须对自己所从事的采访工作有深入的了解，知道自己所访问的对象的基本情况，此次访问要达到什么样的访问目的，准备提哪些问题，重点在哪里，通常要预先拟定访谈的提纲，提纲主要包括访谈的目的、访谈的基本流程安排、访谈的问题。

步骤二：访问前准备。深入访谈前准备工作通常包括准备访问工具和预约两个部分，访谈前要考虑到此次访谈需要哪些必需的物品，如证明自己身份的证件，公司开出的介绍信等，以获取对方的信任。除此之外，还要准备访谈的辅助设备，如摄像机、录音笔、纸笔及相应的其他介绍性资料，如果有激励性的措施，如有礼金或礼品等也需要提前准备好。另外，由于深入访谈的时间较长，而且访问对象通常是有一定社会地位的人士，所以提前进行电话预约对于获得对方的配合非常重要。

步骤三：选择访问对象。深入访问的对象应该是那些能够对调查的项目非常熟悉或者有独到研究的人员。

步骤四：访问背景介绍。向被调查者介绍来意，介绍的时候态度要有理有节、不卑不亢，说明自己的身份，如果遇到无礼的对待应该能够忍受。

步骤五：正式交谈。交谈是获取信息的关键，往往先创造一个良好的氛围，然后再引入主题，在交谈过程中应注意语言组织，并且善于倾听，对于超出访谈目的的话题要善于巧妙地转换话题。

步骤六：结束致谢。深入访谈通常时间在半个小时至两个小时，在获取必要的资料的情况下应及时结束访谈，并致谢离开。

三、实验设计的步骤

在因果关系调研中实验法应用广泛，下面简单介绍一下实验法实施的步骤，图2-5是实验法的实施步骤：

1. 界定研究变量

调查的问题确定后，首先需要界定研究变量，即分析哪些变量与研究的问题有关，然后确定在实验中对其中的多少个变量进行观察和测量，这一步是实验调查能否成功的前提。

2. 确定实验单元

确定实验单元，就是明确实验对象的基本单位、实验单元的选择，应遵循"代表性"和"可对比性"原则，所谓的"代表性"是指实验单元应该对被研究的事物有较强的代表性，"可对比性"是指实验单元之间应该没有明显的差异，例如，在对广告投放量对于销售量的影响的调查项目中，需要在全国各个不同的地区寻找各方面条件差不多的城市作为实验单元，否则，实验的结果也无法对比。

3. 设计实验过程

在实验单元确定后，如何来控制实验环境和实验单元，以保证实验按照研究的假设进行，这是实验设计过程需要解决的问题。

4. 开始实验

当所有准备工作就绪之后，就是按照实验的设计开始进行实验，包括抽取实验单元、分配实验变量和观察记录三方面的内容。

5. 总结分析

根据实验过程所做的观察和记录资料进行整理，得出调查结论，提出变量之间的内在关系，明确实验假设是否成立。

四、观察法实施步骤

观察法与问卷调查法相似，大多应用在描述性调查项目中，其主要的实施步骤如图2-9所示。

（一）回顾调查目的

在任务1中介绍了调查决策的制定过程，在调查目的确定后，调查工作进一步的要求是形成一个信息需求的列表，这个列表是收集所有数据的前提。在设计观察项目前，调查设计人员必须详细列出信息的需求以及需要观察项目。

（二）设计观察表格

根据第一步确定的观察项目，进行观察表格的设计，至于如何设计一张观察表，在任务

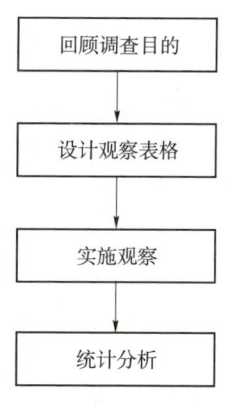

```
回顾调查目的
    ↓
设计观察表格
    ↓
实施观察
    ↓
统计分析
```

图 2-9 观察法步骤

3 设计调查表格部分会进行详细陈述,这里不再分析。

(三) 实施观察

实施观察是指根据观察表的要求,设计好观察的对象、时间、地点等,然后安排相应的观察员进行实地观察记录。

(四) 统计分析

根据前一步的记录资料进行统计分析,得出观察结果。

拓展阅读

市场调查中的面谈询问调查技巧

课后巩固

◆ 知识训练

一、单项选择题

1. 以下不属于电话调查法的优点的是（　　）。
   A. 整个项目的访问时间短　　　　B. 节省费用
   C. 可以消除陌生人的心理压力　　D. 采集的信息可靠

2. （　　）是指重复地对一个固定的样本的组成人员进行调查的方法。
   A. 横向调研设计　　　　　　　　B. 纵向调研设计
   C. 交叉调研设计　　　　　　　　D. 实验调查设计

3. 以下不属于二手资料的收集特点的是（　　）。
   A. 间接性　　　B. 文献性　　　C. 无接触性　　　D. 固定性

二、多项选择题

1. 以下属于网络调查的缺点的是（　　）。
   A. 样本缺乏代表性　　　　　　　　B. 人为因素导致调查数据不准确
   C. 回答率低　　　　　　　　　　　D. 不适合开放性问题的调查
2. 以下属于拦截访问法的优点的是（　　）。
   A. 访问时间短、效率高　　　　　　B. 可以很好地控制访问过程
   C. 可以省去抽样环节和节省费用　　D. 消除陌生人的心理压力
3. 二手资料的收集具有以下哪些特点？（　　）。
   A. 间接性　　　B. 文献性　　　C. 无接触性　　　D. 激动灵活性
4. 以下属于问卷调查法的方法的是（　　）。
   A. 入户访问法　　　　　　　　　　B. 焦点小组访谈法
   C. 拦截访问法　　　　　　　　　　D. 电话调查法

三、判断题

1. 必须更准确地界定调研问题时，一般用探索性调查。（　　）
2. 判断消费者对某一公司和它的产品的印象时用描述性调查。（　　）
3. 因果调查的主要方法是收集数据。（　　）
4. 二手资料收集不直接接触被调查者，在调查过程中不存在与被调查者之间的关系协调问题。（　　）
5. 网络调查法适合开放性问题的调查。（　　）

◆ 实践演练

一、设计一个具体的实验调查方案

实训目的：通过本项实训，学生可学会实验调查方案设计，为其将来从事市场调查工作打下基础。

实训内容：某饮料制造商想了解广告投入对饮料销售量的影响程度，请为该企业设计一个实验组与控制组的前后对比实验调查方案，并绘出相关表格。

1. 为该企业设计一个有控制组的前后对比实验调查方案（文字说明）。
2. 绘制实验调查方案的相关表格。
3. 每个学生在分组讨论会上交流自己的实验调查方案。
4. 指导老师评分。

二、案例分析

三家公司的不同调查方法

1. 环球时间公司的市场调查

居日本服装业之首的环球时间公司，由20世纪60年代创业时的小型企业发展成为日本有代表性的大型企业，靠的主要是掌握第一手"活情报"。公司在全日本81个城市顾客集中的车站、繁华街道开设侦探性专营店，陈列公司所有产品，给顾客以综合印象，售货员主要任务是观察顾客的采购动向。事业部每周安排一天时间全员出动，3个人一组，5个人一群，分散到各地调查，有的甚至到竞争对手的商店观察顾客情绪，向售货员了解情况，找店主聊天。调查结束后，当晚回到公司进行讨论，分析顾客的消费动向，提出改进工作的新措施。全日本经销该公司时装的专营店和兼营店均制有顾客登记卡，详细地记载每个顾客的年

龄、性别、体重、身高、体型、肤色、发色，使用什么化妆品，常去哪家理发店，以及其兴趣、爱好、健康状况、家庭成员、家庭收入、现时穿着及家中存衣的详细情况。这些卡片通过信息网络储存在公司信息中心，只要根据卡片就能判断顾客眼下想买什么时装，今后有可能添置什么时装。试探式销售调查，使环球时间公司迅速扩张，且利润率很高，连日本最大的企业丰田汽车公司也被它抛在后面。

2. 柯达公司的市场调查

以彩色感光技术著称的柯达公司，目前产品有3万多种，年销售额100多亿美元，纯利在12亿美元以上，市场遍布全球各地，其成功的关键是新产品研制，而新产品研制成功即取决于该公司采取的反复市场调查方式。以蝶式相机问世为例，这种相机投产前，经过反复调查。首先由市场开拓部提出新产品的意见，意见来自市场调查，如用户认为最想要的照相机是怎样的，重量和尺码多大最适合，什么样的胶卷最便于安装、携带，等等。根据调查结果，设计出理想的相机模型，提交生产部门对照设备能力、零件配套、生产成本和技术力量等因素考虑是否投产，如果不行，就要退回重订和修改。如此反复，直到造出样机。样机出来后进行第二次市场调查，检查样机与消费者的期望还有何差距，根据消费者意见，再加以改进。然后进入第三次市场调查，将改进的样机交消费者使用，在得到大多数消费者的肯定和欢迎之后，交工厂试产。试产品出来后，由市场开拓部进一步调查新产品有何优缺点、适合哪些人用、市场潜在销售量有多大、定什么样的价格才能符合多数家庭购买力。诸如此类问题调查清楚后，正式打出柯达牌投产。经过反复调查，蝶式相机推向市场便大受欢迎。

3. 澳大利亚某出版公司的网络问卷

澳大利亚某出版公司曾计划向亚洲推出一本畅销书，但是不能确定用哪一种语言、在哪一个国家推出。后来决定在一家著名网站做一下市场调查，方法是请人将这本书的精彩章节和片段翻译成多种亚洲语言，然后刊载在网上，看一看究竟用哪一种语言翻译的摘要内容最受欢迎。过了一段时间，他们发现，网络用户访问最多的网页是用中国大陆的简化汉字和朝鲜文字翻译的摘要内容。于是他们跟踪一些留有电子邮件地址的网上读者，请他们谈谈对这本书的摘要内容的反馈意见，结果大受称赞。于是该出版公司决定在中国和韩国推出这本书，书出版以后，受到了读者普遍欢迎，获得了可观的经济效益。

思考题：上述三个公司的市场调查方法分别是什么？对你有何启示？

◆ 任务评价

任务执行评价

序号	评价维度	评价内容	所占分值/%	自我评价/30%	小组评价/20%	教师评价/50%
1	任务完成情况	学习自觉性高，积极主动，一丝不苟。遵守时间，能在规定时间内完成并上交	10			
2	任务呈现形式	如实记录，表达准确，条理清晰，内容丰富，图文并茂，有一定的创新力	20			
3	行动工具达成	正确使用行动工具，作业步骤清晰，能够举一反三、融会贯通	25			
4	任务成果达成	思想上积极上进，有强烈的求知欲和进取心，能够立足专业、提升技能、夯实基础，综合素养得到全面提升	25			
5	学习小组合作情况	团队目标明确，沟通顺畅，有团队协作精神，有领导组织能力	20			
		小计				
		合计				

任务 2　选择调查方法　随堂笔记

姓名		上课时间	
地点		授课教师	
主题			
重点及难点			
我的思考与问题			

任务 3 设计调查表格

学习目标

知识目标

1. 测量的内涵
2. 量表的种类和特点
3. 问卷设计的程序、技巧和需要注意的问题
4. 态度量表的类型与设计
5. 观察表的类型与设计

技能目标

1. 清楚阐述市场调查与预测中测量的含义
2. 掌握社会科学中测量的难度和特点
3. 能根据实际调查项目进行问卷设计
4. 能根据实际调查项目进行态度量表设计

素质目标

1. 培养学生精益求精的职业素养
2. 锤炼学生实事求是的工作态度
3. 培养学生与时俱进的时代开拓精神

任务导入

作为中国航空公司中航班最多、航线网络密集、年旅客运输量最大的航空公司，中国南方航空公司全力打造以客户为中心的旅程，紧紧围绕客户体验，不断重塑服务链条，以实实在在的行动和举措服务旅客。南航公司使用飞行中的问卷，来测定乘客的态度与行为，为了更敏感地了解国际旅行者的需要，南航公司的市场调查部门安排飞行人员在其国际航班上分发问卷。问卷的前言是：我们的目标是使您的旅行尽可能地愉快，给您提供更贴心的服务，这个调查会持续几个月，您的填写会帮助我们完成，谢谢您的配合。

案例1 南方航空公司问卷设计

问卷正文如下：

关于今天的航班

请填写以下您今天关于航班的有关信息

航班次：_____ 停航城市：_____ 终点：_____

日期：_____

1. 此次旅行前多少天您……

项目	当天	1~3 天	4~6 天	7~14 天	15~29 天	30 天及以上
第一次计划旅行						
预订航班机票						
购买机票						
拿到机票						

2. 谁为您的这次飞行选择了本航空公司的航班？
   A. 旅行社　　　　　　　　　　B. 公司旅行办公室
   C. 秘书/商业助理　　　　　　　D. 政府/军事旅行办公室
   E. 亲自　　　　　　　　　　　F. 其他的家庭成员/朋友
   G. 旅行套票的一部分　　　　　H. 其他

3. 为什么选择本航空公司？（可多选）
   A. 离开/到达的时间安排便利　　B. 机票的价格
   C. 直接/不转机到达目的地　　　D. 旅行套票的一部分
   E. 到目的地的唯一航线　　　　F. 本航空公司公司会员
   G. 本航空公司免费的赠票　　　H. 比较其他的航空公司，偏向于本航空公司
   I. 公司旅行部门选择的　　　　J. 旅行社建议
   K. 不知道

4. 与其他航线相比，您会如何评价本航空公司的地勤人员？

项目	其他航空公司更好				本航空公司更好		
礼貌/友好	1	2	3	4	5	6	7
解决问题与回答问题的能力	1	2	3	4	5	6	7
服务的效率	1	2	3	4	5	6	7
专家表现	1	2	3	4	5	6	7

5. 与其他航空公司比较，您如何评价本航空公司的这次飞行？

项目	其他航空公司更好				本航空公司更好		
食品服务的数量	1	2	3	4	5	6	7
食品服务的质量	1	2	3	4	5	6	7
食品的种类、类型	1	2	3	4	5	6	7
饮料服务的及时性	1	2	3	4	5	6	7
机舱的清洁	1	2	3	4	5	6	7
机舱的温度	1	2	3	4	5	6	7
机舱的通风	1	2	3	4	5	6	7

续表

项目	其他航空公司更好				本航空公司更好		
机舱噪声的水平	1	2	3	4	5	6	7
座位的舒适	1	2	3	4	5	6	7
空间的大小	1	2	3	4	5	6	7
服务的准时性	1	2	3	4	5	6	7
舱门区的清洁	1	2	3	4	5	6	7

6. 根据您对本航空公司的总体经历，请指出您对如下陈述的赞同程度。

项目	强烈反对				强烈同意		
本航空公司提供了满足乘客需求的服务	1	2	3	4	5	6	7
本航空公司的表现符合我的预期	1	2	3	4	5	6	7
本航空公司提供了高质量的服务	1	2	3	4	5	6	7
本航空公司提供了持续的服务	1	2	3	4	5	6	7
本航空公司及时地引入了新的服务	1	2	3	4	5	6	7
我享受了物有所值的服务	1	2	3	4	5	6	7
本航空公司让乘客感到，航空公司的成功对于他们很重要	1	2	3	4	5	6	7
我会在将来选择该航空公司	1	2	3	4	5	6	7
我会向其他人推荐该航空公司	1	2	3	4	5	6	7

个人资料

7. 您的职业是什么？
   A. 执行官/管理者　　　　　　B. 专家/技术人员
   C. 销售代表/机构　　　　　　D. 教师/教授
   E. 政府/军事工作人员　　　　F. 办公室工人/销售职员/秘书
   G. 工匠/机械员/服务员　　　H. 家庭主妇
   I. 学生　　　　　　　　　　J. 退休人员
   K. 航班雇员/旅行机构　　　　L. 其他

8. 您现在居住在何处？
   A. 中国　　　B. 中国香港　　C. 中国台湾　　D. 美国
   E. 德国　　　F. 日本　　　　G. 韩国　　　　H. 新加坡
   I. 英国　　　J. 法国　　　　K. 加拿大　　　L. 荷兰
   M. 丹麦　　　N. 中东　　　　O. 墨西哥　　　P. 泰国
   Q. 其他

9. 如果您住在中国，那么您家的邮编是_____。

任务分析

调查表格是大多数调查的关键组成部分。前面任务 2 中所介绍的拦截访问法、电话调查法、邮寄调查法以及网络调查法均依赖问卷，除此之外，观察法在运用过程中，由于所耗时间长，花费也大，对于观察项目的选择也需要非常慎重。

视频 1　导入

在前面本航空公司的调查问卷中，其实涉及几类数据的收集，第一类是关于调查对象的过去行为的了解，第二类是关于调查对象态度的调查，第三类是关于调查对象特征的分析。

其中对于态度的调查在营销工作中非常重要，因为在态度和行为之间有因果关系，通常认为人的态度由以下三个部分组成：

认知性，人们关于所关注目标的知识；

感情成分，对于目标的感情是"好"还是"坏"；

行为成分，愿意对目标做出的行为反应。

本任务将重点讨论观察表格的设计、态度测量、调查问卷设计三个方面。

任务知识

一、测量

测量是在经验体系与抽象体系之间形成联系的过程，具体来说，就是根据一定的规则，按项目或事件的特征分配数字。

视频 2　测量概述

市场调查所涉及的问题有两类，第一类是可量化的问题，如个人收入、价格、产品的销售量等，它们通常可以用具体的数字来表示；第二类是属于非量化的问题，即定性问题，如调查对象的态度、意见、感觉等，一般难以用数字表达。

在很多情况下，我们需要将定性的问题量化，以便于更加精确地统计分析，这就需要采用一定的转换将定性的问题量化，这种手段通常用到量度，所谓的量度是测量调查对象态度的尺度和工具。借助于量度，可以较好地了解被调查对象对各种有关事物的态度。

量度的类型很多，通常按照数字体系中的四个特征，将量度进行分类，测量的量度有类别、顺序、等距和比率四个不同尺度。

（一）类别尺度

类别尺度中，数字仅作为识别或分类目标或事物的标签。比如说使用数字标识篮球运动员，这些数字只是对运动员进行标识，以便于辨别，但是数字之间不存在大小高低之分，不能说 8 号比 4 号就强两倍。类别量表是作为测量的最低形式，而且便于操作使用，市场调查中相当一部分，需要将各种不同市场现象进行分类，确定归属，如不同的品牌、商店类型、销售地区等。看下面的例子：

性别：①男　　②女

年级：①一年级　②二年级　③三年级　④四年级

是否听说过某产品：①听说过　②没听说过

上面几个问题中任何一个数字都是一个类别，这些数字是代表某一类别，但是这些数字本身是没有真实意义的，这些数字不能进行排序或做其他运算，它们只是一种标识，类别尺度主要是在分类的基础上，得到各类统计资料。可以进行统计的方法有：频数分布、众数分布、卡方检验。

（二）顺序尺度

顺序尺度定义了物体或事件之间的顺序关系，它涉及数字顺序的数字体系特征。下面的例子是顺序尺度的使用：

请对如下手机品牌进行排序，1表示最喜欢，5表示最不喜欢：

华为　　　_____
苹果　　　_____
荣耀　　　_____
三星　　　_____
小米　　　_____

顺序尺度用于表示等级的顺序，数字既不表明绝对数量，同时也不表明两个数字之间的差距是相等的。顺序量度主要有以下统计方法：排序、百分位数、频数统计。

（三）等距尺度

等距尺度，等距尺度也称"区间量表"，用于测量消费者对喜欢或不喜欢某种商品次序之间的差异距离。

在等距量表中，量表上相等的数字距离代表所测量的变量相等的数量差值。等距量表包含顺序量表提供的一切信息，并且可以让我们比较对象间的差别，它就等于量表上对应数字之差。

等距量表中相邻数值之间的差距是相等的，1和2之间的差距就等于2和3之间的差距，也等于5和6之间的差距。有关等距量表最典型的实际例子是温度计。在市场营销研究中，利用评比量表得到的态度数据一般经常作为等距数据来处理。

等距量表常用的统计方法有：算术平均数、标准差、方差。

（四）比率尺度

比率尺度，比率尺度是表示各个类别之间的顺序关系成比率的尺度，只要确定了测量的单位或测量的距离，其他的数据可以全部确定。

通常有一个绝对的零点，所谓的绝对零点是指把数字零分配到缺乏测量特征的状态。由于大家对零点的确定有一致的意见，所以可以对比率尺度的数据进行比较。

如体重、身高、年龄等，零表示的是没有，但是采用这种量表对被调查者的态度进行测量有一定的难度，如甲的体重是50千克，乙的体重是100千克，我们可以说乙的体重是甲的两倍，但是如果对于两个不同的产品品牌进行评价的话，甲品牌10分，乙品牌5分，我们不能说该调查对象对甲品牌的喜爱是对乙品牌的2倍，所以在市场调查中，使用比率尺度的量度并不多用。

使用比率量表得到的数据常采用的统计方法有几何平均数和调和平均数等。

在以上的四种量表中，最常用的是类别尺度和顺序尺度，因为态度测量的本质上是一种顺序关系，很难用差距关系和比率关系来表示。

二、态度及测量的过程

(一) 态度的性质

态度，是指个人对物体或现象持久的感知、以知识为基础的评估以及行为导向的过程。

1. 态度的组成

态度通常由三个部分组成：

有认识力的部分：个人对其所关注的事务的认识，例如速度或者耐久性；

情感成分：个人对事物的感情，例如喜欢或讨厌；

行为成分：个人对物体行为反应的准备。

2. 态度与行为的联系

在营销决策中，态度与行为之间有密切联系，有很多营销学者提出了一系列的态度与行为的关系的模型。

例如：一个人对某个事物的认知模型：认识→了解→喜爱→偏好→购买倾向→购买行为。

其中，认识和了解是属于行为反应模型的认识性因素；而喜爱和偏好则是属于情感性因素，购买倾向和购买行为是态度的行为性因素通过概念化态度的构想，它用一系列连续的元素来代表态度，这些元素产生了行为。

实践过程告诉我们，态度与行为的联系并不简单，而且在有些情况下，基于态度的销售预测，特别是对于未来购买者行为的预测，仅仅基于态度可能会遇到较大的偏差，因为态度只是影响消费者行为的因素之一。例如，可能有人非常喜欢一款新上市的跑车，但是他因为没有购买能力而只能放弃购买。

(二) 态度测量过程

在营销中，态度的测量更多的是关注测量应答者对产品性质的信任（认识性因素），以及应答者对这种性质中优点的感情（情感性因素），信任和感情的结合，通常被认为能确定购买倾向（行为因素）。

态度测量技术通常有两类，一类是问答式，另一类是观察式。

问答式的态度测量技术主要是通过与调查对象的交流来完成，例如，通过回答问卷上的一个或多个问题，直接要求应答者汇报其信任或感情，从而测量出调查对象的态度；另一种是向调查对象展示产品的图片或资料，或某故事情节，并要求调查对象表达自己的意见；还有一种方法是要求调查对象回忆曾经经历过的事情，比如广告效果测试时会要求调查对象回忆是否能够记住广告情节，但是这个前提假设是调查对象更愿意记住自己信任并且和感情一致的事物。

观察式的测量方式也有两种形式，一种形式是公开的行为，把观察对象置于一个展示其行为模式的环境，观察行为推断其信任和感情；另外一种形式是向调查对象展示产品或广告，再利用心理测试仪器对其态度进行测试，这些测试仪器包括测量手汗、测量眼睛瞳孔变化，发现其心理的状态。

表 3-1 是对某校教师授课情况的课堂观察表，目的是发现教师授课和学生学习态度的相关问题。

表 3-1　教师授课情况观察表

教师授课情况观察表				
教师姓名		观察者姓名		
观察地点		日期		
年级、系别、专业				
课程名称				
第一部分：课堂前10分钟				
学生	单位/(人次)	教师（打分制：3分及格，5分为满分）		
迟到人数		1. 课堂教学计划清晰、实用。（　　）		
未到人数		2. 上课过程是否连贯。（　　）		
总人数		3. 教学目的明确。（　　）		
第二部分：课堂教学				
学生		教师上课风格（打分制：3分及格，5分为满分）		
打瞌睡		1. 幽默风趣。（　　）		
讲小话		2. 严肃认真。（　　）		
看小说		3. 跳跃性强。（　　）		
玩电子设备		4. 循规蹈矩。（　　）		
吃东西		5. 和蔼可亲。（　　）		
问题回答情况		6. 教师形象。（　　）		
课堂作业完成率/%		7. 普通话。（　　）		
第三部分：课堂后10分钟				
学生	单位/人次	教师	在选项前打"√"	
早退	—	是否拖堂	□是	□否
早退	—	内容是否讲解完整	□是	□否

　　问答式的态度测量，通常需要设计调查问卷，通过直接询问对某项变量的态度来进行。在对问卷答案进行设计的时候，要考虑各种不同的测量尺度，前面介绍过，测量的尺度有类别、顺序、等距、比率四种尺度。其中使用最频繁的是前面三种尺度。而这几种不同的尺度，在调查问卷设计过程中，主要是体现在答案的设计上。

1. 类别量度设计

　　类别量度的答案设计，应答者的答案可以分为两个或更多的类别。例如，从问题的应答中可以形成类别量度："你是否关注中国移动的促销活动？"答案是"关注""不关注"两类，这样就可以形成类别量度，可以把数字分配给类别，以进行数据分析。记住，数字只是识别类别的标志，本身没有什么意义。

2. 等级量度设计

等级量度是指涉及顺序、等距、比率尺度的情况，通常测量等级量度的焦点是形成情感性因素的序列或间隔量度。

等级量度需事先设计好一个等级序列的答案，然后让调查对象选择。例如："对于中国移动公司所做的促销活动，你的态度是（　　）。"答案通常设计成按顺序递进的几个"喜欢—无所谓—不喜欢"。

基于等级量度的问卷答案设计有三种不同的方式：

第一种是图示性的等级量度，图示性的等级量度是提前利用不同的图形设计出连续递进的答案，最常见的图示性量度是简化的人的笑脸和哭脸，从最喜欢的"开怀的微笑"到最不喜欢的"苦着脸"的表情，这样的设计可以让人感觉更加形象和亲切。

第二种等级量度是用文字描述的形式来表现情感的方法，这种方法也是问卷调查中最常用的量度，这些答案通过调查对象对问题题干和答案的阅读来选择对应的答案，最常见的形式是"非常讨厌—有些讨厌—无所谓—有些喜欢—非常喜欢"这样的答案设计。

第三种等级量度的设计方式是利用带方向的数轴来形成对意见的表述，这个数轴有一个预先设定的零点，零点左边是负值，表示的意思是负面的情绪，零点右边是正值，表示的意思是正面的情绪，通过对数轴上进行均匀标度，可以设计不同的分值对这些标度进行赋值。调查对象根据自己的情感选择相应的答案。

除了上述几种量度的设计，在实际调查问卷设计过程中，我们还要考虑另外的情况。

例如，为了发现中国移动公司在消费者心中的感知，我们可能需要将中国移动与中国电信进行比较，以让调查对象做出抉择，这就涉及另外的一些量度的选择问题，即配对比较量度和语义差异量度。在构建态度测量问卷的时候，需要进行抉择的问题是，关于这个态度的测量到底是用简单的类别量度、等级量度，还是使用配对比较量度或语义差异量度。

3. 配对比较量度设计

所谓的配对比较量度，是指向调查对象展示一组物体中的两个，然后要求调查对象根据对这两个物体的偏好等进行比较后做出选择，选择其中的一个。表 3-2 是对当前市场上最畅销的 5 种品牌的手机成对比较的数据，任务是想从 100 名调查对象中找出"最好的手机品牌"。表 3-2 的矩阵一代表的是 A、B、C、D、E 这五种手机品牌的成对比较数据。调查对象被问到列所在的手机品牌与行所在的手机品牌进行比较，哪个更好。

表 3-2　配对比较

矩阵一					
项目	A	B	C	D	E
A	—	90	64	14	27
B	10	—	32	2	21
C	36	68		15	36
D	86	98	85	—	52
E	73	79	64	48	—

续表

矩阵二					
项目	A	B	C	D	E
A	—	1	1	0	0
B	0	—	0	0	0
C	0	1	—	0	0
D	1	1	1	—	1
E	1	1	1	0	—
总计	2	4	3	0	1

例如，在矩阵一中，A 列和 B 行的数字 10，表示的意思是 100 人里有 10 人认为 A 品牌的手机比 B 品牌的手机好。

当调查对象给出了最后的比较结果后，就形成了矩阵一的表格，接下来将数据进行处理，即在矩阵一中，如果认为列所在的品牌比行所在的品牌更好的人数超过调查总样本的半数则用 1 表示（意思是列所在的品牌主导了行所在的品牌）；如果没有超过半数，就用 0 表示（认为列所在的品牌没有主导行所在的品牌）；最后形成转换矩阵二，并且将每列进行求和。

我们可以看出，根据调查的结果，"最好的手机品牌"是 B 品牌，它主导了所有其他的手机品牌，最差的是 D 品牌，它主导了 0 个品牌的手机。

配对比较量度的一个优点是判断的任务比较简单，可以直接发现调查对象的偏好，这对于分析竞争性产品和广告之间的差别时有较大的帮助。但是不足的地方在于，由于需要进行两两配对地比较，当调查项目过多时，将导致整个配对比较数量过大，无法实施，因为这种比较数量将随着需要进行配对比较的项目的增多而呈几何级数增加。

4. 语义差异量度设计

语义差异量度是市场调查过程中常用的一种态度测量技术，主要应用的领域是公司及品牌的形象调查，语义差异量度是用成对反义形容词测试调查对象对某一事物的态度。

在市场调查中，它主要用于市场比较、个人及群体之间的差异的比较以及人们对事物或周围环境的态度研究等。这种方法是将被测量的事物放在量表的上方，然后将对该事物加以描述的各种正反形容词列于两端，中间可分为若干等级（一般为 7 个等级），每一等级的分数从左至右分别为 7，6，5，4，3，2，1，或+3，+2，+1，0，–1，–2，–3。最后，由受访者按照自己的感觉在每一量表的适当位置画上记号。研究者可透过记号所代表的分数进行统计，了解人们对某种事物的看法，并可进行群体和团体之间的比较分析。

表 3-3 是一个关于某零售商店的调查，中间采用 7 个等级进行评估，调查对象只需要在相应的位置画上记号就完成了调查。

表 3-3　语义差异量度

零售商店×							
可靠		√					不可靠
友好			√				不友好
现代	√						旧式
便宜					√		昂贵
进步						√	不进步

其中，"√"是调查对象所做的选择。根据调查结果，可以用计算算术平均数的方法，进行统计分析。

三、问卷

（一）问卷的基本含义

问卷是从调查对象那里收集数据的正式的表格，问卷的功能是测量。通常用问卷进行测量的项目有：过去的行为、态度、调查对象的特征。前面任务 2 讲过，在市场调查原始数据的收集过程中，问卷调查的方式使用广泛，问卷调查需要设计问卷，而问卷设计的好坏，直接影响最终的调查结果的准确性。

案例 2　湖南南县问卷与民生的报道

（二）问卷的组成部分

问卷通常由六个主要的部分组成：问卷的标题、识别调查对象、请求合作、指导、寻求信息、分类数据。

1. 问卷的标题

每份问卷都有一个研究的主题，问卷设计人员应该根据调查的主题定义一个题目，这个题目反映这个研究的主题，使人一眼看上去就能理解调查的目的，增强调查对象的兴趣和便于调查对象理解题意。如"湖南省高校通信市场需求现状调查"这个标题就将调查目的和对象进行了简要的说明。

视频 4　问卷的组成部分

2. 识别调查对象

识别调查对象的数据，通常在问卷的第一部分，询问调查对象的姓名、地址、联系方式。这些信息可能已经获得或者需要在采访的第一时间就要获取，目的是识别调查对象是否符合我们定义的样本，另外可能还有一些涉及问卷管理方面的数据，如采访的时间和日期，采访员的姓名或者编号等。

3. 请求合作

请求合作通常是为了征求应答者配合的一段话，在问卷的开始部分，首先对调查机构和调查员进行说明，接着解释调研目的，并且说明调查将会持续的时间。

除此之外，一个好的请求合作的陈述通常还应包括：本次调查对于调查对象有何益处，如果没有益处，应该重点申明对其没有任何不利之处。

4. 指导

指导，是指提供给调查员和调查对象的关于如何更好地使用问卷的一个解释说明，解释说明有的放在问题中间或者问卷开始的地方，也有专门用一页"采访员指导"来进行说明，这份指导通常简单介绍调查的目的、抽样计划以及其他调查过程的说明。

5. 寻求信息

这一部分是调查问卷的主体部分，设计得好坏直接影响调查的误差大小。在后面将重点讨论问卷的主体部分的设计技巧。

6. 分类数据

分类数据部分，主要是涉及调查对象的类型。分类数据通常在采访结束时收集，因为分类数据通常会询问到一些敏感性的问题，而这些问题通常调查对象不愿意回答，例如调查对象的收入、年龄、职业等。但是也有一些为了甄别调查对象是否符合抽样框的要求的分类数据放在问卷的前面。

以上六个部分是一份完整的问卷所包含的，但是一份包括了以上六个部分的问卷不一定就是一份高质量的问卷，想要设计出一份高质量的问卷不是一件容易的事情。下面我们看有哪些途径可以为设计一份高质量的问卷提供一些指导。

(三) 问卷设计

问卷设计，与其说是一种科学，不如说是一门艺术，没有什么步骤、原则或指导可以保证能设计出一份优秀的问卷。

问卷设计是一项实践性非常强的工作，需要很高的技巧，而这些技巧是反复进行问卷设计锻炼出来的。我们所介绍的问卷设计，是来自专业的市场调查人员的经验和总结，这些总结和经验最后形成一系列的原则和指导，对于设计问卷的初学者而言很有用，避免了其犯一些比较严重的错误，而问卷设计的微调阶段，则需要有经验的调查者进行反复实验和修改。

问卷设计的步骤在后面任务实施中会进行说明，下面就问卷设计的技巧和应注意的事项以及一份优秀问卷的标准进行介绍。

1. 问卷设计的技巧

（1）问题设计的技巧。

① 避免将多个问题并在一个问题里进行询问，这样容易引起回答出现歧义或无法统计的情况，如果确实需要设计这样的问题，则应该在调查的过程中进行控制，例如：

10. 哪项业务在您缴纳的手机费中所占比例最高：_____；费用次高的业务是：_____。

A. 短信业务　　　　B. 市话　　　　C. 长途电话
D. 手机上网　　　　E. 基本套餐费

在这个题目中，涉及了两个问题，在调查结束后进行调查的统计分析时发现，大多数调查对象只是用笔在选项上面画钩，而不是将答案的选项填在空格处，这就导致我们无法知道到底哪项是最高的、哪项是次高的。

这个题可以改成这样：在您缴纳的手机费中，所占比例最高的前两项业务是_____。或者题目也可以不改，但是要求调查员在调查过程中特别留意这个问题，要求调查对象将答案填写在空格处。

② 尽量不使用语法结构特别复杂的句子。在实际调查过程中，我们所面临的调查对象可能文化水平不高，知识水平较低，太复杂的句子容易引起曲解。在设计问题的时候，尽量考虑调查对象的地理、文化、政治法律等方面的差异。

③ 问题尽量具体化、量化，而非笼统地询问。例如，在一次对大学生业余生活的调查中，有这样一个问题："你是否经常去网吧上网？"由于每个人对经常的定义不同，所调查的结果也无法进一步的分析。

④ 避免提出诱导性的问题，这会导致调查结果出现巨大的偏差。例如，针对不工作的

家庭妇女进行关于工作意向的提问："如果有可能的话，您愿意拥有一份工作吗？"另外一种问法是："你愿意工作，还是只是做家务？"这两种不同的问法导致出现调查结果的巨大差异，第一个问题的结果，19%的人说她们不喜欢工作，而第二个问题的结果，68%的人不喜欢工作。这就是诱导性的问题所带来的巨大偏差，显然第一个问题就是带有诱导性的问题，因为前面说"如果有可能的话"，很多人会将这句话误解为所有其他的可能出现的情况。

⑤ 精确设定时间范围。调查者在设计问卷的过程中，经常会犯的一个错误是使用一些不确切的对于"过去"界定的词来对调查对象过去的行为进行调查，例如："您过去购买过长虹的手机吗？""您过去每月的收入是多少？"这些都没有对时间进行精确限定，影响了数据的有效性。

（2）答案的设计技巧。问卷的主要功能是进行测量，而测量的标准则主要体现在问题的答案设计过程中。答案设计得好坏，直接影响调查结果的分析，在设计答案的时候，要考虑两个原则：互斥和穷尽。

① 互斥原则。互斥原则是指每个问题中所有的答案应该互不相容、互不包含，这样的话，调查对象在填写问卷的时候才不至于出现无法选择或者双重选择。

例如：您主要用手机的哪些功能？答案有：

A. 打电话　　　　B. 发短信、彩信　　　　C. 上网
D. 查看邮件　　　E. 手机报等增值业务　　F. 听音乐
G. 照相

其中上网和查看邮件、听音乐都有互相重叠的地方，并不是互斥的。

② 穷尽原则。穷尽原则是指每个问题所列出的所有答案应该包括所有可能的回答。这是为了使所有调查对象都能从中选择其中的一项答案，不至于因为没有答案而放弃作答。

例如：您经常使用手机上网吗？

答案有：A. 每天5~7小时　B. 每天3~5小时　C. 每天1~3小时　D. 每天1个小时以上。对于不使用手机上网的那些调查对象而言就无法作答。

（3）问卷题目的编排技巧。一份问卷通常包括多道题目，如何确定各题的先后顺序也是一个重要的问题，一定要把顺序确定好，否则容易影响调查对象作答，甚至影响调查结果的统计分析。题目编排一般遵循如下原则：

① 按题目内在的逻辑编排。问卷的设计从整体上来看应该按照调查目的的逻辑顺序来进行编排，这些逻辑顺序可以是时间顺序、空间顺序、调查项目的递进顺序等，这种逻辑不容有错，否则可能会让调查对象因思维混乱而影响填写问卷的准确性。

② 按先易后难的顺序编排。在问卷设计排序过程中，容易的问题应该放在前面，困难的问题放在问卷的后面，这样的话，在实际调查过程中，容易获得调查对象的配合。通常，涉及调查对象的隐私和其他敏感性问题会难以获得对方的配合，还有就是开放性的问题，由于需要用文字表达自己的意图，所以也难以获得对方的配合。这两类问题都属于困难问题，都应该放在问卷的后面。

③ 考虑吸引调查对象的注意力。心理学告诉我们，人们通常对感兴趣的事情表现出积极的态度，所以，将能够调动调查对象兴趣的问题放在前面，可以有效提高调查对象的应答率。

（4）优秀问卷的标准。

① 问卷能否达到调查的目的。问卷调查最终的目的是收集数据，而这些数据的收集是为了调查目的的实现，而调查目的又源自一项管理决策，前面讲到，管理者只有在面临管理

决策时才需要收集信息，市场调查工作才会进行。如果问卷不能够达到调查目的，或者无法让管理者满意，显然就无法达到决策目的了。

② 考虑调查对象的特征。为了尽可能节省时间和费用，调查问卷应该简洁、高效、逻辑性强，调查问卷的语言完全根据调查对象的特征进行设计。例如，对于拦截访问，问卷不能过长，问题也要简洁。邮寄问卷调查，则可以设计更多的问题，但是要考虑如何获取对方的配合，顺利回收问卷。

③ 满足问卷审核、编码和数据处理的要求。问卷回收后，就要进行审核和编码，一份优秀的问卷应该能够用计算机辅助进行数据录入、快速处理，形成处理结果。

素养提升

一张小问卷 倾听大民生

"您好，这位女士，这是我们市民之家的《回访反馈调查表》，您在办理事项时，如果发现哪个窗口服务态度差、办事效率低，存在往返多次办事的情况，或者有什么好的建议，都请如实填写。我们会汇总意见，促使工作人员提高服务意识，优化办事流程，提高办事效率。"2023年5月12日，在河南省许昌市禹州市市民之家一楼大厅，工作人员马亚杰正在对前来市民之家办理业务的李女士开展"回访反馈调查"活动。

为全面了解广大企业、群众对政务服务工作的真实感受，进一步提升政务服务质量，2023年3月份以来，禹州市政务和大数据服务中心组织开展了市民之家"回访反馈调查"活动，着力破解企业和群众在办事创业过程中存在的难点问题，切实推动营商环境持续优化，提升政务服务水平。

"《回访反馈调查表》中工作人员的服务态度是否友好、是否存在办事流程过于烦琐等问题都是我们老百姓真真切切关注的问题……"在调查人员的引导下，市民宋女士完成全部问卷答题后，非常激动地表示。据悉，此次《回访反馈调查表》内容主要涉及市民之家政务环境及工作人员服务态度、办事效率、排队等候时间、廉洁自律等进行回访调查，并征求群众对政务服务工作的意见和建议。该中心专门组织10余名工作人员深入市民之家一楼、二楼、三楼向办事的市民和企业代表发放《回访反馈调查表》，就问卷内容为市民答疑解惑。

据了解，针对《回访反馈调查表》反映出的薄弱环节和征求的意见建议，中心汇总整理后反馈至相关窗口单位，要求研究制定切实可行的整改措施，切实转变工作作风，增强服务意识，补齐短板，用实际行动将"业务立身、贴心服务"的工作理念落到实处，使政务服务工作得到质的提升。据统计，此次调查共发放《回访反馈调查表》300份，收集到群众意见、建议共10条，满意率低的窗口开展了问题自查，形成了问题清单，制定了整改措施，并限期进行整改。

党的二十大在充分肯定党和国家事业取得举世瞩目成就的同时，提到群众在就业、教育、医疗、托育、养老、住房等方面面临不少难题，对这些问题，我们已经采取一系列措施加以解决，今后必须加大工作力度。政务部门做到坚持人民至上。因此，问卷设计是否规范关系到政务部门的回访反馈调查工作。通过问卷设计可以倾听群众心声，真正做到以访促改，以访促优，让企业和群众有效监督政务服务工作的优化提升。

▶ **任务实施**

问卷设计是一种需要经验和智慧的技术，它缺少理论，因为没有什么科学的原则来保证得到一份最佳的或理想的问卷，与其说问卷设计是一门科学，还不如说是一门艺术。

在问卷设计中虽然也有一些规则可以遵循以避免错误，但好的问卷设计主要来自熟练的调查人员的创造性，尤其是要有丰富的调查经验。

一、市场调查问卷设计的程序

要设计一份高质量的调查问卷，应事先做些访问，拟定初稿，经过事前探测性调查，再正式修改成问卷。

一般情况下问卷的设计应包括四个层次的设计：

第一个层次是问卷内容的设计。问卷设计时必须明确问卷调查的目的，不同的目的决定了问卷项目的总体安排和内容构成。

第二个层次是问卷的具体形式或格式。确定了问卷调查的目的以后，着手建立问卷大致的框架。

第三个层次是问卷的语句及用词的设计。语句及用词的设计非常关键，要求避免使用过于抽象、一般的词语，防止反应定式。

第四个层次是问题的编排。应从一般开始，先易后难，由浅入深，由表及里，私人的问题应该安排在问卷结束部分，比如，年龄、工作、身体状况等，这也是问卷设计的惯例，因为如果被调查者认为这些项目涉及隐私而拒绝回答时，重要的信息在前面已经得到了。

问卷设计是由一系列相关工作过程所构成的，问卷设计虽然没有统一固定的格式和程序，但为了使问卷具有科学性、规范性和可行性，问卷设计的过程可以参照以下六大步骤进行，如图3-1所示。

根据调查目的确定调查项目 → 根据调查对象的特点确定问题的表述风格 → 根据资料收集的方法确定问题的数量和繁简程度 → 确定问题及其回答的方式 → 确定问题的顺序 → 调查问卷的测试和修订

图3-1　市场调查问卷设计的过程

（一）根据调查目的确定调查项目

调查问卷设计的好坏与前期准备工作密切相关，调查者在问卷设计之前就要把握要达到调查目的所需要收集的信息，研究所需收集的资料及资料来源、调查范围等，酝酿问卷的整体构思。

根据调查目的将所需要调查的资料一一列出，分析哪些是主要资料、哪些是次要资料、哪些是可要可不要的资料，淘汰那些不需要的资料，再分析哪些资料需要通过问卷取得。

确定了需要收集的信息资料之后，就要确定在问卷中提出哪些问题或包含哪些调查项目。确定问题的内容似乎是一个比较简单的问题，然而事实上不然，必须将问题具体化、条理化和可操作化，即变成一系列可以测量的度量或指标。在保证能够获取所需信息的前提下，要尽量减少问题的数量，降低回答问题的难度。

（二）根据调查对象的特点确定问题的表述风格

调查问卷中问题的内容要与被调查对象联系起来，问卷设计之前就需要确定向谁调查，并对被调查者群体进行认真仔细的分析，这有时比盲目分析问题的内容效果要好。

确定调查对象的范围后要分析调查对象的各种特征，即分析了解各被调查对象的文化程度、知识水平、理解能力等文化特征和社会阶层、行为规范、社会环境等社会特征。对调查过程及被调查者的心理状态要做到心中有数，如适用于家庭主妇的问题不一定适合青年学生。

调查对象的群体差异越大，就越难设计一个适合整个群体的问卷。所以在问卷设计前应该明确此次调查的对象，问卷中的问题是给调查对象看的，问卷设计必须符合被调查者的习惯及社会文化特征，应该根据不同的调查对象群体，设计被调查者能接受的问卷的格式、内容以及问题表述的风格特点。

（三）根据资料收集的方法确定问题的数量和繁简程度

在问卷调查的过程中，不同的资料收集方法对问卷设计都会产生影响。

如街头拦截访问比入户访问有更多时间上的限制，问题的数量不能太多；面谈访问中访问人员可以给被调查者出示图片、实物以解释或证明概念，让被调查者可以看到问题并与调查人员面对面地交谈，因此可以询问较长的、复杂的和各种类型的问题。

在电话访问中，被调查者可以与调查人员交谈，但是看不到问卷，这就决定了只能问一些短的和比较简单的问题，同时电话调查中提问问卷不宜过长，一般控制在 10 分钟以内较为妥当。邮寄问卷是被调查者自己独自填写的，与调查者没有直接的交流，因此问题也应简单些并要给出详细的指导语，邮寄问卷的问卷设计需要非常清楚，而且相对较短，不应该要求填写问卷人书写过多，以免被调查者因占用较多时间而失去填写问卷的兴趣。因而，问卷设计必须根据资料的收集方法不同而有所差异。

（四）确定问题及其回答的方式

调查问卷中设计出的全部问题，应当在被调查者回答完，就能达到调查者的调查目的。对提出的每个问题，都要充分考虑是否有必要。

同时，提问的问题应当尽可能精确、清楚。问题用词必须十分审慎，措辞的好坏将直接或间接地影响到调查的结果。

问卷设计中还应该考虑到被调查者理解问题和回答问题的能力，要考虑到问卷中敏感问题的提问。问卷必须使用简单、直接、无偏见的用词，设计者要站在调查者的立场上试行提问，看看问题是否清楚明白，是否便于资料的记录、整理；站在被调查者的立场上试行回答，看看是否能答和愿答所有问题。

（五）确定问题的顺序

调查问卷中的问题应遵循一定的排列次序，问题的排列次序会影响被调查者的兴趣、情绪，进而影响其合作的积极性。所以一份好的问卷应对问题的排列做出精心设计，以顺利地引导被调查者一步步完成问卷。

如果有过滤性的问题用于筛选被调查者应该放在问卷的最前面；一般简单的、容易回答的、有趣味性的放在前面，逐渐移向难度较大的，把一些敏感或较难回答的问题稍往后排。

这样可以给被调查者一种轻松愉快的感觉，以便于他们继续答下去。还有一点就是注意问题的逻辑顺序，有逻辑顺序的问题一定要按逻辑顺序排列，即使打破上述规则。

（六）调查问卷的测试和修订

调查问卷的初稿设计工作完毕之后，不要急于投入使用，应该在小范围内进行试验性调查。

在问卷用于实地调查以前，先初选一些调查对象进行测试，根据发现的问题进行修改、补充、完善，其目的是发现问卷的缺点，提高问卷的质量。

特别是对于一些规模较大的问卷调查，最好的办法是先组织问卷的测试，因为无论怎样周密的初期设计，都可能存在错误，而这种错误依靠自我纠正是很难发现的。同时要注意受测者样本要有代表性，测试的对象与调查的对象同质，才有可能提供与实际调查相似度较高的情境，具备一定的仿真性。

要求被调查者对问卷各方面提出意见，以便于修改，在调查问卷的结束语部分安排几个反馈性题目，比如："你觉得这份调查表存在什么问题？"如果发现问题，应做必要的修改，使问卷更加完善。如果第一次测试后有很大的改动，可以考虑是否有必要组织第二次测试。根据试答情况，进行修改，再试答，再修改，直到完全合格以后才制成正式问卷。

二、调查问卷设计的原则

调查问卷设计是一项科学细致的工作，一份好的问卷应做到：内容简明扼要，信息覆盖要全；问卷问题安排合理，合乎逻辑，通俗易懂；便于对资料进行分析处理。问卷设计总的原则是：立足于调查目的，使问卷易于回答。具体在设计问卷时，应遵循以下六个原则，如图 3-2 所示。

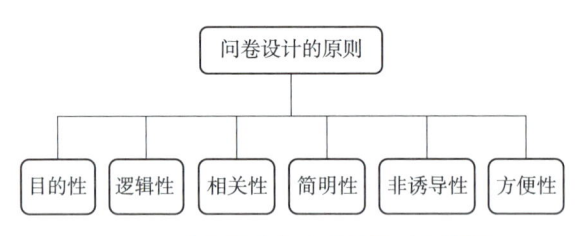

图 3-2　市场调查问卷设计原则示意图

（问卷设计的原则：目的性、逻辑性、相关性、简明性、非诱导性、方便性）

（一）目的性原则

在调查问卷设计中，最重要的一点，就是必须明确调查目的，这不仅是问卷设计的前提，也是问卷设计的根本。问卷内容应能涵盖调查目的所需了解的所有内容，提问的问题必须是与调查主题有密切关联的问题，没有可有可无的问题。

（二）逻辑性原则

调查问卷中的问题应遵循一定的逻辑排放次序，问题的排放次序会影响被调查者的兴趣、情绪，进而影响其合作的积极性。问题与问题之间要具有逻辑性，独立的问题本身也不能出现逻辑上的谬误。具体安排时，可按时间顺序、类别顺序等合理排列，从而使问卷成为一个相对完善的小系统。

原则上把简单易懂的问题放在前面，由简单到复杂，由表层理解到深层思考，把复杂的问题放在后面，这样容易得到被调查者的配合，使被调查者感到问题好回答；把能引起被调查者兴趣的问题放在前面，把枯燥的问题放在后面，一般性问题放在前面，特殊性问题放在后面；先问行为方面的问题，再问态度、观念性问题，涉及被调查者个人的资料则应最后提出；封闭性问题放在前面，开放性问题放在后面。问题排列的顺序必须按普通人的思考顺序，使问卷条理清楚，以提升回答问题的效果。

（三）相关性原则

调查问卷的设计要比较容易让被调查者接受，使被调查者愿意回答。因此，问卷设计所用语言和所提问题要有礼貌，尽量有趣味，尽可能得到消费者的合作，以提高调查质量。

问卷设计应使用适合被调查者身份、水平的用语，尽量避免列入一些会令被调查者难堪或反感的问题，如："你离过几次婚？"这种问题很容易引起调查对象的反感而拒绝合作。问卷设计必须针对受访人群，对于不同层次的人群，应该在问题的选择上有所不同，必须充分考虑受访人群的文化水平、年龄层次和协调合作的可能性。比如面对家庭主妇做的调查，在语言上就必须尽量通俗，而对于文化水平较高的都市白领，在问题和语言的选择上就可以提高一定的层次。只有在这样的细节上综合考虑所提的问题才能清楚明了。

同时，尽量少用专业名词，避免对被调查者产生刺激而不能很好地合作。

如下面两种问题：

1. 你至今未买笔记本电脑的原因是什么？
A. 买不起　　　B. 没有用　　　C. 不懂　　　D. 软件少
2. 你至今未购买笔记本电脑的主要原因是什么？
A. 价格高　　　B. 用途较少　　C. 性能不了解　D. 其他

显然第二组问题更有艺术性，能使被调查者愉快地合作。而第一组问题较易引起被调查者反感、不愿合作或导致调查结果不准确。

（四）简明性原则

调查问卷的内容要简明、易懂、易读，以便于被调查者能够快速、正确理解问卷的内容和目的。没有价值或无关紧要的问题不要列入，同时要避免出现重复，力求以最少的项目设计必要的、完整的信息资料。

调查时间要简短，问题和整个问卷都不宜过长，一般问卷回答时间应控制在30分钟左右。调查内容过多、调查时间过长，都会招致被调查者的反感。

（五）非诱导性原则

在调查问卷中，避免有诱导性作用的问题，以免使答案和事实产生误差。如设计问卷时，问："××品牌的电视质优价廉，你是否准备选购？"这样的问题将容易使填表人由引导得出肯定性的结论，具有相当的诱导性，而且限制了回答内容，同时还会导致回答失真，难以反映被调查者的真实情况。诱导使得被调查者回答不能反映消费者对商品的真实态度和真正的购买意愿，所以产生的结论也缺乏客观性，结果可信度低。

（六）方便性原则

成功的调查问卷设计除了要考虑到结合调查主题、方便信息收集之外，还需要考虑到问卷在调查后的数据处理与分析工作。

为了提高数据整理的方便性和准确性，问题的排列及回答的符号、位置等都应科学合理地设计。在问卷设计的时候就充分考虑后续的数据统计和分析工作，调查指标是能够累加和便于累加的，并且可以进行具体的数据分析，即使是主观性的题目在进行问题规范的时候也要具有很强的总结性，这样才能更好地进行调查工作。

三、问题的设计

问题是调查问卷的核心，一个好的调查问卷，必须合理、科学和艺术地提出每一个问题。在进行问卷设计时，必须仔细考虑问题的类别和提问方法，否则会使整个调查问卷产生很大的偏差，导致市场调查的失败。常见的问题类型有如下几种。

（一）直接性问题与间接性问题

直接性问题是将所要询问的问题直截了当地向被调查者提出，请被调查者直接给予回答。

这种直接提问的方式明确表明要问的问题，通常所问的是个人的基本情况或意见，比如，"您的年龄""您的职业""您现在用的牙膏是什么品牌的"等，采用这种提问方式可获得明确的信息，这种提问对调查结果统计分析比较方便，但遇到一些窘迫性问题时，采用这种提问方式，可能遭到拒绝而无法得到所需要的答案。

间接性问题是指那些不宜直接回答，而采用间接提问方式能得到所需答案的问题。通常用于那些被调查者对所需回答的问题产生顾虑的提问方式。例如，要调查学生参与"赌博"，对于"你是否赌博"这一问题就可改为："现在在一些同学中流行用扑克、纸牌等定输赢，你是否也喜欢玩这些扑克、纸牌的游戏？"采用这种提问方式会比直接提问方式能收集到更多的信息。

一般要求被调查者对他人或某种现象做出判别和评述，让被调查者扮演评判者的角色，适用于被调查者不乐意回答或很难做出正面回答的问题。

（二）开放式问题、封闭式问题与混合型问题

开放式问题是一种应答者可以自由地用自己的语言来回答和解释有关问题的问题类型，可以让被调查者充分地表达自己的看法和理由，并且比较深入，有时还可获得研究者始料未及的答案。

其优点是设计问题容易，并可以得到被调查者建设性的意见，能为调查研究人员提供大量的、丰富的信息，而且在分析数据的过程中开放式问题可以成为解释封闭式问题的工具。缺点首先是，在编码方面费时费力，其次是，开放式问题受被调查者性格、态度等影响，有时可能得不到准确的信息，并且由于回答费事，可能遭到拒答，最后收集到的资料中无用信息较多，难以统计分析。

封闭式问题的答案中包括所有可能的回答，让被调查者从中选择一个答案。这种提问方式的优点是被调查者回答问题容易，所得资料较准确。由于答案标准化，易于进行各种统计处理和分析，编码和录入的过程大大简化了，因而成为目前进行市场调查的主要提问方式。

缺点是问卷设计花费的时间较多，不能得到更多的信息，回答者只能在规定的范围内被迫回答，无法反映其他各种有目的、真实的想法。如果几个选择项提示顺序相同，位于前面的项占优势，这样回答者容易先入为主，因此需要准备几种不同的提示表以便交互向被调查者提示，保证回答尽量客观、真实。但注意此种问题选项尽量要给出全部可能的答案。

混合型问题又称半封闭式问题，是在采用封闭式问答题的同时，最后附上一项或几项开放式问题。同一个问题中，将开放式问题与封闭式问题结合起来组成问题，例如："您家里目前有空调吗？有（　），无（　）；若有，是什么牌子的？"在实际调查问卷设计中常常既有开放式问题，又有封闭式问题，并且以封闭式为主，以开放式为辅。

（三）主观性问题与检验性问题

主观性问题是指人们的思想、感情、态度、愿望等一切主要世界观状况方面的问题。

检验性问题是指为检验回答是否真实、准确而设计的问题。这类问题，一般安排在问卷的不同位置，通过互相检验来判断回答的真实性和准确性。

理想的问题设计应能使调查人员获得所需要的信息，同时被调查者又能轻松、方便地回答问题。设计问题各类题型及问法，也是一门学问，要求调查人员能依据具体调查内容要求，选用适当类型的问题进行调查，常常是几种类型结合应用，但不能随意设计，否则会影响调查的效果。

四、问题回答项目的设计

问题回答项目归结起来分为两类：一类是封闭式问题的回答项目；另一类是开放式问题的回答项目。封闭式问题的回答项目包括多种类型，如二项选择法、多项选择法、态度量表法、顺位法、评分法、比较法等。不管哪种类型都需要事先对问题答案进行精心设计。开放式问题的回答大多采用自由问答式，但在市场调查中，为挖掘被调查者潜意识的动机和态度，还可以采用词语联想法、句子完成法、故事完成法、漫画联想法等更生动灵活的方式。

（一）封闭式回答项目的设计

封闭式问题易于理解并可迅速得到明确的答案，便于统计和整理。但回答者没有进一步阐明理由的机会，难以反映被调查者意见与程度的差别，了解的情况也不够深入。在设计封闭式回答项目时，可以根据具体情况采用不同的设计形式，如图3-3所示。

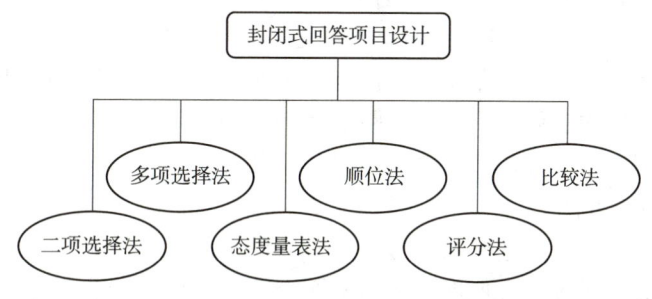

图3-3 封闭式回答项目设计示意图

1. 二项选择法

封闭式回答项目，最简单的就是二项选择题，二项选择法也称真伪法或二分法，是多项选择的一个特例，是指仅有两种答案可以选择，即"是"或"否"，"有"或"无"等。

两种答案是对立的、排斥的，被调查者的回答非此即彼，不能有更多的选择。二项选择题的特点是问题回答简单明了，调查结果易于统计归类，但所获信息量太小，两种极端的回答类型有时往往难以了解和分析被调查者群体意见的程度差别，这种方法，适用于互相排斥的两项择二式问题，以及询问较为简单的事实性问题或态度性问题。

（1）有关事实性内容的题型。

例：您家里现在有热水器吗？　　　　A. 有　　　　　　　B. 无

（2）对态度或者意见测量（答案是穷尽的）的题型。

例：请问您对黄金搭档广告的态度是什么？A. 喜欢　　　　　B. 不喜欢

2. 多项选择法

多项选择法是指所提出的问题事先预备好两个以上的答案,让被调查者根据实际情况,从中选出一个或几个最符合被调查者情况的作为答案。

多项选择法是问卷设计中常用的一种题型,它保留了是否式询问的回答简单、便于编码和统计、结果易整理的优点,避免了二项询问的不足,能有效地表达意见的差异程度,是一种应用较为广泛、灵活的询问形式。但其缺点主要是问题提供答案的排列次序可能引起偏见。使用这种问题有一点值得注意,即在设计选择答案时,问题答案的设计应考虑所有可能出现的答案,不能出现重复和遗漏,否则,会使得到的信息不够全面、客观。可设"其他"项目,以便被调查者表达自己的看法。

例:请问您是在哪一种情况之下嚼口香糖的?

A. 口渴时　　B. 无聊时　　C. 看电影时　　D. 预防蛀牙时

E. 约会时　　F. 看书时　　G. 有口臭时　　H. 其他(请列明)

3. 态度量表法

态度量表法简称量表法,在问卷中量表法是通过一套事先拟定的用语、记号和数目,来测定人们心理活动的度量工具。它常常用来对被调查者的态度、意见、感觉等心理活动方面的问题进行判别和测定,并且在数据分析中,可以使用较复杂的统计分析方法。

量表法的主要优点是对应答者的回答强度进行测量,许多量表式应答可以转换成数字,并且这些数字可直接用于统计分析。

量表有许多种分类,依据心理测试内容,量表一般分为四种,即类别量表、等级量表、等距量表和等比量表。类别量表是以调查对象的类别方式记分,如男女分类记分(男性1,女性0),以身份分类等。等级量表,即要求评定人在若干个备择项目中按照一定标准排出等级次序,该种量表既没有相等单位,又没有绝对零度。等距量表是在间距相等的分数点对心理特征、了解程度等内容做出测量,等距量表有相等的单位,但没有绝对零度,因而其测量水平比顺序量表提高了一步。等比量表,比等距量表更进了一步,既有绝对零度,又有相等单位,因而属于最高测量水平。

其中等级量表最为常用,这种量表是利用不同的等级来划分一个人对事情所抱的态度,可显示对方同意与否的程度,在问题后提供不同等级的答案,以量表的方式让调查对象自己做出选择。量表的两端是极端性的答案,在两个极端之间可以划分为若干阶段,少则3个,多则5个或7个等。根据量表的层级多少,使用频率比较高的是三级量表、五级量表、七级量表和百分量表。其中五级量表是市场调查中使用最为普遍的一种量表,常用的五级量表有优、良、中、及格、不及格;很好、好、一般、差、很差;强、较强、一般、较弱、很弱;十分重要、重要、有点重要、不重要、很不重要;非常同意、同意、中立、不同意、坚决不同意;很真实、真实、部分真实、很少真实、不真实等。

(1) 五级量表。

例:你在学校有机会参加社团活动吗?

A. 从来没有　　B. 难得参加　　C. 有时参加　　D. 常常参加　　E. 一直参加

(2) 百分量表。

例:你在多大程度上对你目前的学习成绩满意?

```
0   10  20  30  40  50  60  70  80  90  100
|___|___|___|___|___|___|___|___|___|___|
```

(3) 等级量表。

等级量表依据答案对称性分为对称性量表和非对称性量表两种形式。对称性量表是奇数等级项，中间位置必须是中性、中立的间语。但非对称性量表应慎重使用，以免对被调查者产生诱导。

例：你认为食堂的就餐条件如何？
对称性量表：A. 好　　B. 较好　　C. 一般　　D. 较差　　E. 差
非对称性量表：A. 很好　B. 好　　C. 较好　　D. 一般　　E. 差

等级量表依据其表现方式还可分为图解式量表和数字式量表。一般来说，图解式量表比单纯的数字式量表更有利于转达等级意义和评级的心理距离。

例：你在电脑程序操作过程中：

图解式量表：

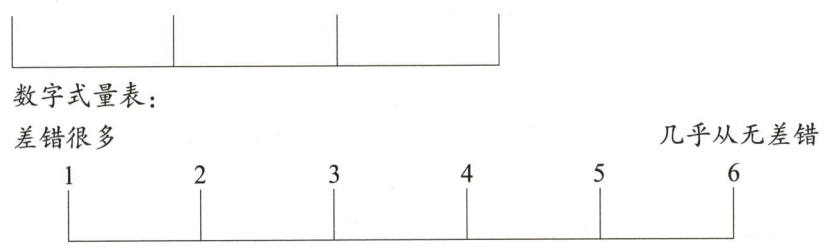

数字式量表：

差错很多　　　　　　　　　　　　　　　　几乎从无差错
```
  1      2      3      4      5      6
```

4. 顺位法

顺位法又称序列式，是在多项选择式问题的基础上，列出若干项目，具体排列顺序则由回答者根据自己所喜欢的事物和认识事物的程度等进行排序。顺位法便于被调查者对其意见、动机、感觉等做衡量和比较性的表达，这种方法较为简单，也便于对调查结果加以统计。但调查项目不宜过多，过多则容易分散，很难顺位，所访问的排列顺序也可能对被调查者产生某种暗示影响。同时必须注意避免可供选择的答案的片面性。

例：您选购电视机时，对下列各项，请按照您认为的重要程度以1、2、3、4为序进行排序：

图像清晰（　　）　音质好（　　）　外形漂亮（　　）　使用寿命长（　　）

5. 评分法

评分法又称数值分配法，是调查人员对所询问问题列出程度不同的几个答案并对答案事先按顺序评分，请被调查者选择一个答案。将全部调查表汇总后，通过总分统计，可以了解被调查者的大致态度。

可采用"5分制""10分制"，也可采用"100分制"，或者通过正负分值对比等形式，对不同品牌的同类产品进行各种性能的评比。

例：根据评分标准，给下列品牌的电视机质量评定分数，请将分数填入括号内。
评分标准：很好10分　　较好8分　　一般6分　　较差4分　　差2分
海尔（　　）　康佳（　　）　三星（　　）　东芝（　　）　索尼（　　）　TCL（　　）

6. 比较法

比较法，通常是把调查对象中同一类型不同品种的商品，每两个配成一对，由被调查者进行对比，把认为好的在调查表的有关栏内填上规定的符号，由此来了解被调查者的态度。

为便于了解消费者对所调查商品态度上的差别,也可以在不同商品品种之间,划分若干评价尺度,以利于被调查者评定。也可用于测定调查商品间的评价距离。该方式主要用于调查消费者对商品的评价,根据被调查者喜爱程度的不同进行比较,选择产品的品牌、商标、广告等,可用于比较商品质量和效用等方面。应用比较法要考虑被调查者对所要回答问题中的项目是熟悉的,否则将会导致空项发生或答案缺乏真实性。

例:比较牙膏品牌偏好,如表3-4所示。

表3-4 各类牙膏的品牌偏好比较

品牌	云南白药膏	佳洁士	黑人	冷酸灵	高露洁
云南白药膏					
佳洁士					
黑人					
冷酸灵					
高露洁					
合计					

说明:"1"表示被调查者更喜欢这一列的品牌,"0"表示更喜欢这一行的品牌。

还有一种比较方法,进行试验之时,在问卷一旁列出同样产品不同品牌的名称,另一旁则列出形容词汇,然后要求被调查者将两组文字做适当配对。

例:将下列两组文字做连线配对

汽车厂牌　　　　形容词

　奔驰　　　　　舒适

　别克　　　　　经济

　大众　　　　　豪华

　本田　　　　　安全

　雷诺　　　　　快速

(二) 开放式回答项目的设计

开放式回答项目只提问题不给具体答案,要求被调查者根据自身实际情况自由作答。

开放式问题允许被调查者用自己的话来回答问题,一般说来,因为被调查的回答不受限制,所以开放式问题常常能反映出更多的信息。开放式回答项目设计可分为自由回答法、词语联想法、句子完成法、故事完成法、漫画完成法五种类型,如图3-4所示。

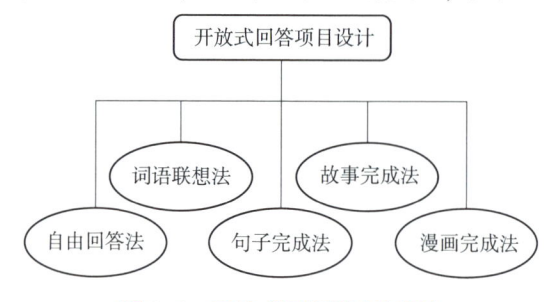

图3-4 开放式回答项目的设计

1. 自由回答法

自由回答法，是指提问后调查者事先不拟定任何具体答案，被调查者可以自由发表意见。自由回答法比较适用于调查消费者心理因素影响较大的问题，如消费习惯、购买动机、服务质量、服务态度等，因为这些问题一般很难预期或限定答案范围。这种询问在探测性调查中常常被采用。

例如："你觉得这种电器有哪些优缺点？""你认为应该如何改进电视广告？""你对本商场有何意见或建议？"

自由问答法的主要优点是被调查者的观点不受限制，便于深入了解被调查者的建设性意见、态度、需求问题等，涉及面广，灵活性大，能使被调查者思维不受束缚，充分发表意见，畅所欲言，可为调查者收集到某种意料之外的资料。缺点是由于被调查者提供答案的想法和角度不同，因此在答案分类时往往会出现困难，使调查结果难以归类统计和分析。同时，由于时间关系或缺乏心理准备，被调查者往往放弃回答或答非所问。因此，此种问题尽量少用。

2. 词语联想法

词语联想法是给被调查者一连串的词语，每给一个词语，都让被调查者回答其最初联想到的词语（叫反应语）。在给出的一连串词语中，也有一些中性的或充数的词语，用于掩盖研究的目的。

被调查者对每一个词的反应是逐字记录并且计时的，这样反应犹豫者（要花3秒钟以上来回答）也可以识别出来。

这种技法的潜在假定是，联想可让反应者或被调查者暴露出他们对有关问题的潜在态度或情感。这种方法可以在被调查者对某个问题不愿回答的情况下，掩藏调查目的，挖掘被调查者潜意识的动机和态度。对回答或反应的分析可计算如下几个量：每个反应词语出现的频数；在给出反应词语之前耽搁的时间长度；在合理的时间段内，对某一试验词语，完全无反应的被调查者的数目。先向被调查者提示一个访问词，然后让被调查者就这个词全盘写出他们的感觉或想法。例如电视——新闻、娱乐、音乐、广告、液晶；噪声鞋——运动、优雅、不舒服、爬山、耐克。

而词语联想法又可以分成自由联想法及限制联想法两种。自由联想法提供相应的字词让对方随意发挥，当听到下列词时，你想到的是什么？

例如："提到面包时你会想到什么？"即属自由联想法，不做任何限制，受测对象可以任意回答。

又如："提到面包，你最先想到的品牌是——"显然被局限在品牌范围之内做出选择，这就是限制联想法。

不过，无论是自由联想法还是限制联想法，在选用刺激语时，都要考虑下列几个原则：符合调查研究的目的；使用简洁的语句；避免使用具有多重意义和可能有多种反应的刺激语。

3. 句子完成法

句子完成法与词语联想法类似，给一些不完全的句子，要求被调查者完成。句子完成法是按固定顺序和语句提问，该类问题可以解决敏感性问题、回答率较低的问题等，但答案的审核、编码、分析比较烦琐，不同研究者对同一答案可能得出不同的结论，因而可靠性较差，主要适于探索性调查。

与词语联想法相比，它对被调查者提供的刺激是更直接的。可能得到的有关被调查者感情方面的信息也更多。不过，句子完成法不如词语联想法那么隐蔽，许多被调查者可能会猜到研究的目的。

例：我喜欢_____洗发精，因为_____。

4. 故事完成法

给出故事的一个部分，请被调查者发挥想象续写故事，完成一个未完成的故事。在故事完成法中，将被调查者的注意力引到某一特定的话题，但是不要提示故事的结尾，被调查者要用自己的话来得出结论。

例：星期六我来到一家大型超市，刚进到一楼就发现……（请您完成下面的故事。）

5. 漫画完成法

漫画完成法类似于看图说话，提供一幅画请被调查者观看，让被调查者假定自己是画中的某个角色，来描述一个故事或一段对话，从而描述被调查者对事物的态度和意见。

如一幅背景是某商场销售电视机柜台的漫画，漫画中有两个人物，一位是售货员，一位是顾客，售货员问："要买彩电吗？喜欢哪一款我给你介绍一下？"顾客回答处留有空白，要求被调查者填写。

这时被调查者将假定自己是顾客，向售货员询问他最关注的问题，从而获得调查资料。但使用过程中注意，漫画中人物不要带有任何表情，以防诱导被调查者产生调查误差。

五、市场调查问卷设计应注意的问题

在调查问卷设计中，问题设计得科学合理可以提高问卷回收率和信息的质量。问题设计不当往往会使被调查者误解题意或拒绝回答，从而直接影响数据质量，事后弥补非常困难，而且成本太高。

视频5 问卷设计要注意的事项

六、避免问题

（一）避免不易回答的问题

问题设计中应特别重视问题的措辞，如果把主要精力集中在问卷设计的其他方面，设计的问题很有可能使被调查者难以回答而降低了问卷的质量，因此应该注意以下几个方面。

1. 避免提出被调查者能力之外的问题

如："你认为未来10年汽车在科技方面会取得哪些进步？"再如："××手机是否最好？"这样的问题，看起来非常简单，可是被调查者可能从来就没有想过或遇到过，因此，设计问题时，得替他们设想，提问要在被调查者的知识、经验、能力的范围内，不要把问题理论化。

2. 所提问题必须简短，以免造成对方的混乱

"你认为电视机市场已经日趋饱和的今天，政府仍向电视机生产企业征收高额税收，从而阻碍了生产厂家发展的做法，是不是应该受到批评？"这样的长句式提问，让人很难做出回答，也很难得到满意的回答。

3. 避免因时间久远而依靠被调查者的记忆回答的问题

在信息爆炸的时代，遗忘和记忆的差错会导致被调查者无法提供全面和准确的资料。经常有些市场调查要求被调查者回忆半年以前甚至一年前的购买情况，这显然取决于被调查者

的回忆和合作程度。

因时间久，回忆不起来或回忆不准确是常有的事。如："你去年家庭的生活费支出是多少？用于食品、衣服的支出分别为多少？"除非被调查者记账，否则很难回答出来。

一般可问："昨天你在电视上看了哪几则手机广告？"显然，这样缩小时间范围可使问题回忆起来较容易，答案也比较准确。

4. 避免直接提问窘迫性问题

在设计调查问卷时，若非有必要，绝不涉及被调查者的个人隐私。隐私问题往往会引起回答者的焦虑、窘迫，使被调查者不愿意回答或不愿意真实回答。

遇有这类问题，如果实在回避不了，可列出档次区间或用间接的方法提问。例如，不应问："你今年几岁？"而不妨问："你是哪一年出生的？"也可列出年龄段，如"20岁以下，20～30岁，30～40岁，40岁以上"，由被调查者挑选。

5. 避免用词生僻或过于专业

一般调查中，调查对象文化程度分布广泛，生僻、专业的词语会阻碍被调查者对问题的理解。

如某保险公司调查顾客对本公司业务的印象，询问："请问你对本公司的理赔时效是否满意？""请问你对本公司的展业方式是否满意？"许多被调查者不明白什么是"理赔时效"和"展业方式"，即便给出答案也没有意义。

再如"促销效果""分销渠道"等术语，对于某些消费者来说，其不易接受，必须使用时，应进行定义和说明。

（二）避免出现诱导性提问

提问尽量客观，问卷中的问题必须保持中立，不能提问带有倾向性的问题。

如问："××品牌的手机质优价廉，你是否准备选购？"这样不能反映消费者对商品的真实态度和真正的购买意愿，所以产生的结论也缺乏客观性，结果可信度低。

再如："环境保护很重要，你认为有进行环境保护的必要吗？"这种提问向被调查者提示答案的方向，或暗示出调查者自己的观点，在有外界压力存在的情况下，被调查者提供的是符合压力施加方偏好的答案，而不是他自己真正的想法。这是提问的大忌，常常会引出和事实相反的结论。

问题要中性化，避免诱导性提问，褒义词、贬义词、否定问题都应尽量避免。带有倾向性的问题有两种：一种是权威倾向性问题，如："大多数教师认为中学生不能抽烟，你是否同意这一观点？"另一种是叙述倾向性问题，如："现在的小学生作业负担太重，你认为是吗？"对于这样的问题可进行中性化的处理，即修改剔除问题的倾向性。

（三）问题要准确具体，避免用笼统的、不确切的、一般的词

问题设计应避免使用含糊不清的句子和语意不清的措辞，使受测者费解。文字表达要准确，不应使被调查者有模糊认识，有些问题含有偶尔、许多、大致、普通、经常、一些、很多、相当多、几乎这样的词，以及一些形容词，如"美丽"等，不同被调查者的理解显然也是不同的。

使用"你通常喜欢选购什么样的帽子"就是用词不准确，因为"通常""什么样"的含义，不同的人有不同的理解，回答各异，不能取得准确的信息。如："你认为目前教师的

待遇够好吗?""待遇"和"够好"都属语意不清。

还有这样的问法也属于模糊的语句:"你经常穿 T 恤衫吗?""你爱穿羽绒服吗?""你经常喝汽水吗?"这样的模糊问法被调查者也不好回答。还有些定义不清的问题会产生歧义,使被调查者无所适从,如年龄、家庭人口、经济收入等调查项目,通常会产生歧义的理解,年龄有虚岁、周岁,家庭人口有常住人口和生活费开支在一起的人口。收入是仅指工资,还是包括奖金、补贴、福利、其他收入?如果调查者对此没有很明确的界定,调查结果也很难达到预期要求。因此这些词应用定量描述代替,以做到统一的标准。

(四) 避免提带有双重或多重含义的问题

要想得到较高的回答率,需要有良好的提问技巧。一个问题对于每个被调查者而言,应该代表同一主题,只有一种解释、一个含义。

一个问题中如果包含过多的访问内容,会使被调查者无从答起,也会给统计处理带来困难。

例如:"雕牌洗衣粉是否清洁又不伤衣服?"可能会得到不同答案。如询问消费者:"你对该商场产品的价格和服务质量满意还是不满意?"该问题实际上包括商品价格和服务质量两个方面的问题,结果"对价格不满意""对服务不满意"或"对价格和服务不满意"的被调查者可能都回答"不满意",该结果显然得不到想了解的信息。

因而,一个问题只能提问一个方面的情况,否则容易使回答者不知如何作答。应该避免提问被调查者不易理解、措辞表达意思模棱两可的问题。

以上是问卷设计中应该注意的一些比较突出的问题,当然还有其他很多问题存在,有些是调查人员难以预料的,这就要求调查人员要反复斟酌,在构想每项问题之后,要尽量详尽地列出问题,然后对问题进行检查、筛选,以便进行删、补、换。

七、深度访谈表的设计步骤

设计深度访谈表的过程与问卷设计的过程大体类似,所不同的是,深度访谈表只是一个提纲挈领式的谈话纲要,但是在实际调查过程中,由于交谈的自由性,可以不按访谈表上所列问题的顺序进行,而且深度访谈表通常也无须设计多项式选择的问题,大多是开放性问题,所以也无须考虑答案的设计。

在访谈过程中,我们通常也无须将深度访谈表交给调查对象,而是保留在调查员自己手上,所以也无须在排版和打印方面花工夫。

深度访谈需要解决的问题是将需要访谈的问题全部列出来,以免遗忘。深度访谈表主要也是起备忘的作用。深度访谈表设计步骤如图 3-5 所示。

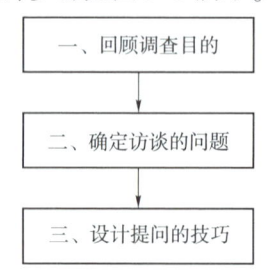

```
一、回顾调查目的
      ↓
二、确定访谈的问题
      ↓
三、设计提问的技巧
```

图 3-5　深度访谈表设计步骤

八、观察表格的设计

设计观察表格通常比设计问卷要简单,因为观察没有提问的过程,尽管如此,在观察表的设计过程中,仍然有重要的注意事项:调查者必须十分清楚观察的类型,以及如何测量。测量的过程可以由观察员和机械辅助完成。

同样,观察表在设计的时候也需要考虑前期市场调查设计过程中所列出的信息需求,还必须清楚地界定所观察的项目。可以按照以下几个问题的思路来设计观察表:观察谁?观察什么项目?什么时候观察?在什么地方观察?比如在观察购物者购买奶粉的调查中,以下是必须详细描述的项目:

(1)被观察到的对象是谁?购买者、旁观者、男性、女性、夫妻、有小孩的夫妻、儿童。

(2)被观察到的对象是什么?所购买的品牌、规格,所查看产品的品牌,他人的影响,所查看的产品包装的价格。

(3)观察在何时进行?日期、一周中的天数,以及购买的具体时间。

(4)观察必须进行的地点是哪儿?商店的种类、位置如何选择?

观察表必须便于使用,观察表的结构设计必须方便观察员的实际观察过程,观察的项目尽量量化,结构简单。观察表的设计步骤如图3-6所示。

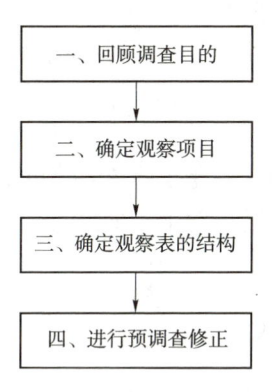

图3-6 观察表设计步骤

拓展阅读

某高校学生天翼手机业务调查项目

课后巩固

◆ 知识训练

一、单项选择题

1. 以下内容不属于测量态度的性质的是（　　）。
   A. 认知部分　　B. 情感部分　　C. 记忆部分　　D. 行为部分
2. 以下统计方法不属于顺序量度的是（　　）。
   A. 排序　　　　B. 百分位数　　C. 频数　　　　D. 平均数
3. 在量表法设计中以下哪种量表是最常用的？（　　）
   A. 类别量表　　B. 等级量表　　C. 等距量表　　D. 等比量表

二、多项选择题

1. 以下属于测量的量度类别的是（　　）。
   A. 类别尺度　　B. 顺序尺度　　C. 等距尺度　　D. 比率尺度
2. 以下属于等距量表常用的统计方法的是（　　）。
   A. 百分位数　　B. 算数平均数　C. 标准差　　　D. 方差
3. 问卷设计需要遵循的原则主要有（　　）。
   A. 时效性原则　B. 客观性原则　C. 互斥原则　　D. 穷尽原则

三、判断题

1. 等级量表涉及顺序、等距、比率尺度。（　　）
2. 配对比较量表的优点是判断任务比较简单，可以直接发现调查对象的偏好。（　　）
3. 识别调查对象的数据通常在问卷的第二部分。（　　）

四、简答题

1. 请简述问卷题目的编排技巧。
2. 请简述问句的设计技巧。

◆ 技能训练

一、关于大学生创业的问卷调查

【实训内容】

教育部数据显示，2015—2020届毕业生中共有创业大学生54.1万人，其中毕业生44.4万人，在校生9.7万人。大学生是大众创业万众创新的生力军，近年来有越来越多的大学生投入创新创业的浪潮，但大学生创新创业实践也面临着融资难、经验少、服务不到位等问题。为提升大学生创新创业能力、增强创新活力，进一步支持大学生创新创业，国务院办公厅2021年印发《关于进一步支持大学生创新创业的指导意见》，这是国务院第一次出台专门的政策文件支持大学生创新创业。在大众创业、万众创新的时代，大学生是重要力量。国家和各高校都非常重视大学生的创业工作，请设计一份完整的调查问卷，收集你所在学校大学生对创业的看法，以帮助你所在的学校更好地指导大学生的创业工作。

【实训目标】

运用市场调查问卷设计的方法设计一份完整的调查问卷。

【实训组织】

学生分组，可以通过各种方式查找有关大学生创业的有关资料。

【实训提示】

在资料收集的基础上，讨论问卷项目的设置和问卷的具体设计，最终设计一份完整的调查问卷。

【实训成果】

各组汇报，教师讲评。

二、案例分析

湖南省株洲市民政局以高质量党建引领高水平调查研究

自二十大大兴调查研究工作开展以来，湖南省株洲市民政局坚持问题导向，以五个"突出"为抓手，以高质量党建引领高水平调查研究，助推株洲市民政事业高质量发展。

突出政治引领，坚定"主心骨"。全面贯彻落实中央关于大兴调查研究的决策部署，严格落实湖南省委深入开展"走基层、找问题、想办法、促发展"活动的工作部署，按照市委有关工作要求，将大兴调查研究工作作为一项重要政治任务，坚持前瞻性思考、系统性谋划、整体性推进，做到工作早谋划、方案早制定、责任早落实、调研早启动。通过局党组会议、局长办公会议、月度工作例会等形式专题研究部署全市民政系统大兴调查研究工作，及时下发工作方案，明确了调查研究的任务书、施工队、时间表。

突出组织联动，建强"主力军"。充分发挥局党组的示范带动作用、基层党支部的战斗堡垒作用和党员的先锋模范作用，建立健全调查研究责任体系，制定局领导班子、基层党支部、党员的调查研究任务清单，建立"日计划、周安排、月调度、季督导、年考评"工作机制，形成局党组统一领导、机关党委牵头组织、科室单位齐抓共管、党员干部全面参与的工作机制。截至目前，市民政局班子成员共牵头开展重大调研课题5项，局机关各科室、直属各单位正围绕15个方面民政问题深入开展调查研究。

突出作风建设，弘扬"主旋律"。以深入开展"作风建设年"活动为契机，坚持一切从实际出发，以解决问题为根本目的，坚决杜绝官僚主义、形式主义，狠刹"不实之风"，注重听真话、察实情，真正把情况摸清、把问题找准、把对策提实，使调查研究成为解决问题、推动工作的重要抓手。

思考：

请根据以上资料分析湖南省株洲市民政局开展调查研究在进行问卷设计时，整个问卷可以划分为哪几个大的项目，如何设计问卷才能更完善地了解全市市民的基本民生保障、社会服务、社会治理等政策落实程度。

◆ **任务评价**

任务执行评价

序号	评价维度	评价内容	所占分值/%	自我评价/30%	小组评价/20%	教师评价/50%
1	任务完成情况	学习自觉性高，积极主动，一丝不苟。遵守时间，能在规定时间内完成并上交	10			
2	任务呈现形式	如实记录，表达准确，条理清晰，内容丰富，图文并茂，有一定的创新力	20			
3	行动工具的达成	正确使用行动工具，作业步骤清晰，能够举一反三、融会贯通	25			
4	任务成果的达成	思想上积极上进，有强烈的求知欲和进取心，能够立足专业、提升技能、夯实基础，综合素养得到全面提升	25			
5	学习小组合作情况	团队目标明确，沟通顺畅，有团队协作精神，有领导组织能力	20			
		小计				
		合计				

任务 3　设计调研表格　随堂笔记

姓名		上课时间	
地点		授课教师	
主题			
重点及难点			
我的思考与问题			

任务 4　设计抽样样本

学习目标

知识目标
1. 普查与抽样调查的内涵
2. 随机抽样调查的含义和主要类型
3. 非随机抽样调查的含义和主要类型
4. 抽样的决策程序
5. 抽样分布与样本容量确定的原理
6. 抽样误差和置信的内涵
7. 简单随机样本容量的确定方法

技能目标
1. 区别随机抽样和非随机抽样
2. 根据不同调查项目进行抽样决策
3. 解释抽样误差和样本分布
4. 根据调查项目确定抽样样本

素质目标
1. 培养学生的全局意识
2. 培养学生敬业的工作态度
3. 培养学生谨慎的处事细节

任务导入

盖洛普公司由美国著名的社会科学家乔治·盖洛普博士于1935年创立，是全球知名的民意测验和商业调查/咨询公司。其在中国也设立了分公司，中国盖洛普公司拥有全国50多个城市和部分农村地区的消费者抽样框。

案例1　盖洛普公司简介

该公司曾经在中国进行过一次抽样调查，目的是发现中国成年人的一系列特征，其抽样过程如下：

（1）按照地理位置、经济发展水平和非农业人口所占比例将12 500个县、城市和城区分成50个层面。

（2）基于相对于研究总体的概率比例，从各层面中筛选出来一个由县或者城市组成的基本样本单位（PSU）。

（3）在每个 PSU 当中，收集所有的邻居社区和村庄的总体，从这个列表中再根据相对于研究总体的概率比例挑选出四个邻近社区或者村庄。

（4）从这四个邻近社区或者村庄中随机挑选出五个家庭，每个被选中的家庭都会选出一名应答者，程序设计中保证了样本恰当地代表所有性别、所有年龄阶段；既定的系统程序挑选出将要采访的人，如果指定的应答者不在家，或者无法联络到，在必要的情形下，第二个甚至第三个家庭成员将从网格记录上的剩余成员家庭中被系统地挑选出来。

（5）如果总共三次单独的家庭走访都无法联络到指定的应答者，在相同地区的替代家庭中进行采访是许可的。

（6）在进行采访的区域，每五个被指定的家庭都应该有两个备份的替代家庭。

最终数据从统计学角度来讲是精确的，而且在正负 2% 的公差内预测了中国全体成年人的特征。

任务分析

市场调查中，抽样在为市场调查提供准确有用的数据方面贡献颇大。事实上，如果没有抽样，今天的市场调查就不会存在了。

每个市场调查都需要选择一些样本。当新产品在家庭试用的时候，我们必须选择使用的家庭；当我们想在某市场片区监督销售状况时，我们必须选择记录销量的商店；我们想进行焦点小组的访谈时，也需要选择若干人参加访谈会议。

抽样在市场调查中十分频繁地使用，原因在于它有一些不可替代的优势：

首先，抽样调查更省钱：对于有些调查项目来讲，样本越多，花费越多，越无法进行下去，比如新产品使用测试，如果样本量过多，则必然需要生产大量的试用产品，这样的话，相应的调查费用也就增加了，导致调查被迫终止。特别是当调查范围涉及全国性的甚至全球性的区域时，那么对每个人的调查都需要花费一定的费用，如果抽样选择得当，则可以有效降低成本。

其次，抽样调查更省时间：由于抽样调查比普查所需要的样本更少，所以花在调查过程、印制问卷、培训采访员、数据录入和分析上面的时间会更少，这样的话，就能节约大量的时间。

最后，抽样调查可能会更加精确：随着调查的对象越来越多，在调查的过程中出错的可能性越来越大，反而会降低数据的精确性。

如何抽取合适的样本，确定合适的样本容量，是一个值得重点关注的问题，本任务主要探讨抽样的方法，以及如何进行抽样设计。

任务知识

一、抽样的概念

在市场调查中，为了取得某一市场的总体情况，运用全面调查方法可以取得全面完整的统计资料，进而了解市场的总体特征。

但是在许多情况下，比如当市场总体非常大、总体单位数非常多，或者

视频 1　认识抽样调查

是市场总体的综合特征经过破坏性测试才能取得时，根本不可能对总体单位进行全面调查，只能采用部分单位调查，进而推断总体的综合特征。在市场调查工作中，抽样调查作为一种非全面调查方式，已经成为一种非常重要、应用广泛的调查方式。

抽样调查，是指按照一定的规则，从研究总体的所有单位中，抽取一部分单位作为样本，然后以样本单位的调查结果对总体的数量特征做出具有一定可靠程度和精确度估计的一种调查方法。

抽样调查分为概率抽样和非概率抽样两类：

（1）概率抽样：每个抽样单位都有已知的机会被选中作为样本，抽样规则是以概率论的基本理论知识来决定，调查者或实地采访员没有权利决定。

总体中每一个个体都给予平等的抽取机会，在随机抽样的条件下，每个个体抽中或抽不中完全凭机遇，排除了人的主观因素的选择。

视频 2　概率抽样

（2）非概率抽样：其从方便的角度或根据主观判断来抽取样本，不遵循随机原则。非概率抽样主要依赖研究人员的经验和判断，无法估计和控制抽样误差，无法用样本的定量资料，采用统计方法来推断总体。

非概率抽样的优点在于简单易行，通常适用于那些小规模市场调查或者不方便采用随机抽样方式的调查。其目的是对市场总体做一般探测性了解，而不在于推断总体的情况，在对共性特别强的群体商业性市场调查中经常应用，也特别适合探索性研究。

视频 3　非概率抽样

在实际市场调查过程中，这两类抽样方法都经常使用。

抽样主要的几种方法如图 4-1 所示。

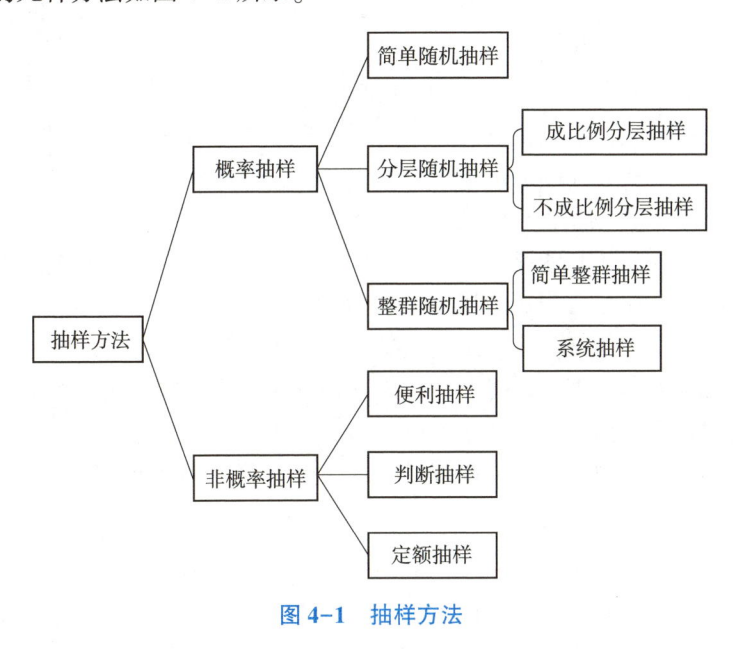

图 4-1　抽样方法

二、非概率抽样过程

（一）便利抽样

便利抽样，顾名思义，就是根据便利选择样本，以调查者的便利作为基础，样本的选择

任务 4　设计抽样样本　　083

主要以调查员来决定。方便抽样使用广泛，如下例所示：

（1）要求人们自愿测试产品，然后使用这些人为样本；

（2）在人们购物过程中拦截采访，以获取其信息；

（3）使用学生或相关群体来进行实验。

在以上的每个例子中，样本单位都是自我推荐或因为方便获得而被选中，调查人员并不清楚实际样本抽取的总体是什么。

每个调查员都认为自己选择的样本是有代表性的，但是事实上，很多样本单位都没有机会被选取。比如在街头拦截访问中，只有刚好那个时间段经过采访地点的人才有可能被选中，那些没在特定时间段通过的样本单位则无法被选中。

所以在便利抽样中，由于调查对象被抽取的概率是未知的，样本的代表性差，无法知道到底样本单位是否能够代表总体特征，利用调查结果来推断总体的风险也比较大。便利抽样最大的特点是节省时间和调查费用，主要目的是帮助调查者发现一些问题，常在探索性调查中使用。

（二）判断抽样

判断抽样是调查人员凭自己的主观意愿、经验和知识，从总体中选择具有典型代表性的样本作为调查对象的一种抽样方法，这种方法使用较广泛。

判断抽样一般有三种做法：

（1）精心选择一些经验丰富的专家，由他们来判断选择样本。例如在新产品试销中，由专家来决定试销的城市和企事业单位，再在工业市场调查中采访这些单位，构成一个判断抽样。由于判断抽样误差的程度和方向是未知的，如果专家的判断是有效的，比起使用便利抽样来，这些样本会相对有代表性一些。

（2）利用总体的全面统计资料，按照一定标准，主观选取样本。例如要了解某学院学生对于学生会选举的看法，可以根据调查人员的判断选择学生会干部、班干部、普通学生、课任老师和辅导员等有代表性的成员来进行调查。

（3）选择最能代表普遍情况的调查对象，常以"平均型"或"多数型"为标准。"平均型"是在调查总体中对平均水平具有代表性的单位；"多数型"是在调查总体中占多数的单位。利用此种做法，应尽量避免选择"极端型"。

判断抽样的优点在于能充分发挥研究人员的主观能动作用，特别是当研究者对所研究的总体情况比较熟悉、判断能力比较强时，采用这种方法往往比较方便。但是它的局限性也很明显，即样本的代表性和抽样误差往往难以判断。

判断抽样多用于总体规模较小或调查时间、人力等条件有限而难以进行大规模随机抽样的情况。

（三）配额抽样

配额抽样也称"定额抽样"，是指调查人员将调查总体样本按一定特征分类或分层，确定各类（层）单位的样本数额，在配额内任意抽选样本的抽样方式。由于在各类抽样时并不需要遵循随机原则，所以它是非随机抽样的方式之一。

配额抽样和分层随机抽样既有相似之处，也有很大区别。

配额抽样和分层随机抽样有相似的地方，都是事先对总体中所有单位按其属性、特征分类，这些属性、特征我们称为"控制特性"，例如市场调查中消费者的性别、年龄、收入、职业、文化程度，等等。然后，按各个控制特性，分配样本数额。

但它与分层抽样又有区别，分层抽样是按随机原则在层内抽选样本，而配额抽样则是由调查人员在配额内主观判断选定样本。

配额抽样有两种：独立控制配额抽样和相互控制配额抽样。

（1）独立控制配额抽样。独立控制配额抽样是指调查人员只对样本独立规定一种特征（或一种控制特性）下的样本数额。如在消费者需求调查中，我们按年龄特征，分别规定不同年龄段的样本数目，就属于独立控制配额抽样。人们通常把消费者的年龄、性别、收入分别进行配额抽样而不考虑三个控制特性的交叉关系。

（2）相互控制配额抽样。相互控制配额抽样是指在按各类控制特性独立分配样本数额基础上，再采用交叉控制安排样本的具体数额的抽样方式，如表4-1所示。

表4-1 配额抽样

收入	30岁以下/%	35岁以下/%	合计/%
1 000元以下	21	27	48
1 000元以上	12	40	52
合计	33	67	100

三、概率抽样过程

概率抽样又称随机抽样。概率抽样以概率理论为依据，通过随机化的机械操作程序取得样本，所以能避免抽样过程中的人为因素的影响，保证样本的客观性。其能保证抽样框中的每个抽样单元都具有同等被抽中的可能性。

虽然随机样本一般不会与总体完全一致，但它所依据的是大数定律，而且能计算和控制抽样误差，因此可以正确地说明样本的统计值在多大程度上适用于总体。

根据样本调查的结果可以从数量上推断总体，也可在一定程度上说明总体的性质、特征。概率抽样主要分为简单随机抽样、分层抽样、整群抽样。

（一）简单随机抽样

简单随机抽样是一种广为使用的概率抽样方法。适用范围最广，也是理论上最符合随机原则的方法。

简单随机抽样是最完全的概率抽样，它对调查总体不经过任何分组、排队，完全凭着偶然的机会从中抽取个体加以调查。如前面提到的，随机抽样就是总体中每个单位在抽选时有相等的被抽中的机会。

在简单随机抽样条件下，抽样概率公式为：抽样概率=样本单位数/总体单位数。

例如：如果总体单位数为10 000，样本单位数为500，那么抽样概率为5%：

$$P=样本单位数/总体单位数=500/10\ 000=5\%$$

简单随机抽样具体抽取方法有直接抽取法、抽签法和随机数字表法。

1. 直接抽取法

直接抽取法是从总体中直接随机抽样样本进行调查，这种方法适合对集中在较小空间的总体进行抽样。例如：对存放在仓库中的所有同类产品随机抽出其中若干件产品进行质量检验。电视台街头采访随机直接抽取，如图4-2所示。

图 4-2　对清华在校生进行电视采访

2. 抽签法

抽签法是将总体中每个样本给予名称或号码，然后将这些名称或号码数据库打乱次序，从中任意抽出所需要样本的调查样本。

其有重复抽样和不重复抽样两种方式。例如：从 1 000 名学生中抽取 50 人进行调查，就可以先把 1 000 个学生姓名填入一张 Excel 表中，运用随机排序方式排序，然后任意从其中挑选一个学生姓名，并从 1 000 个学生样本中排除，则该学生就是样本的第一个单位，依次取出 50 个不同学生姓名，就此构成此次抽样样本，这是不重复抽样。如果每次抽取学生后，不将抽中学生从名单中剔除，再用同样的方法依次抽取，若抽中学生出现重复则重新抽取，直到抽取出 50 个不同的学生样本为止，这就是重复抽取。

3. 随机数字表法

随机数字表法是使用随机数表抽取样本单位以组成所需要的样本。随机数字表是在抽签法的基础上形成的。对 0~9 这 10 个数字进行重复抽样，记录每一次的结果，进行成千上万次后，就形成了一个庞大的数表，且数表中数字的排列是随机的，毫无规律可言，因此随机数表也称为乱数表。

随机数表虽有不同的样式，但其中组成的数字完全是随机的，即每个数字都不会比其他数字有更多出现的机会，完全符合随机原则，所以可以作为随机抽样的工具。表 4-2 是从随机数字表中抽取的内容。

表 4-2　随机数字表（部分）

2718	0619	5175	5464	5133	3845	4496	2692
7062	1599	1480	1961	1335	7899	0556	0968
0414	8623	1456	0963	8388	5455	5791	8724
9722	2280	5906	2982	3894	6749	1281	6778
4116	7599	9461	5201	9956	7883	6233	0165
8616	9110	6374	4973	5589	7397	9951	2891
5591	8579	5547	8833	8139	8056	3861	9265

续表

0488	5052	9438	2675	6079	9897	7877	5025
8127	0332	6385	9452	9429	0999	1737	3179
2120	3805	8312	9654	4916	5221	2497	5494
8070	2886	5115	6294	9040	1397	2460	4106
6217	2035	5298	3231	3221	0418	9767	3427
4553	7614	7601	0552	0823	4303	8872	7933
9384	9725	1283	8857	9802	7579	2664	7410
3220	3399	4905	9874	5379	1335	8214	6488
2529	0366	8874	7527	9537	7484	6009	7947
3210	3090	1912	8728	6705	5697	9671	5824
5407	9512	6536	4218	0077	3774	6832	7442
4903	0767	3285	2373	2905	4276	5440	8563
6604	6700	7363	1907	0312	0975	7338	7990
5794	5995	8054	1753	0358	9983	6400	4812
4847	8036	9699	6833	8496	3336	5743	1006

例 4-1

从 100 名学生中抽取 10 名进行调查，用以上的随机数表如何抽取样本？

抽取过程如下：

（1）给这 100 名学生标号。号码的位数要一致，都是三位数（在此随机数表中都选择后两位），不够位的在前面加"0"，总体各单位编号是从 001~100。

（2）以随机数表（表 4-2）中第 3 行第 2 列的数字作为起点，构成一个与总体所有单位具有相同位数的号码"023"作为起始号码。

（3）从起始号码开始，从左到右依次抽取 10 个不重复的位于 001~100 的号码，分别是：023、056、063、088、055、091、024、022、080、006。这 10 个号码对应的 10 个学生就是抽取的样本。

简单随机抽样的优点在于，它看起来简单，并且满足概率抽样的一切必要的要求，保证每个总体单位在抽选时都有相等的被抽中的机会。

简单随机抽样可以通过电话随机拨号功能完成这个步骤，可以从电脑档案中挑选调查对象。当样本框完整时，使用简单随机抽样对抽样误差的计算和对总体参数值的推断都比较方便。

简单随机抽样法在实际应用中有一定的局限性，主要表现在三个方面：

（1）采用简单随机抽样，一般需要事先对总体各单位进行编号，而实际操作中如果调查总体十分庞大、总体单位非常多，就要事先对每个单位一一加以编号，但这几乎是不可能的。

（2）当总体各单位差异较大时，采用简单随机抽样抽出的样本可能会集中于某类单位，不能做到在各种类型中的单位中较为均匀地分布，其样本的代表性就比较差。

(3)采用简单随机样本抽出的样本分布较为分散,实地调查消耗的人力、物力、费用较多。

因此,简单随机抽样比较适合总体单位数不多,并且总体单位之间差异较小的情况。

(二)分层抽样

分层抽样是指将调查对象的总体分隔为相互排斥的、完全穷尽的层级,如果一个层级的成员排除所有其他层级的成员,层就是相互排斥的。例如,对人这个总体来讲,按照性别分层可以分成男和女两个层级,任何一个人不能同时属于两层。然后再在每个层中,选择独立的随机样本,如图4-3所示。

视频4 分层和整群抽样

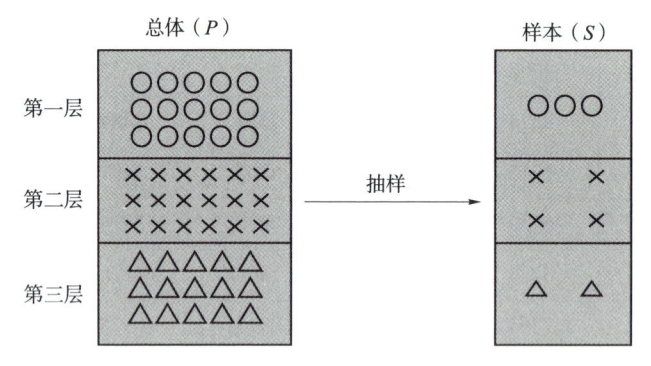

图4-3 分层抽样示意图

分层抽样的方式有等比例的分层抽样和非等比例的分层抽样两种。

1. 等比例的分层抽样

等比例的分层抽样是按各个层中个体数量占总体数量的比例来分配各层的样本数量。

例 4-2

某学校有4 000名学生,按照四个不同的系别进行分层。其中,移动通信系800名,占总体的20%;通信工程系1 400名,占总体的35%;计算机系1 200名,占总体的30%;管理系600名,占总体的15%。某次调查需要从该学校抽取400个样本进行学生课余生活的调查,按照等比例分层抽样进行的话,各个系应分别抽取的样本数为:

移动通信系的样本数目为:400×20% = 80(人)

通信工程系的样本数目为:400×35% = 140(人)

计算机系的样本数目为:400×30% = 120(人)

管理系的样本数目为:400×15% = 60(人)

这种方法操作简单,分配也较合理,计算也非常方便,适合个体之间差异不大的分类抽样调查。如果各个个体之间的差异较大,则适合采用非等比例的分层抽样。

2. 非等比例的分层抽样

与等比例的分层抽样不同,非等比例的分层抽样不是按照各层中个体数占总体的比例来分配样本,而是根据其他一些因素(比如各层标志值的变异程度不同、实际的调查过程难易程度等)调整各层的样本个数,这种抽样方法,在每层的样本抽取量不同。

例 4-3

著名的国际调研公司A. C. 尼尔森市场调查公司在调查零售行业变化趋势的时候就采用了非等比例的分层抽样。

首先在全球范围内，尼尔森公司根据销售额的不同将零售商店分成四类：连锁店、大型独立商店、中型独立商店、小型独立商店。

其次，在此基础上，调查出各个类型的商店在全球范围内所占的比重为：连锁商店占27.5%，大型独立商店占18.2%，中型独立商店占27.5%，小型独立商店占26.8%。

再次，尼尔森根据过去调查的经验——较大的商店比较小的商店表现出来更多的易变性，所以尼尔森在选择样本时，对于中大型商店选择的样本量更多，连锁店占样本总量的40%，大型独立商店占总样本量的21.1%，中型独立商店占总样本量的22.9%，小型独立商店占16%。

最后，根据此比例，在抽取具体的商店样本的时候，连锁商店每49个抽取1个，大型独立商店每52个抽取1个，中型独立商店每85个抽取一个，小型独立商店每133个抽取一个。

一般情况下，不等比例分层抽样的原因有：

（1）保证占总体比例小的层有足够的样本单位数，以便从该层中抽取的样本能较好地代表该层。

（2）增加异质性较大的层的样本单位数，使该层的子样本有较小的抽样误差；

（3）某些层对于研究来说非常重要，这样就要从中多抽些样本单位。

需要注意的是，不等比例抽样获得的样本主要用于对各层的单独研究，这样的样本并不能作为推断总体情况的依据。

总的来说，分层抽样一般比简单随机抽样和系统抽样更为精确，能够通过较小样本量的调查，得到较准确的结果，特别是在总体数量大、内部变异程度较大的情况下，分层抽样的结果更加理想。

（三）整群抽样

整群抽样是将总体先按照某一标准划分为若干群，随机抽取部分群，对抽中的群内所有单位进行调查的一种抽样组织方式。

整群抽样示意图如图4-4所示。

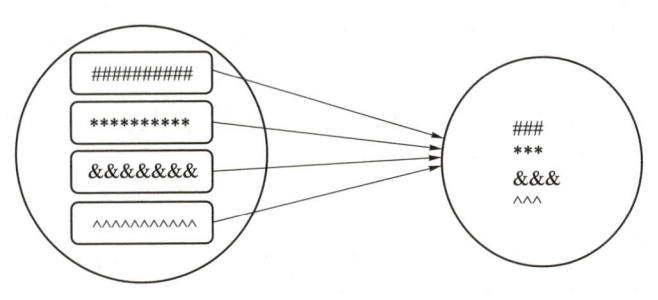

图4-4 整群抽样示意

1. 简单整群抽样

简单整群抽样是随机抽取多群样本单位的概率抽样程序，然后所有或部分被选中的群体被用作研究。简单整群抽样适合各群之间的差异较小，但是群内各个个体之间差异较大的时候使用。

例如，调查某城市大学生业余生活情况的时候，在同一个城市的不同大学，大学生的业余生活大致相仿，但是每个大学内学生的业余生活则有较大的差异。这种情况下，抽取其中一所大学进行全面调查，所得到的数据即有较大的实用价值。

2. 系统抽样

系统抽样也称等距抽样或机械抽样，是有组织地从包含总体单位中进行抽样的方法。

通常把调查总体的各个个体按一定的标志排列起来，然后按照固定顺序和一定的时间间隔来抽取样本。下面是系统抽样的例子：

例 4-4

某电信公司需要从 10 000 名语音电话用户中按照系统抽样的方法抽选出 1 000 名客户开展客户满意度调查。

（1）先将这 10 000 名用户进行编号，从 1 号到 10 000 号。

（2）确定抽选的距离：10 000÷1 000＝10（人），因此，抽选样本按照每隔 10 个人抽选一名用户。

（3）最后确定总调查样本。

当然，在以上的例子中，编号完成后，在每个 10 人的区间内也可以按照简单随机抽样的方法抽选样本。

系统抽样与简单随机抽样相比，可使选中个体比较均匀地分布在调查总体中，尤其当被研究对象的标志变异程度较大，而在实际工作中又不可能抽选出更多的样本的个体的时候，这种方式更有效。因此系统抽样是市场调查中广泛使用的一种方法。

系统抽样的缺点在于：

第一，运用系统抽样要有调查总体每个个体的有关资料，特别是按照一定的特征进行编号的时候，需要较为详细的相关资料，如果调查总体数量非常庞大时，这个工作将非常艰难。

第二，当抽选间隔和被调查对象本身的循环周期相重合的时候，系统抽样的代表性受到质疑。比如，某些电器销售商店往往在周末的销量大增，如果抽到了周末，而抽样距离又刚好是 7 的时候，那么每次抽样都将抽到周末，这样抽样的销售结果会比实际的偏大。

四、抽样误差及其测定

调查结果的准确性无疑是调查组织者十分重视的问题，其准确性通常用抽样误差来确定，在抽样方式和总体既定的前提下，抽样误差的大小主要取决于抽样数目的多少。

对抽样误差的控制主要是通过控制抽样数目来实现。因此，抽样误差与抽样数目的确定，是随机抽样调查中两个重要的问题。

视频 5　抽样误差讲解

（一）抽样误差的概念

抽样误差是指用样本指标推断总体特征所产生的误差，这是抽样市场调查时不可避免的误差。抽样误差的类型如图 4-5 所示。

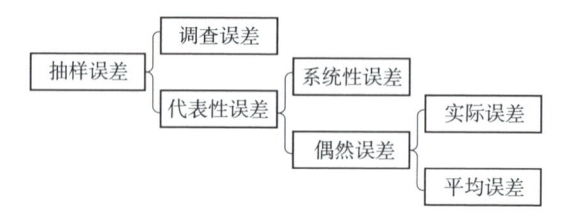

```
                    ┌── 调查误差
抽样误差 ──┤        ┌── 系统性误差
                    └── 代表性误差 ──┤        ┌── 实际误差
                                    └── 偶然误差 ──┤
                                                  └── 平均误差
```

图 4-5　抽样误差

市场调查工作通常所说的误差有两种：

一种是调查误差,指在调查统计工作中,由于工作上的种种原因而产生的误差,也叫技术性误差,如在调查工作中由于登记、汇总、计算、调查方案设计的缺陷、统计方式不够科学等所引起的误差。这种调查工作过程中所产生的误差是抽样调查和普查都可能会发生的。

另一种是(样本)代表性误差,指由于样本结构和总体结构不一致,以样本综合指标推断总体综合指标所产生的误差。

代表性误差又有两种不同的情况:

一是在抽样过程中违反随机抽样的原则,或抽样方式不妥而造成的系统性误差;二是由于样本不能完全代表总体所产生的误差,叫作偶然的代表性误差。

调查误差和系统性误差都可以避免,而偶然的代表性误差则不可避免,只能将其控制在一个有效的范围内。

本书所说的抽样误差,是专指抽样平均误差。它反映了样本代表性的大小,平均误差越大,样本代表性越小。

(二) 抽样误差的估算方法

抽样误差大小的影响因素有以下几方面。

(1) 总体各单位之间的差异程度:总体变量存在变异是客观的,差异程度越大,其分布就越分散,抽样误差就越大。这种差异程度,在统计上叫作标志变异程度,通常用方差或标准差来表示。

(2) 样本数目。在其他条件一定的情况下,样本容量越少,即抽取的样本数目越少,抽样误差就越大,当样本容量达到总体容量时,抽样调查就变成普查了,抽样误差消失。

(3) 抽样方式。一般来说,系统抽样和分层抽样的误差要小于简单随机抽样和简单整群抽样误差,不重复抽样误差要小于重复抽样误差。

素养提升

从第七次人口普查数据看人口变动的长期趋势及其影响

定期开展人口普查,是《中华人民共和国统计法》和《全国人口普查条例》的明确规定。第七次全国人口普查(简称"七普")是在"两个一百年"奋斗目标的历史交会期、中国特色社会主义进入新时代开展的一次重大国情国力调查,具有重要而深远的意义。这次普查摸清了我国人口总量及其变动趋势,也查清了人口结构和分布的最新变化,为我们更好地理解中国人口这一最大国情提供了最基础的信息。

案例2 全国经济普查案例介绍

"七普"数据为制定和完善未来收入、消费、教育、就业、养老、医疗、社会保障等政策措施提供了基础决策依据。"七普"数据提供的信息,有助于更加准确地把握需求结构、城乡结构、区域结构、产业结构等状况,为推动经济高质量发展、建设现代化经济体系提供强有力的支持。"七普"数据还有助于准确分析判断未来我国人口形势,准确把握人口发展变化的新情况、新特征和新趋势,深刻认识这些变化对人口安全和经济社会发展带来的挑战和机遇,对于调整完善人口政策、推动人口结构优化、促进人口素质提升具有重要意义。

> 与过去历次人口普查相比，第七次人口普查使用了更先进的技术手段和方法，更广泛地调动了社会资源，也采取了更加严格的质量控制方法，使得普查结果的可靠性和准确性进一步提高。事后质量抽查的结果显示，此次普查的漏登率仅有0.05%，低于国际上一般认可的3%的标准，表明"七普"是一次高质量的人口普查。
>
> **请思考**：新时代先进的技术和方法有助于提高调查的精准性，普查还存在误差吗？

五、必要抽样数目的确定

对于抽样误差的控制，除了要根据实际问题正确选择抽样方式之外，另外一个重要问题就是抽取样本单位数目的多少。抽样数目过多，会造成人力、物力、财力和时间上的浪费，使得抽样调查的总成本提高；抽样数目过少，又会使调查结果存在较大的误差，达不到要求的精度。

所谓的必要抽样数目是指为了使抽样调查在给定的误差范围内所确定的、能够达到对调查结果精确度要求的最小样本单位数。

影响合理的必要抽样数目的因素有以下几方面。

1. 总体各单位之间的标志差异程度的大小

在抽样误差范围一定的条件下，总体各单位之间的标志差异程度越大，需要抽取的样本数目越多。原因是总体单位之间的差异越大，一定数目的总体单位对总体的代表性就越低。当总体单位之间差异小的时候，甚至总体单位的标志值都相等时，一个总体单位的标志值就足以代表总体的平均水平。

2. 允许误差的大小

在其他条件一定的情况下，允许的误差小，抽样数目就要多一些。在抽样调查时，应当取多大的允许误差，要根据调查的目的要求、经费预算、时间要求来确定。

3. 不同的抽样组织和抽样方法

一般情况下，简单随机抽样和整群抽样两种抽样方式要比分层抽样所需的样本单位数多，重复抽样要比不重复抽样的样本单位数多。

任务实施

前面介绍了抽样调查的一些基础知识。在1950年之前，非概率抽样使用极其广泛，之后随着概率论和数理统计学科的发展，概率抽样才开始在实践中频繁使用。

概率抽样和非概率抽样的选择问题，其实只是设计抽样方案的一个部分，那么，在一个具体的调查项目中，我们该如何设计抽样方案？

下面我们就抽样方案的设计步骤进行探讨。图4-6所示为抽样设计步骤。

步骤一：定义调查总体

总体是指在样本选择之前就定义的所有潜在调查元素的总和，在定义调查总体的过程中，需要考虑四个主要的因素：第一是调查的个体特征；第二是抽样的基本单位是什么；第三是抽样的广度，或者说是区域；第四是抽样的时间限定。如下两个例子是对于总体的定义：

```
步骤一：定义调查总体
       ↓
步骤二：识别抽样框架
       ↓
步骤三：选择抽样方法
       ↓
步骤四：确定样本规模
       ↓
步骤五：挑选样本
```

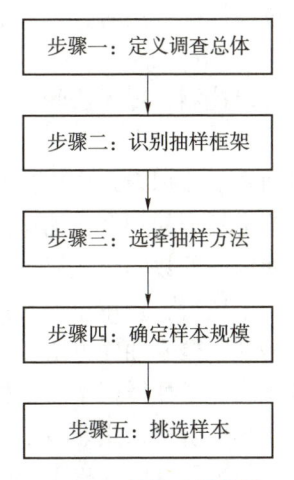

图4-6　抽样设计步骤

例1. 一次消费者的调查项目对于总体的定义
（1）抽样的个体特征：18~50岁的女性。
（2）抽样的基本单位：社区内18~50岁的女性消费者。
（3）抽样的广度：中国湖南省。
（4）时间：2023年3月1日—2023年6月1日。

例2. 监控某新的消费品的销售情况对总体的定义
（1）抽样的个体特征：需监控的产品。
（2）抽样的基本单位：超市、药店、打折店；以上店铺里各类需要监控的产品。
（3）抽样的广度：中国大陆。
（4）时间：2023年4月1日—2023年6月1日。

步骤二：识别抽样框架

抽样框架是在抽样过程阶段中所有可供选择的抽样单位。在最终阶段，实际样本就从这样的列表中提取，抽样框架可以是电话号码本、调查对象所在的行业单位，也可以是一张地图。如在地图中，会抽取一块地理区域，城市社区就是一个例子。

一旦总体已经具体化，就可以根据调查总体的特征设计抽样框架，抽样过程通常需要多个阶段，调查设计者所做的工作是在每个阶段具体化抽样单位。

例如，上面例2中的消费品设计抽样框的时候，可以设计为四个阶段：

第一个阶段是该消费品所销售的所有城市列表；

第二个阶段是被选中的该消费品销售的城市社区列表；

第三个阶段是被选中的这些城市社区的家庭列表；

第四个阶段是被选中家庭的成员列表。

随着环境的变化，可能抽样框需要进行更新。

步骤三：选择抽样方法

在选择抽样方法之前，必须首先确定是运用概率抽样方法还是非概率抽样方法。

如前文所述，概率抽样有简单随机抽样、分层抽样、整群抽样三类，非概率抽样有方便抽样、判断抽样、配额抽样三类。选择抽样方法时，要考虑调研的经费、时间以及对于调查精度的要求等方面的因素。

一般来说，非概率抽样的误差难以控制，也无法测定其误差到底多大，只能借助于经验和过去的统计资料进行分析判断。

而概率抽样则不同，由于概率抽样的原理来自概率论与数理统计，相比较而言，有较为完善的理论支持，所以测量抽样误差也较容易和令人信服。

对于抽样误差的控制也可以借助相应的数学公式提供帮助。但是不可否认，非概率抽样的优势也非常明显，最大的优势是便于执行，费用也通常比概率抽样要低，操作也简单。

鉴于此，正式的抽样调查通常是基于概率抽样方法，而非概率抽样则更多的是在探索性调查项目中使用。更常见的做法是在确定了抽样框架后，根据不同的阶段采用不同的抽样方法：在某些阶段采用概率抽样，而在其他阶段采用非概率抽样，这样就可以综合利用概率抽样和非概率抽样的优点，以期在保证调查预算的前提下获得更精确的调查结果。

步骤四：确定样本规模

前面任务知识中介绍了简单随机抽样最小样本规模的计算公式。对于非概率抽样则主要依赖于调查设计者对预算和调查精确度的要求的把握，来确定一个合理的调查样本量。

对于概率抽样中更加复杂的分层抽样和整群抽样来说，样本量的计算更加复杂，在许可的条件下，也可以利用简单随机抽样的公式来确定最小样本量。

步骤五：挑选样本

在确定了抽样框架和样本规模之后，就是根据抽样框架来选择具体的样本。

挑选样本是一项复杂的工作，需要对影响样本量的因素进行分析。影响样本量的因素主要有：

调查的精度：用样本数据对总体进行估计时可以接受的误差水平。

总体的变异程度：在其他条件相同的情况下，总体的变异程度越大，所需要的样本量也越大。

无回答情况：无回答减少了有效样本量，在无回答率较高的调查项目中，样本量要大一些，以减少无回答带来的影响。

可操作性：指的是样本量的确定要考虑实际调查中的可操作性，通常涉及调查经费和时间限制的问题。一般来说，样本量越大，经费要求越多，时间也越长。

拓展阅读

国家卫生服务总调查样本地区和样本个体的抽取方法

课后巩固

◆ 知识训练

一、单项选择题

1. 以下内容不属于概率抽样的是（　　）。
   A. 简单随机抽样　　　　　　B. 整群抽样
   C. 系统抽样　　　　　　　　D. 便利抽样
2. 以下不属于抽样误差的统计方法的是（　　）。
   A. 总体变异程度　　　　　　B. 样本数目
   C. 抽样方式　　　　　　　　D. 抽样人员
3. 以下属于普查的优点的是（　　）。
   A. 便捷　　　B. 省时　　　C. 省钱　　　D. 精准

二、多项选择题

1. 以下属于非概率抽样的是（　　）。
   A. 便利抽样　　　　　　　　B. 判断抽样
   C. 配额抽样　　　　　　　　D. 整群抽样
2. 简单随机抽样具体抽取方法有（　　）。
   A. 直接抽取法　　　　　　　B. 抽签法
   C. 随机数表法　　　　　　　D. 摇骰法
3. 抽样误差主要有（　　）。
   A. 调查误差　　　　　　　　B. 代表性误差
   C. 登记误差　　　　　　　　D. 表达误差

三、判断题

1. 概率抽样的优点在于简单易行，通常适用于小规模的市场调查。（　　）
2. 随机抽样中，总体中每一个个体平等被抽中的机会是平等的。（　　）
3. 系统抽样也称等距抽样或者机械抽样。（　　）

四、简答题

1. 请简述整群抽样的应用场景。
2. 请简述影响抽样误差的要素。

◆ 技能训练

【实训内容】

（1）某调研机构想就本地区当前大学生就业现状进行抽样调查，试为此抽样调查设计一份抽样方案。

（2）湖南卫视将要对全国电视观众进行抽样调查，调查目的是获取全国电视观众群体规模、构成及分布情况；获取这些观众的收视习惯、对电视频道和栏目的选择倾向，收视人数、收视率与喜爱程度，为改进电视频道和栏目、开展电视观众行为研究提供新的依据。

通过以上描述，请你帮助设计一份抽样方案。

【实训目标】
运用市场调查设计抽样样本的相关知识完成以上抽样方案。
【实训组织】
学生分组，可以通过各种方式查找有关抽样设计的有关资料。
【实训提示】
在资料收集的基础上，讨论抽样的方法与方案设计。
【实训成果】
各组汇报，教师讲评。

◆ 任务评价

任务执行评价

序号	评价维度	评价内容	所占分值/%	自我评价/30%	小组评价/20%	教师评价/50%
1	任务完成情况	学习自觉性高，积极主动，一丝不苟。遵守时间，能在规定时间内完成并上交	10			
2	任务呈现形式	如实记录，表达准确，条理清晰，内容丰富，图文并茂，有一定的创新力	20			
3	行动工具的达成	正确使用行动工具，作业步骤清晰，能够举一反三、融会贯通	25			
4	任务成果的达成	思想上积极上进，有强烈的求知欲和进取心，能够立足专业、提升技能、夯实基础，综合素养得到全面提升	25			
5	学习小组合作情况	团队目标明确，沟通顺畅，有团队协作精神，有领导组织能力	20			
		小计				
		合计				

任务4　设计抽样样本　随堂笔记

姓名		上课时间	
地点		授课教师	
主题			
重点及难点			
我的思考与问题			

任务 5 制定调查方案

学习目标

知识目标
1. 了解市场调研方案的含义
2. 理解市场调研方案的意义
3. 掌握市场调研方案的结构与内容
4. 了解市场调研方案的可行性研究

技能目标
1. 明确制定调研方案在市场调查与预测中的作用
2. 能掌握制定市场调研方案的步骤与方法
3. 能根据调研目标制定市场调研方案
4. 能对市场调研方案进行可行性评价

素质目标
1. 培养学生踏实务实、精益求精的职业素养
2. 培养学生求实严谨、创新进取的精神
3. 培养学生树立以顾客满意为中心的市场调查视角,增强社会责任心

任务导入

20 世纪 70 年代中期以前,可口可乐一直是美国饮料市场的霸主,市场占有率一度达到 80%。然而,70 年代中后期,它的老对手百事可乐迅速崛起,1975 年,可口可乐的市场份额仅比百事可乐多 7%;9 年后,这个差距更缩小到 3%,微乎其微,可口可乐和百事可乐的市场竞争激烈,如图 5-1 所示。

百事可乐公司的营销策略,一是针对饮料市场的最大消费群体——年轻人,以"百事新一代"为主题推出一系列青春、时尚、激情的广告,让百事可乐成为"年轻人的可乐";二是进行口味对比,请毫不知情的消费者分别品尝没有贴任何标志的可口可乐与百事可乐,同时百事可乐公司将这一对比实况进行现场直播。结果是,有八成的消费者回答百事可乐的口感优于可口可乐,此举马上使百事的销量激增。

对手的步步紧逼让可口可乐公司感到了极大的威胁,它试图尽快摆脱这种尴尬的境地。1982 年,为找出可口可乐衰退的真正原因,可口可乐公司决定在全国 10 个主要城市进行一

图 5-1 可口可乐 VS 百事可乐

次深入的消费者调查。

可口可乐公司设计了"你认为可口可乐的口味如何?""你想试一试新饮料吗?""可口可乐的口味变得更柔和一些,您是否满意?"等问题,希望了解消费者对可口可乐口味的评价并征询对新可乐口味的意见。调查结果显示,大多数消费者愿意尝试新口味可乐。

可口可乐公司的决策层以此为依据,决定结束可口可乐传统配方的历史使命,同时开发新口味可乐。没过多久,比老可乐口感更柔和、口味更甜的新可口可乐样品便出现在世人面前。

为确保万无一失,在新可口可乐正式推向市场之前,可口可乐公司又花费数百万美元在13个城市中进行了口味测试,邀请了近20万人品尝无标签的新/老可口可乐。结果让决策者们更加放心,六成的消费者回答说新可口可乐味道比老可口可乐要好,认为新可口可乐味道胜过百事可乐的也超过半数。至此,推出新可乐似乎是顺理成章的事了。

可口可乐公司不惜血本协助瓶装商改造了生产线。为配合新可乐上市,可口可乐公司还进行了大量的广告宣传。1985年4月,可口可乐公司在纽约举办了一次盛大的新闻发布会,邀请200多家新闻媒体参加,依靠传媒的巨大影响力,新可乐一举成名。

看起来一切顺利,刚上市一段时间,有一半以上的美国人品尝了新可乐。但让可口可乐公司的决策者们始料未及的是,噩梦正向他们逼近——很快,越来越多的老可口可乐的忠实消费者开始抵制新可乐。

对于这些消费者来说,传统配方的可口可乐意味着一种传统的美国精神,放弃传统配方就等于背叛美国精神,"只有老可口可乐才是真正的可乐"。有的顾客甚至扬言将再也不买可口可乐。每天,可口可乐公司都会收到来自愤怒的消费者的成袋信件和上千个批评电话。尽管可口可乐公司竭尽全力平息消费者的不满,但他们的愤怒情绪犹如火山爆发般难以控制。迫于巨大的压力,决策者们不得不做出让步,在保留新可乐生产线的同时,再次启用近100年历史的传统配方,生产让美国人视为骄傲的"老可口可乐"。

仅仅3个月的时间,可口可乐公司的新可乐计划就以失败告终。尽管公司前期花费了2年时间,数百万美元进行市场调查,但可口可乐公司忽略了最重要的一点——对于可口可乐的消费者而言,口味并不是最主要的购买动机。市场调查方案的设计有利于得出正确的决策信息,可口可乐的失败与它的市场调查方案设计的可行性不无关系。那么怎么才能设计最优的市场调查方案呢?

任务分析

现在越来越多的企业开始重视市场调查，可往往是投入了很大的财力和人力，却没收到很好的效果。究其原因，除了具体环节实施效果不好之外，整个调查方案设计不合理也是一个重要方面。市场调查方案制定是否科学可行，关系到整个市场调查与预测的成败。制定市场调查方案主要考虑的问题有：

◇ 为什么要进行调查？
◇ 通过调查可获得什么信息？
◇ 通过什么方法可以搜集这些信息？
◇ 最迟到什么时候才可以得到信息？
◇ 搜集的信息要得到什么样的结果？
◇ 这些结果是给谁做参考的？

市场调查工作具有复杂、严肃、技术性较强等特点，为了顺利、有效地开展并完成整个市场调查工作，必须事先制定出一个科学、严密、可行的市场调查方案。制定市场调查方案的目的是制定整个市场调查工作的行动计划和纲领，以便所有参加调查的工作人员都依照执行。

任务知识

一、市场调查方案制定的含义

凡事预则立，不预则废。要进行科学的社会调查，就必须制定详细、周密的调查方案。正如经济建设要制定规划、工程施工要设计蓝图一样。市场调查方案制定是指根据调查研究的目的和调查对象的性质，在进行实际调查之前，对调查工作总任务的各个方面和各个阶段进行的通盘考虑和安排，提出相应的调查实施方案，制定出合理的工作程序。

视频1　什么是市场调研

市场调查的范围可大可小，但无论是大范围的调查，还是小规模的调查工作，都会涉及相互联系的各个方面和各个阶段。这里所讲的调查工作的各个方面是对调查工作的横向设计，就是要考虑到调查所要涉及的各个组成项目。例如，对某市商业企业竞争能力进行调查，就应将该市所有商业企业的经营品种、质量、价格、服务、信誉等方面作为一个整体，对各种相互区别又有密切联系的调查项目进行整体考虑，避免调查内容出现重复和遗漏。

这里所说的全部过程，则是对调查工作纵向方面的设计，它是指调查工作所需经历的各个阶段和环节，即调查资料的搜集、调查资料的整理和分析等。只有对此事先做出统一考虑和安排，才能保证调查工作有秩序、有步骤地顺利进行，减少调查误差，提高调查质量。

二、市场调查方案的准备

一般来讲，决策者不要匆忙开展市场调查，首先要做的决策是是否需要开展调查，在下列情况下，企业可以考虑暂时不做调查：

（一）资金缺乏

由于资金缺乏而不宜进行营销调查的情况有两种：

首先，企业缺乏开展调查活动所需的必要资金。如果一个项目要求被调查者的样本达到 200 个人，但预算只允许调查 40 个人，那么就很难保证调查信息的真实性和可靠性。

其次，企业或许能够提供调查的资金，但是如果没有足够的后续资金去实施由调查分析报告所形成的决策，那么，调查活动也没有意义。

（二）错过市场时机

如果企业已经错过将产品成功打入某一市场的最佳时机，那么就不必再开展营销调查活动。对于已经处在产品生命生命周期的衰退期或成熟期末期的产品，比如 DVD 机、MP3 机，还去做产品打入市场的调查活动是得不偿失的。

（三）管理者还未对制定决策所需信息达成一致

如果管理者之间还存在认识上的分歧，还不能对决策者所需信息达成一致，认识与意志不统一，决策也是不可能得以成功实施的。

（四）未对制定决策所需信息充分掌握

有些企业对某个市场已经研究了很多年，充分了解了目标顾客的特征，以及目标顾客对现有产品的好恶态度。在这种情况下再做进一步的调查是多余的，很难获取新的、更多更好的支持决策的市场信息。

（五）调研成本超过受益

如果与待定决策相关的信息可以随时免费得到，相信每位管理者都会乐意接受这些信息。不过这种情况几乎是不存在的。在一般情况下，收集的信息更完整、更充分，决策的准确程度就会更高，相应支付的费用也会更大。总之，只有当信息的预期价值大于成本时，调查活动才有意义。

三、制定市场调查方案的作用

调查方案制定是通过对一项调查的程序和实施进程中的各种问题进行全面、详细的考虑之后，制订出的调查总体计划和切实可行的调查指导性大纲，它是整个市场调查工作的行动指南，又是研究计划的说明书，还是对研究过程、方法的详细规定。具体来讲，市场调查方案制定的意义有以下三点：

视频 2　市场调研的重要性

第一，从认识上讲，市场调查方案设计是从定性认识过渡到定量认识的开始阶段。虽然市场调查所搜集的许多资料都是定量资料，但应该看到，任何调查工作都是先从对调查对象的定性认识开始的，没有定性认识就不知道应该调查什么和怎样调查，也不知道要解决什么问题和如何解决问题。

第二，从实践要求上讲，调查方案设计能够适应现代市场调查发展的需要。现代市场调查已由单纯的搜集资料活动发展到把调查对象作为整体来反映的调查活动，与此相适应，市场调查过程也应被视为是市场调查设计、资料搜集、资料整理和资料分析的一个完整工作过程，调查方案制定正是这个全过程的第一步。

第三，从发展趋势上讲，市场调查方案设计能够适应现代市场调查发展的需要。现代市场调查的内涵已由单纯的搜集资料活动发展到将调查对象作为整体来分析的调查活动，与此相适应，市场调查过程也应被视为调查方案设计、资料搜集、资料整理和资料分析的一个系统完整的工作过程，而调查方案设计正是这个全过程的第一步。

四、市场调查方案的类型

从市场调查的性质来划分，市场调查方案设计可以分为：探索性调查设计；描述性调查设计；因果关系调查设计。

（一）探索性调查设计

探索性调查设计指在定义问题和确定研究目标之后，组织精通市场调查的专家和具有调查经验的调查员对前期所收集的资料，包括企业内部的有关生产、销售的记录与预测数据，咨询部门的相关信息，尤其是关于产品的目标消费者的信息以及来自竞争者的消息要尽可能地阅读，并从中摘录有关事项进行深入研究分析。

探索性调查的目标就是通过对一个问题的探索或研究，来提供对问题的理解和认识及解决问题的途径。所采取的途径一般有借助二手数据的分析、个案研究、专家咨询或调查、试验性研究、其他定性研究方法等。

探索性调查的资料来源主要有三方面：

（1）现成资料，这是主要来源；
（2）向专家、产品设计者、技术人员和有识之士请教，向用户、顾客做调查；
（3）参考以往类似案例，从中找出一些启发。

（二）描述性调查设计

描述性调查通常用来实证地描述市场功能或特征，它的设计都非常细致，实际上探索性调查和描述性调查的一个关键区别就在于描述性调查提前形成了具体的假设。这样，就非常清楚需要哪些信息。描述性调查要求清楚地规定了调查的六个要素，即5W1H：

谁——谁是品牌的消费者和潜在的消费者？
什么——从被调查者那里，我们应该得到什么信息？
何时——什么时间从被调查者那里获取信息？
何地——应该在什么地方与被调查者接触以获得信息？
为什么——为什么要进行这次调查？
什么方式——以什么方式获取信息，采取什么样的调查方法？

（三）因果关系调查设计

因果关系调查通常要利用各种统计技术去了解与说明各种市场问题与环境因素之间的关系。它的目的是找到因果关系的证据。营销经理总是根据假设的因果关系不停地做出决策，这些假设可能不正确，必须通过正式的调查对它进行检验。例如，通常假设价格上升会导致销售的减少和市场份额的萎缩，但在特定的竞争状况下，这个假设并不能获得支持。

因果关系调查的方法和其他方法有一定差异。考虑因果关系时要将有可能影响结果的变量控制起来，这样自变量的影响才能测试出来。因果关系的主要调查方法是实验法。

五、市场调查方案制定的原则

科学地设计调查方案，必须遵循以下几条基本原则，如图5-2所示。

视频3 市场调查方案制定的原则

图 5-2 市场调查方案制定的原则

（一）实用性原则

制定调查方案必须着眼于实际应用，只有实用性强的调查方案才能真正成为市场调查工作的行动纲领。例如，调查目标的设计就在很大程度上取决于调查人员的素质。如果调查人员主要是缺乏实践经验的大学生，那么解决实际问题方面的调查目标就不能定得太高。总之，调查方案各项内容的制定，都必须从实际出发。实用性是评价调查方案优劣的首要标准。

（二）时效性原则

设计调查方案必须充分考虑时间效果，特别是一些应用性的调查课题，往往有很强的时效性。例如，市场需求变化调查，就必须赶在市场需求发生重大变化之前拿出成果来。否则就会失去指导意义，起码会大大降低调查成果的社会价值。

（三）经济性原则

设计调查方案必须努力节约人力、物力、财力和时间，力争用最少的人、财、物力和时间的投入，取得最大的调查效果。例如，在调查类型的选择上，能够做抽样调查的就不做普遍调查，能够做典型调查的就不做抽样调查。

（四）弹性原则

任何调查方案都是一种事前的设想和安排，它与客观现实之间总会存在着或大或小的距离。在实际调查过程中，又常常会遇到一些意想不到的新情况、新问题。因此，设计调查方案时，对于调查工作的具体安排和要求，应有一个上下滑动的幅度，应保持一定的弹性。

六、市场调查方案的论证与评价

市场调查方案的制定，往往不是一次完成的，而要经过必要的可行性研究。可行性研究是科学决策的必经阶段，也是制定调查方案的重要工作。从可行性研究的角度来看，确定市场调查方案，需要综合考虑各种影响因素，先设计多种有价值的调研方案，再通过比较分析，从中选优。

（一）市场调查方案的可行性研究

可行性研究是科学决策的必经阶段，也是科学制定调查方案的重要步骤。对调查方案进行可行性研究的方法主要有三种：逻辑分析法、经验判断法和试点调研法，如图5-3所示。

图5-3 对市场调查方案做可行性研究的方法

1. 逻辑分析法

逻辑分析的作用是检查所制定的调查方案的各部分内容是否符合逻辑和情理，逻辑分析法主要用于对调查方案中的调查项目设计进行可行性研究。

例如，要调查某共享单车的消费者结构，而设计的调查对象却以学生群体或女性居多，则按此设计所得到的结果就无法满足调查的要求，因为一般情况下共享单车的主要消费群体是成年男性。

2. 经验判断法

经验判断法是组织一些具有丰富调查经验的人士，或结合以往成功的调查案例，对制定出的调查方案加以初步研究和判断，以证明方案的可行性。经验判断法的优点是省时省力，在比较短的时间内得出结论。但也有缺点，由于人们认识的局限性、差异性、时限性，各种主客观因素都会对人们判断的准确性产生影响。

例如，根据以往的经验，在调查方法的设计上，对文化程度较低的调查对象，就不宜采用书面问卷调查的方法；在调查时间的设计上，到农村做调查，一般就不应选择在农忙季节进行；在调查地域的设计上，如果人财物力不足，就不宜选点过远、分布过广，等等。

3. 试验调查法

在大规模展开调查之前进行小范围测试是整个调查方案可行性研究的重要环节，通过小范围测试可以检验调查方案的可行性并根据试验调查的结果来修改和完善原设计的调查方案。具体来说，试点的任务主要有两个：一是对调查方案进行实地检验。检查目标制定得是否恰当，调查指标设计是否正确，哪些需要增加，哪些需要减少，哪些说明和规定要修改和补充。二是作为实战前的演习，可以了解调查工作安排是否合理，哪些是薄弱环节。

逻辑分析和经验判断这两种方法简便易行，且有实效，因此，它们是对调查方案进行可行性研究的最常用的方法。但是，这两种方法也有很大的局限性。逻辑分析方法，主要适用于对调查项目的设计进行可行性研究，而对其他方面的设计则很难用这种方法进行可行性研究。另外，有些操作定义的设计在逻辑上是正确的，但在实际调查中却往往行不通。如，闲暇时间=24小时-睡眠时间-家务劳动时间。这一设计在逻辑上是没有错误的，但在农村做调查时就很难将各类时间划分清楚。比如，农村妇女边照顾孩子、边做手工活、边做饭、边喂猪喂鸡，应该怎样计算她们的闲暇时间呢？经验判断的局限性就更为明显，因为人们的实践经验不同，判断能力不同，即使经验丰富、判断力强的人，也只能判断那些比较熟悉的东西，而对新事物、新情况、新问题就很难单凭过去的经验去做判断。这说明，仅仅使用逻辑分析和经验判断这两种方法，还不能最终说明调查设计的可行性。实践是检验真理的最终标准，只有试验调查法才是对调查设计进行可行性研究的最基本、最重要的方法。

（二）市场调查方案的评价标准

对于一个调查方案的优劣，可以从不同角度加以评价，主要有如下标准：

（1）方案制定是否满足了市场调查与预测的目的和要求，调查结果能否对解决问题提供有益的帮助，这是大方向的问题。

（2）方案制定是否科学、完整和适用，能否使调查数据的质量有所提高。例如，抽样框架是否合理、分析方法是否科学、能否降低各种误差等。

当然，评价一项调查方案制定得好坏，最终还是要通过调查实效来检验其合理性和科学性。

素养提升

从《寻乌调查》中悟调查之道

习近平总书记深刻指出"调查研究是谋事之基、成事之道"，多次强调"要在全党大兴调查研究之风"。1930年5月，毛泽东同志率领红四军从闽西进入赣南，在寻乌利用20多天深入细致地调查了当地政治、交通、商业、土地关系等情况，写下了8万多字的《寻乌调查》。《寻乌调查》是一部体现实事求是精神的光辉著作，也是学习如何进行调查研究的经典教科书，时至今日，对于我们如何做好调查研究工作仍然具有重要指导意义。

把调查研究作为想问题、做决策的基本前提。"没有调查，就没有发言权，更没有决策权。"涉浅水者得鱼虾，涉深水者得蛟龙。对现实情况的掌握越是全面、准确，就越能为谋划工作、制定决策提供科学支撑。在毛泽东同志所进行的调查研究中，寻乌调查规模最大、调查资料最详细、调查内容最丰富。为了准确摸清当时中国富农问题和商业情况，毛泽东同志直接与各界群众开调查会，掌握了大量第一手材料，诸如该县各类物产的产量、价格，县城各业人员数量、比例，各商铺经营品种、收入，各地农民分了多少土地、收入怎样，各类人群的政治态度，等等，都弄得一清二楚。这启示我们，想问题、做决策，要坚持以调查开局、以调查开路，坚持不调查不决策、先调查后决策，防止拍脑袋决策、拍胸脯蛮干。到基层调查，就要一下到底，寻求"源头活水"；既要抓点、搞好典型调查，也要注重调查研究对象的广泛性；要敢于"钻矛盾窝"了解实情，少看花瓶和盆景，多看看后院和角落。通过扎实深入的调查，把问题弄明白，把症结搞准确，把事情想周全，使提出的思路、制定的政策能够对标上级要求、符合县情实际、反映民情民意。

把调查研究作为破解高质量发展难题的关键之举。毛泽东同志说过："凡是忧愁没有办法的时候，就去调查研究，一经调查研究，办法就出来了，问题就解决了。"开展寻乌调查，主要是为了实事求是地弄清富农与地主的问题，提出解决富农问题的办法，"使富农、中农、贫农、雇农都过活下去"。经过寻乌调查，毛泽东同志进一步认清了农村的土地分配制度对促进土地革命的作用，制定了正确的土地分配政策和正确对待城市商人的政策。2023年全国两会上，习近平总书记由一份"培养一批'一县一业'重点基地"的文件说起，强调"一个城市是不是就靠一业来发展，那不一定。靠几业，靠什么业，都要一把钥匙开一把锁，根据具体情况去定，不能下单子"。这启示我们，各个县市区的功能定位、资源禀赋、发展条件不一样，不能照搬某种模式，必须因地制宜发展特色产业、主导产业。扎实有效推进强县工程，"让该干什么的地方干什么"，必须立足本地优势和特色资源，坚持"一把钥匙开一把锁"，依靠深入调查掌握实情、把脉问诊，找准问题症结所在，找到山区强县的路径、产业振兴的办法，形成解决问题、促进工作的思路办法和政策举措，使每一次调查研究的过程都成为推动县域经济社会高质量发展的过程。

把调查研究作为密切党群干群关系的有效途径。习近平总书记指出："群众的很多想法，往往不是在那些很正式的场合、当着很多人的面会讲出来的，而是要同他们身挨身坐、心贴心聊才能听得到。"在寻乌调查期间，毛泽东同志特别强调要向群众学习，走群众路线。为了更多地接触群众，他不仅找农民、商人、秀才等各阶层代表进行访谈并详细记录，还多次来到田间地头，一边帮农民插秧一边调查。他指出："这些干部、农民、秀才、狱吏、商人和钱粮师爷，就是我的可敬爱的先生，我给他们当学生是必须恭谨勤劳和采取同志态度的。"这启示我们，调查研究连着理论与实践，连着党心和民心，要想调查研究出实效，关键在走好新时代的群众路线。要把群众作为最坚强的后盾，对涉及群众切身利益的重大政策措施，运用好共同缔造的理念和方法，自觉拜群众为师，多和群众交朋友，多向群众请教，真诚倾听群众呼声，关心群众疾苦，切实依靠群众打开局面、推动发展，以实际成效赢得群众的拥护和支持。

把调查研究作为提升干事创业本领的重要手段。习近平总书记深刻指出："调查研究是做好工作的基本功。一定要学会调查研究，在调查研究中提高工作本领。"毛泽东同志在《寻乌调查》前言中写道："关于中国的富农问题我还没有全般了解的时候，同时我对于商业状况是完全的门外汉，因此下大力来做这个调查。"他怀着满腔热情，在调查中"像小学生发蒙一样开始懂得一点城市商业情况"，真正做到了眼睛向下、不耻下问，解决自己过去不熟悉的商业问题、富农问题等。这启示我们，调查研究是一种工作方法，更是关系党和人民事业得失成败的大问题。要在聚力实施强县工程、全面推进乡村振兴的新征程中练好调查研究基本功,在调查研究中增强本领、提升能力,做到"眼里有活找到问题""心中有数正视问题""手上有招解决问题",努力成为干事创业的行家里手、内行领导,创造更多经得起实践、人民和历史检验的实绩。

任务实施

制定市场调查方案,就是根据调查研究的目的和调查对象的性质,在进行实际调查之前,对调查工作总任务的各个方面和各个阶段进行的通盘考虑和安排,提出相应的调查实施方案,制定出合理的工作程序。其基本程序如图5-4所示。

视频4 市场调研的常用方式

确定市场调查目的和任务 → 确定调查对象和调研单位 → 确定调查项目 → 制定调查问卷 → 确定调查时间和期限 → 确定调查方式和方法 → 确定资料整理方案 → 确定资料分析方案 → 确定市场调查进度 → 市场调查经费预算 → 制订调查组织计划 → 撰写调查计划书

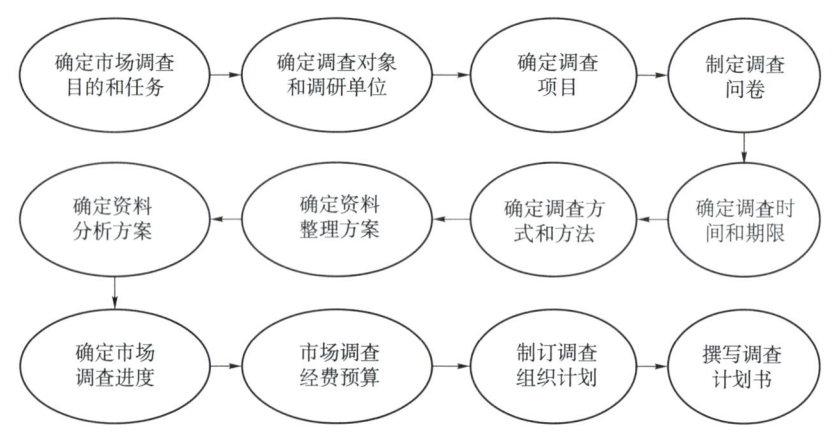

图5-4 制定市场调查方案的基本程序

下面结合一个调查案例来说明制定市场调查方案的基本程序。

案例背景:

长沙市为湖南省省会,居于长江中下游。在全国省会城市中,经济实力居于前列,居民收入水平较高,市民环保意识较强。2023年,长沙市经济总量(GDP)达14 331.98亿元,在全国省会城市中排名第十五位。全市常住人口1 042.06万人,城镇化率为83.27%,人均GDP约为116 394元,折合18 688美元,跻身国内具有一流影响和极具发展潜力的城市之列。

视频5 市场调查有效性的影响因素

近年来,长沙加快了城市改造和扩建步伐,市区规模不断扩大,市民上班的路途延长。随着城区道路的改扩建,特别是十二条地铁的建设,许多公交车不能按正常线路行驶或不能及时开辟。受客观条件限制,长沙市公交运营能力在一段时期内难有大的改观。汽车牌照难拿且价格较高,油价逐年攀升,停放车辆困难,各种年交费用高,一般工薪阶层难以接受。摩托车已经在城区被禁,超标电动自行车也不准上街,这部分消费者势必选择新的交通工具。还有长沙四面环山,地处丘陵地带,城区面积大,环保意识日益提高的市民出行需要的是绿色出行、健康出行、方便出行。2016年,移动互联网与创新创业继续激活经济新元素。在二者的交会地带,共享单车横空出世,成为2016年的科技热词、创新创业热门领域。在解决出行的"最后一公里"、创造清洁城市的过程中,自行车有无可比拟的优势。共享单车乘着共享经济之风，以其随用随骑、网上支付的便捷性，迅速"俘获人心"，正在成为很多人短距离出行和解决"最后一公里"难题的新选择。

常州永安公共自行车系统股份有限公司是一家公共自行车系统生产商和专业的运营服务商，致力于公共自行车系列产品的研发设计、生产制造和安装集成，为客户提供全方位、立体化的公共自行车系统运营方案和服务。为了开拓长沙市场，永安公司亟须了解长沙地区共享单车的市场规模和市场需求潜力，了解政府政策对长沙共享单车市场的影响，了解居民对共享单车的租用欲望、动机和行为，了解现有共享单车用户有关自行车使用方面的各种信息，了解长沙共享单车市场的竞争状况，为研制共享单车和开发共享单车市场提供决策依据。为此，永安公司策划了一次关于长沙市共享单车市场需求状况的市场调查。

一、确定市场调查目的和任务

确定调查目的，就是明确在调查中要解决哪些问题，主要明确为什么要做此次调查，通过调查要取得什么样的资料，取得这些资料有什么用途等问题。确定调查任务是指在调查目的既定的条件下，市场调查应获取什么样的信息才能满足市场调查的要求。明确调查的目的和任务是制定调查方案的首要问题，因为只有调查目的和任务明确，才能确定调查的对象、内容和方法，才能保证市场调查的可行性。

永安公司在此次市场调查中，需要解决以下问题，如图5-5所示。

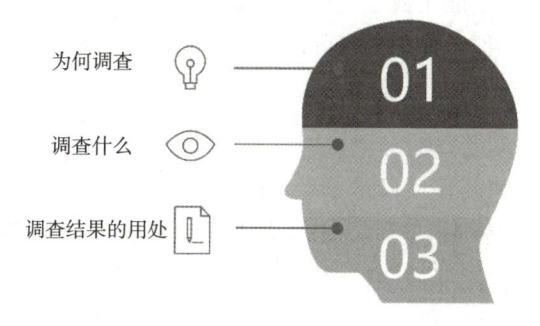

图 5-5 市场调查需解决的问题

（一）为何调查

如何使设计的共享单车能更好地满足长沙市场需求及与竞争对手差异化竞争而开展此次调查。

（二）调查什么

永安公司要了解政府政策对长沙共享单车市场的影响、长沙市场共享单车使用者的一般情况、永安公司准备设计的共享单车应改善的方向和市场可能接受的程度、长沙消费者租用自行车的意愿、长沙共享单车的市场容量。

（三）调查结果的用处

调查结果为永安公司研发部门开发新产品和营销部门进行营销决策提供依据。

二、确定调查对象和调查单位

确定调查对象和调查单位是为了明确向谁调查和由谁来提供资料的问题。调查对象是根据调查目的和任务确定的一定时空范围内的所要调查的总体，它是由客观存在的具有某一共同性质的许多个体单位所组成的整体。调查单位就是调查总体中的各个个体单位，它是调查项目的承担者或信息源。

调查对象与调查单位的关系：

（1）它们是总体与个体的关系。调查对象是由调查目的决定的，是应搜集其资料的许多单位的总体；调查单位也就是总体单位，是调查对象所包含的具体单位；

（2）调查对象和调查单位的概念不是固定不变的，随着调查目的的不同两者可以互相变换。

永安公司在此次市场调查中，为了了解居民对共享单车的购买欲望、动机和行为，调查对象是全市区共享单车用户，调查单位是每一个共享单车用户。为了研究长沙市各共享单车公司的竞争状况，需要对全市共享单车公司进行全面调查，那么该市所有共享单车公司就是调查对象，每一个共享单车公司就是调查单位。

三、确定调查项目

调查项目是市场调查的具体内容，其确定是由调查目的和任务所决定的。调查项目就是要调查的内容，也就是被调查单位的特征，即标志。例如，在消费者调查中，消费者的性别、民族、文化程度、年龄、收入等标志就是调查项目。这些标志可分为品质标志和数量标志，品质标志是说明事物质的特征，不能用数量表示，只能用文字表示，如消费者的性别、民族和文化程度；数量标志表明事物的数量特征，它可以用数量来表示，如消费者的年龄和收入。

（一）确定调查项目时应注意的事项

调查项目所要解决的问题是向被调查者调查什么，也就是需要被调查者回答什么问题。在确定所要登记的标志，即调查项目时，注意以下几点：

（1）各调查项目必须是可行的，是能够取得的确切资料。即必须从实际出发，只列出能够取得资料的项目，不可能取得资料的项目就不应列入提纲。

（2）要有科学的理论依据和统一的解释，即列入调查提纲的内容含义要明确、具体，不能有两种或两种以上的解释，以免调查人员按照各自不同的理解填写，使调查结果无法汇总。

（3）调查项目要少而精，即只列出调查目的所必需的项目，登记与问题本质有关的标志，以免内容庞杂，增加工作量，造成调查工作的浪费。

（4）各调查项目之间尽可能做到相互联系、彼此衔接，以便于相互核对和分析。

（二）永安公司的调查内容

永安公司本次调查主要包括以下内容：

（1）长沙共享单车市场的市场规模和市场需求潜力。

（2）长沙消费者对新设计的共享单车在价格、速度、外观及其性能方面的要求有哪些？

（3）影响长沙消费者租用共享单车的主要因素有哪些？

（4）长沙共享单车市场的竞争状况如何？

四、制定调查问卷

调查问卷是根据调查项目设计的对被调查者进行调查、询问、填答的测试试卷，它是市场调查的重要工具，用以记载和反映调查内容和调查项目的表述。

（一）调查问卷的结构

一份正式的调查问卷一般包括以下四个组成部分：标题、导语（前言）、正文和结束语，如图 5-6 所示。

第一部分：标题。问卷的标题概括地说明调查主题，使被访者对所要回答的问题有一个大致的了解。问卷标题要简明扼要，但又必须点明调查对象或调查主题。

第二部分：导语（前言）主要是对调查目的、意义及填表要求等的说明，导语部分文字须简明易懂，能激发被访者的兴趣。

第三部分：正文。将调查的若干问题及相应的选择项目有限度地排列，要求被访者回答。

第四部分：结束语。一般是一段短语。内容是对被访者的合作再次表示感谢，以及关于不要漏填与复核的请求。结束语要简短明了，有的问卷也可以省略。

图 5-6　调查问卷的结构

（二）制定调查问卷的原则

（1）有明确的主题。根据调查主题，从实际出发拟题，问题目的明确，重点突出，没有可有可无的问题。

（2）结构合理、逻辑性强。问题的排列应有一定的逻辑顺序，符合应答者的思维程序。一般是先易后难、先简后繁、先具体后抽象。

（3）通俗易懂。问卷应使应答者一目了然，并愿意如实回答。问卷中语气要亲切，符合应答者的理解能力和认识能力，避免使用专业术语。对敏感性问题采取一定的技巧调查，使问卷具有合理性和可答性，避免主观性和暗示性，以免答案失真。

（4）控制问卷的长度。回答问卷的时间控制在 20 分钟左右，问卷中既不浪费一个问题，也不遗漏一个问题。

（5）便于资料的校验、整理和统计。

五、确定调查时间和期限

调查计划的时间安排要合理。需要确定一个开始日期，限定一个结束日期，否则项目可能会无限拖延下去，这就要求确定好调查时间和期限。

调查时间是指调查资料的所属时间。调查时期现象（收入、支出、产量、产值、销售额、利润额等流量指标）时，应确定数据或指标的起止时间；调查时点现象（期末人口、存货、设备、资产、负债等存量指标）时，应明确规定统一的标准时点（期初、期末或其他时点）。

调查期限是规定调查工作的开始时间和结束时间。包括从制定调查方案到提交调查报告的整个工作时间，也包括各个阶段的起始时间，其目的是使调查工作能及时开展、按时完成。为了提高信息资料的时效性，一般应将调查期限应适当缩短。

六、确定调查方式和方法

市场调查方式是指市场调查的组织形式，通常有市场普查、重点市场调查、典型市场调查、抽样市场调查等。调查方式的选择应根据调查的目的和任务、调查对象的特点、调查费用的多少、调查的精度要求做出选择。

市场调查方法是指在调查方式既定的情况下搜集资料的具体方法，通常有观察法、访问法、实验法、资料调查法、问卷调查法等。市场调查方法的确定应根据调查资料搜集的难易程度、调查对象的特点、数据取得的源头、数据的质量要求等做出选择。

七、确定资料整理方案

通过问卷调查得到的大量原始资料，只是研究分析的基础，因为这些资料反映的总体单位（个体）的状况是分散凌乱的，不能完整系统地反映总体的情况，无法深入研究事物的本质和规律性，这就要求对大量原始资料进行加工汇总，使之系统化、条理化。

调查资料整理的基本内容包括以下三个方面。

（1）资料确认：是指对原始数据或二手资料进行审核，查找问题、采取补救措施、确保数据质量。

（2）资料处理：是指对问卷或调查表提供的原始数据进行分类和汇总，或者对二手数据进行再分类和调整。

（3）资料陈示：是指对加工整理后的数据用统计表、统计图、数据库、数据报告等形式表现出来。

八、确定资料分析方案

分析资料的主要任务是在全面拥有调查资料的基础上，对资料进行系统分析，主要包括定性分析和定量分析，其目的在于从数据导向结论，从结论导向对策研究。随着经济理论的发展和计算机的运用，越来越多的现代统计分析手段可供我们在分析时选择，如回归分析、相关分析、聚类分析等。每种分析技术都有其自身的特点和适用性，因此，应根据调查的要求，选择最佳的分析方法并在方案中加以规定。

九、确定市场调查进度

一项调查从题目的选定到完成调查报告的撰写。往往有时间上的限定或要求。为了在规定的时间范围内保质保量地完成调查任务，顺利达到预定的调查目标，在调查项目正式启动之前，要对整个调查工作的时间分配和进度进行安排。

市场调查进度一般可分为以下几个小阶段：

（1）总体方案的论证、设计；

（2）抽样方案的设计、调查实施的各种具体细节的规定；

（3）问卷的设计、测试、修改、定稿、问卷的印刷；

（4）调查员的挑选和培训；

(5) 调查组织实施；
(6) 调查数据的整理（计算机录入、汇总与制表）；
(7) 统计分析研究；
(8) 调查报告的撰写、修订与定稿。

十、市场调查经费预算

市场调查经费预算，其宗旨在于保证项目在可能的财力要求下如期完成。为了做好成本控制，需要对成本项目做好预算。预算一般是和时间进度表密切关联的，两者应一起考虑。通常一次市场调查中，前期的计划准备阶段的经费安排占总预算的20%，实施调查阶段的经费安排占40%，后期分析报告阶段的经费安排占40%。

十一、制订调查组织计划

调查的组织计划，是指为确保实施调查的具体工作计划。主要是指调查的组织领导、调查机构的设置、调查员的挑选和培训、课题负责人及成员、各项调查工作的分工等。必要时候，还必须明确规定调查的组织方式。企业委托外部市场调查机构进行市场调查时，还应对双方的责任人、联系人、联系方式做出规定。

十二、撰写调查计划书

以上市场调查方案设计的内容确定之后，市场调查策划人员则可撰写市场调查计划书，一方面供企业领导审批，或作为调查项目委托人与承担人之间的合同或协议的主体；另一方面用来作为市场调查者实施执行的纲领和依据。

市场调查计划书的构成要素包括标题、导语（或前言）、主体和附录等。其中，主体部分主要包括以上十一个方面的内容。附录部分开列出调查项目负责人及主要参与者的名单，并可扼要介绍团队成员的专长与分工情况，指明抽样方案的技术说明和细节说明，调查问卷设计中有关的技术参数、数据处理办法、所采用的软件等。

永安公司撰写的调查计划书如下：

长沙共享单车市场调查计划书

一、前言

常州永安公共自行车系统股份有限公司是一家公共自行车系统生产商和专业的运营服务商。致力于公共自行车系列产品的研发设计、生产制造和安装集成，为客户提供全方位、立体化的公共自行车系统运营方案和服务。公司主打产品永安行系列共享单车覆盖全国，并具有部分出口能力。

长沙共享单车市场目前还没有完全饱和，共享单车是目前很多人短距离出行和解决"最后一公里"难题的新选择。为了开拓长沙市场，设计既符合国家规定，又受消费者青睐的共享单车，掌握长沙共享单车市场的市场规模和竞争状况，制定适宜的营销策略和广告策略，以便在竞争激烈的长沙共享单车市场中立于不败之地，永安公司拟进行一次市场调查，以供公司决策层参考。

二、调查目的

针对长沙共享单车市场的基本情况，本次市场调查须本着科学严谨、真实可靠、调查和

论证相结合的原则,进行深入的研究。本次市场调查的目的和任务包括:

如何使设计的共享单车能更好地满足长沙市场需求;

如何与竞争对手开展差异化竞争;

了解政府政策对长沙共享单车市场的影响;

了解长沙市场共享单车使用者的一般情况;

了解永安公司准备设计的共享单车应改善的方向和市场可能接受的程度;

了解长沙消费者租用共享单车的意愿;

了解长沙共享单车的市场容量;

调查结果能为永安公司研发部门开发新产品和营销部门进行营销决策提供依据。

三、调查对象

(1) 本次调查将在长沙市全市开展,调查范围包括天心区、芙蓉区、雨花区、岳麓区、开福区中心城区和长沙县星沙区。

(2) 本次调查的对象为16岁以上的长沙消费者,各自行车专卖店、超市、自行车维修点。拟在每个区抽取被调查者300人,按年龄层次和性别分配名额,年龄分层为:16~20岁、21~25岁、26~30岁、31~35岁,各层比例近似为1:1;性别比例也为1:1;样本总数为2 400人。各共享单车投放点和自行车维修点每区抽取10个作为样本。

四、调查项目

本次调查主要包括以下内容:

1. 各共享单车品牌的认知与竞争情况

(1) 各共享单车品牌的认知度;

(2) 各共享单车品牌的租用频率;

(3) 不同档次共享单车的租用频率;

(4) 各共享单车品牌的租用意向;

(5) 各共享单车品牌的市场份额。

2. 消费者的消费行为与需求

(1) 消费者对各共享单车产品质量的评价;

(2) 消费者对各共享单车产品款式的认知与要求;

(3) 不同层次消费者对共享单车产品价格的接受程度;

(4) 影响消费者购买共享单车产品的主要因素;

(5) 消费者对共享单车产品功能的要求;

(6) 不同层次消费者租用共享单车产品的场所。

3. 投放点各共享单车品牌的销售状况

(1) 各投放点租用不同共享单车品牌的数量与月销售总量;

(2) 各投放点租用各共享单车品牌的喜好程度;

(3) 各投放点租用各共享单车品牌的价格;

(4) 各投放点对各共享单车品牌质量、款式、功效的评价与要求;

(5) 各投放点不同品牌共享单车产品的促销与推广方式;

(6) 各投放点对本公司共享单车产品的评价以及与其他品牌相比的优缺点;

(7) 请各投放点提出本公司共享单车存在的问题(质量、价格、包装、客户服务、促销）及建议。

4. 维修点各共享单车品牌的维修状况

（1）各品牌共享单车的维修频率；

（2）各品牌共享单车易出现的问题；

（3）每月的共享单车维修费用情况；

（4）各品牌共享单车使用的损耗情况；

（5）各品牌共享单车的消费者使用情况；

（6）请维修点提出共享单车产品改进建议。

五、调查问卷

本次调查针对消费者、投放点、维修点等不同调查对象设计了三份内容不同的调查问卷，详见附录。

六、调查时间和期限

本次调查的时间是 2023 年 1—5 月，本次调查期限是 2023 年 4 月 1 日—5 月 25 日。

七、确定调查方式和方法

本次调查采取的方式是：消费者共享单车需求与用户调查采用抽样调查方式，样本量为 2 400 户。

本次调查采取的方法有：消费者共享单车需求与用户调查采用问卷调查法；居民的消费收支情况及社会经济发展状况通过资料调查法来了解；共享单车的社会拥有量和普及率通过走访统计局、交通大队来了解；竞争对手调查采用现场暗访调查及用户测评等获取相关信息；消费者对新设计的共享单车外观和价格的接受程度采用实验调查法。

八、资料整理方案

永安公司资料整理的方案主要包括：

（1）对调查问卷进行审核、校订。

（2）对调查数据进行分类和分组，主要包括编制用户特征分布数列、共享单车类型品种分布数列、价位及租用时间分布数列、用户使用满意度测评数列等；编制需求者特征、购买欲望、购买动机、购买行为、购买时间、购买选择、信息获取等分布数列等；编制竞争对手的分类统计数列；编制共享单车品牌层次划分数列。

（3）对调查数据进行汇总。

（4）绘制调查数据报告。

九、资料分析方案

永安公司资料分析的方案是采用回归分析、相关分析的方法进行以下资料分析。

（1）进行用户分布及满意度分析：重点揭示用户的特征，为调整营销目标提供信息支持；用户满意与否的分析可以为改进营销工作提供依据。

（2）需求潜力、需求特征、需求分布、需求决定因素研究：这是为市场营销策略的制定、调整和完善提供信息支持的，应重点揭示向谁营销、营销什么、怎样营销的问题。

（3）永安公司竞争优势与劣势研究、提高市场竞争力的策略分析：编写市场调查报告，重点揭示本次调查所得的启示，并提出相应的对策建议。

十、市场调查进度

此次调查的进度安排如表 5-1 所示。

表 5-1　永安公司市场调查进度安排

工作与活动内容	时间
总体方案的论证、设计	4月1日—4月5日
抽样方案的设计	4月6日—4月10日
问卷设计、测试、修定、印刷	4月11日—4月15日
调查员的挑选与培训	4月16日—4月20日
调查访问	4月21日—5月10日
调查数据的整理	5月11日—5月15日
调查数据的分析	5月16日—5月20日
调查报告的撰写、修订与提交	5月21日—5月25日

十一、市场调查经费预算

此次调查的经费预算如表5-2所示。

表 5-2　永安公司市场调查经费预算

经费支出项目	数量	单价/元	金额/元
方案设计策划费	1（份）	8 000	8 000
抽样设计实施费			2 000
问卷设计费	1（份）	1 000 元	1 000
问卷印刷装订费	5 000（份）	1.2	6 000
调研员劳务费	100（人）	800	80 000
资料整理费			5 000
调研报告撰写费	1（份）	20 000	20 000
合计			122 000

十二、调查组织计划

永安公司为此次调查建立了临时的共享单车调查组，由主管市场的副总李云龙任组长。人员配备主要从本企业市场部、研发部、财务部、办公室抽调部分人员，又从外部临时聘用一些学生。在工作任务分配上，市场部和研发部的骨干力量对投放点进行访问调查，其他人员和外聘人员经过培训后对消费者进行访问调查。

十三、附录

（1）项目负责人：李云龙。

（2）参与人员：刘伟、吴强、陈娟、王军、朱国卓、胡三红、曲光辉、许朋乐、赵智江、汪天云、方俊、周义军。

（3）调查问卷：

A. 针对消费者的调查问卷

长沙共享单车市场调查问卷

先生/女士：

您好！我是常州永安公共自行车系统股份有限公司的调查人员，为了给长沙市民提供更好、更安全、更便捷的共享单车服务，我们正在进行一项有关长沙共享单车的市场调查。能不能耽误您几分钟的时间，请教您几个问题？希望得到您的支持与合作。谢谢！

1. 请问您的性别是（　　）。
   A. 男　　　　　　　B. 女
2. 请问您的年龄是（　　）。
   A. 16 岁以下　　　　B. 16~20 岁　　　　C. 21~25 岁
   D. 26~30 岁　　　　E. 31~35 岁　　　　F. 35 岁以上
3. 请问您的职业是（　　）。
   A. 学生　　　　　　B. 公务员　　　　　C. 事业单位干部
   D. 公司职员　　　　E. 企业管理人员　　F. 企业工人
   G. 个体经营者　　　H. 进城务工人员　　I. 服务业人员
   J. 离退休人员　　　K. 其他
4. 请问您的月收入是（　　）。
   A. 2 500 元以下　　　B. 2 500~3 000 元
   C. 3 000~3 500 元　　D. 3 500 元以上
5. 您是否使用过共享单车？（　　）
   A. 使用过　　　　　B. 没有
6. 您是否会考虑使用共享单车？（　　）
   A. 会　　　　　　　B. 不会
7. 您在什么情况下会使用共享单车？（　　）【请选择1~5项】
   A. 特意去找来使用　　B. 作为家用单车的替代品
   C. 看见想尝试使用　　D. 作为交通工具使用
   E. 其他
8. 您为何不考虑使用共享单车？（　　）【请选择1~6项】
   A. 不会骑　　　　　　　　　　　B. 平常使用其他交通工具
   C. 不想交押金　　　　　　　　　D. 对安全有顾虑
   E. 不会使用共享单车 App　　　　F. 其他
9. 您使用过什么牌子的共享单车？（　　）【请选择1~7项】
   A. ofo　　　　　　B. 摩拜　　　　　　C. 永安行
   D. 小铭　　　　　　E. 小蓝　　　　　　F. 骑呗
   G. 其他
10. 为什么使用这个牌子？（　　）【请选择1~8项】
    A. 了解过该品牌　　B. 车子好看　　　　C. 车子停靠点在附近
    D. 价格低　　　　　E. 车子好骑　　　　F. 车子安全

G. 随意选择　　　　　　　　H. 其他

11. 请问您对目前共享单车的使用状况的感觉是（　　）。
A. 非常满意　　　　　　B. 满意　　　　　　　　C. 不满意
D. 非常不满意　　　　　E. 无意见　　　　　　　F. 不知道

12. 您使用的次数为（　　）。
A. 1 次　　　　　　　　B. 2~3 次　　　　　　　C. 3 次以上

13、您能接受共享单车押金是多少？（　　）
A. 100 元以下　　　　　B. 100~190 元
C. 200~299 元　　　　　D. 300 元及以上

14. 您是否了解共享单车？（　　）
A. 初步了解（大致知道功能、品牌、价钱等基本信息）
B. 比较了解
C. 不了解

15. 您不了解共享单车的原因是（　　）。【请选择 1~5 项】
A. 生活中用不到　　　　B. 不会骑单车　　　　　C. 身边也没有朋友了解
D. 没注意过　　　　　　E. 其他

16. 您是否愿意了解共享单车的相关信息？（　　）
A. 愿意　　　　　　　　B. 不排斥　　　　　　　C. 不愿意

17. 请问您倾向于从什么渠道了解共享单车的相关信息？（　　）【请选择 1~9 项】
A. 微博　　　　　　　　B. 微信　　　　　　　　C. 网络媒体广告
D. 科技产品论坛　　　　E. 电视、纸媒广告　　　F. 户外广告
G. 产品体验店　　　　　H. 亲朋好友的推荐　　　I. 其他

18. 您听过什么牌子的共享单车？（　　）【请选择 1~7 项】
A. ofo　　　　　　　　 B. 摩拜　　　　　　　　C. 永安行
D. 小铭　　　　　　　　E. 小蓝　　　　　　　　F. 骑呗
G. 其他

19. 您选择共享单车的因素是（　　）。【请选择 1~9 项】
A. 品牌　　　　　　　　B. 押金便宜　　　　　　C. 租金便宜
D. 单车外观　　　　　　E. 单车舒适度　　　　　F. 单车安全程度
G. 单车停车点多　　　　H. 单车停车点近　　　　I. 其他

您对共享单车有什么建议或意见？

再次感谢您的配合与支持！您提供的资料，我们决不对外公开！

常州永安公共自行车系统股份有限公司

2023 年 5 月

B. 针对投放点的调查问卷

长沙共享单车市场调查问卷

尊敬的经销商：

您好！非常感谢您经销共享单车产品，您的大力支持是我们不断前进、发展的动力。本次调查的主要目的是更好地了解长沙共享单车市场的经营状况，了解您的需求和顾客满意情况，同时为今后"如何对经销商进行策略扶持"提供依据。只需占用您10分钟时间，非常感谢！

访问内容：

1. 目前为止您经销的共享单车的总量达到多少？_____

2. 目前经销的共享单车有哪几个品牌？
   A. ofo　　　　　　B. 摩拜　　　　　C. 永安行　　　　　D. 小铭
   E. 小蓝　　　　　 F. 骑呗　　　　　G. _____（其他品牌请填写）

3. 上述品牌哪些租用得比较好？_____

4. 您每个月租用量能达到多少？_____

5. 您认为该品牌租用量好的原因有哪些？
   A. 大量广告宣传　B. 品质优良　　　C. 车子好看　　　　D. 车子停靠点在附近
   E. 价格低　　　　F. 车子好骑　　　G. 车子安全

6. 在这个区域内，与您竞争的经销商有哪几家？它们经销的品牌是什么？

7. 如果您计划在这个区域内扩大市场份额，增加销售网点的话，您希望厂家提供哪些扶持？
   A. 协助渠道开拓　B. 贷款支持　　　C. 广告促销　　　　D. 终端管理
   E. 维修服务
   其他_____

8. 您对共享单车的产品系列开发有何意见和建议？
   _____

9. 您认为共享单车产品包装需要怎样改进？
   _____

10. 您认为代理的共享单车品牌有哪些方面亟须改进？
    _____

11. 您希望和厂商建立怎样的合作关系？
    _____

被访者姓名：_____　　　　联系电话：_____
店　　　名：_____　　　　地　　址：_____
访问员姓名：_____　　　　访问时间：_____

常州永安公共自行车系统股份有限公司
2023年5月

C. 针对维修点的调研问卷

长沙共享单车市场调查问卷

尊敬的师傅：

您好！非常感谢您维修共享单车产品，您的大力支持是我们不断前进、发展的动力。本次调查主要目的是更好地了解长沙共享单车各品牌的使用状况，了解您的需求和顾客满意情况，同时为今后设计生产优质共享单车提供依据。只需占用您10分钟时间，非常感谢！

1. 你维修过的共享单车有哪几个品牌？（　　　）

　　A. ofo　　　　　　　　B. 摩拜　　　　　　　C. 永安行

　　D. 小铭　　　　　　　　E. 小蓝　　　　　　　F. 骑呗

　　G. ＿＿＿＿＿＿＿＿（其他品牌请填写）。

2. 上述品牌哪些维修率较低？＿＿＿＿＿＿＿＿＿＿＿＿＿＿＿＿＿＿＿＿＿＿＿。

3. 上述品牌哪些维修率较高？＿＿＿＿＿＿＿＿＿＿＿＿＿＿＿＿＿＿＿＿＿＿＿。

4. 共享单车每月维修费用是（　　　）。

　　A. 30元　　　　　　　　B. 30～50元　　　　　C. 50～80元

　　D. 80～100元　　　　　E. ＿＿＿＿＿＿＿＿（其他请填写）。

5. 共享单车最容易出问题的地方是（　　　）？

　　A. 刹车失灵　　　　　　B. 车爆胎　　　　　　C. 电池不经用

　　D. 控制系统出问题　　　E. ＿＿＿＿＿＿＿＿（其他请填写）。

6. 共享单车一般用多久要更新？（　　　）

　　A. 6个月　　　　　　　B. 9个月　　　　　　　C. 12个月

　　D. 15个月　　　　　　 E. ＿＿＿＿＿＿＿＿（其他请填写）。

7. 您对共享单车的产品系列开发有何意见和建议？

　　＿＿＿＿＿＿＿＿＿＿＿＿＿＿＿＿＿＿＿＿＿＿＿＿＿＿＿＿＿＿＿＿＿＿＿

8. 您认为共享单车有哪些方面亟须改进？

　　＿＿＿＿＿＿＿＿＿＿＿＿＿＿＿＿＿＿＿＿＿＿＿＿＿＿＿＿＿＿＿＿＿＿＿

9. 您希望和厂商建立怎样的合作关系？

　　＿＿＿＿＿＿＿＿＿＿＿＿＿＿＿＿＿＿＿＿＿＿＿＿＿＿＿＿＿＿＿＿＿＿＿

被访者姓名：＿＿＿＿＿＿＿＿＿　　　联系电话：＿＿＿＿＿＿＿＿＿

店　　　名：＿＿＿＿＿＿＿＿＿　　　地　　址：＿＿＿＿＿＿＿＿＿

访问员姓名：＿＿＿＿＿＿＿＿＿

访问时间：＿＿＿＿＿＿＿＿＿

常州永安公共自行车系统股份有限公司

2023年5月

拓展阅读

市场调查玄机：调查方案决定结果

课后巩固

◆ 知识训练

一、单项选择题

1. （　　）指在定义问题和确定研究目标之后，组织精通市场调查的专家和具有调查经验的调查员对前期所收集的资料，并从中摘录有关事项进行深入研究分析。
   A. 探索性调查设计　　　　B. 描述性调查设计
   C. 因果关系调查设计　　　D. 以上都不是

2. 以下不属于市场调查方案制定原则的是（　　）。
   A. 实用性原则　　　　　　B. 经济性原则
   C. 时效性原则　　　　　　D. 主观性原则

3. 组织一些具有丰富调查经验的人士，或结合以往成功的调查案例，对制定出的调查方案加以初步研究和判断，以证明方案的可行性的方法是（　　）。
   A. 逻辑分析法　　　　　　B. 经验判断法
   C. 试验调查法　　　　　　D. 市场预测法

二、判断题

1. 设计调查方案时，对于调查工作的具体安排和要求，应有一个上下滑动的幅度，应保持一定的弹性。（　　）
2. 设计调查方案是应更加关注样本的可获得性，不需要考虑资金的投入。（　　）
3. 探索性调查和描述性调查的一个关键区别就在于描述性调查提前形成了具体的假设。（　　）
4. 市场调查方案设计是从定量认识过渡到定性认识的开始阶段。（　　）

三、问答题

1. 简述制定市场调查方案的作用。
2. 简述制定市场调查方案的基本程序并画出流程图。

◆ 实践演练

1. 联想公司为提高其笔记本电脑在大学校园内的市场占有率，评估营销环境，制定相应的营销策略，拟委托长沙鸟鸣市场调查公司在长沙河西大学城的大学校园内开展一次有关大学生笔记本电脑消费现状的市场调查。

联想公司要求本次调查从6月1日开始到6月18日止,共计18天,应全部完成调查任务,并及时向公司提交市场调查报告。公司还要求鸟鸣市场调查公司不仅要保证本次调查的方案具有一定的建设性与可操作性,而且要求市场调查的经费应该控制在10 000元以内。

试根据联想公司的要求,为长沙鸟鸣公司制定一份大学生笔记本电脑消费现状的市场调查方案。

2. 以共享单车为调查对象,编制几种调查方案并对它们进行比较、评价。

◆ **任务评价**

任务执行评价

序号	评价维度	评价内容	所占分值/%	自我评价/30%	小组评价/20%	教师评价/50%
1	任务完成情况	学习自觉性高，积极主动，一丝不苟。遵守时间，能在规定时间内完成并上交	10			
2	任务呈现形式	如实记录，表达准确，条理清晰，内容丰富，图文并茂，有一定的创新力	20			
3	行动工具达成	正确使用行动工具，作业步骤清晰，能够举一反三、融会贯通	25			
4	任务成果达成	思想上积极上进，有强烈的求知欲和进取心，能够立足专业、提升技能、夯实基础，综合素养得到全面提升	25			
5	学习小组合作情况	团队目标明确，沟通顺畅，有团队协作精神，有领导组织能力	20			
		小计				
		合计				

任务 5　制定调查方案　随堂笔记

姓名		上课时间	
地点		授课教师	
主题			
重点及难点			
我的思考与问题			

学习情境二

市场调查实施

【学习情境描述】

  在市场调查方案完成后，接下来就是方案的实施，这是市场调查的核心环节。在这一阶段，首要的任务就是要组建调查团队。同时，要了解不同市场调查机构的类型并能够进行选择；要了解市场调查的具体从业人员，即团队成员的构成；要熟练掌握市场调查人员的基本素质要求。团队组建完成后，培训市场调查人员就是非常重要的任务，培训到底采取什么形式？具体培训些什么内容？该如何利用相关激励理论对团队成员进行激励？这都是本情境将为大家解答的问题。

  高效的调查团队组建完成后，对调查过程的管控就成了影响调查结果至关重要的因素。

  市场调查过程的管控目标主要有三个：确保数据质量、控制成本和时间管理。

  所谓确保数据质量是指管理者必须有适宜的政策和程序来减少误差来源。

  控制成本是在对市场调查实施过程中所发生的费用，通过进行有效的计划、组织、控制和协调等活动，实现预定的成本目标。

  时间管理则是为了确保项目按预定时间计划进行。整个市场调查过程要遵循严密组织、统一指挥、预先调查、严格执行、调查到位、准确统计、检讨结果、调查总结的管控原则。

  在调查的过程中，企业要保持对全过程的控制与沟通，即企业在确定了具体调查执行机构后，必须为其提供帮助，及时反馈和沟通，进行督促与检查。调查机构也必须保持对市场调查员的管控，对访问员的管理要实现规范化、制度化、科学化、全面化的目标，要能够应对常见问题，对访问员队伍要定期休整、定期筛选、定期补充，同时也要做好访问员的日常管理工作。对于调查现场也要按项目实施的流程进行管控。要从调查进度、调查质量两个方面对市场调查项目进度进行管控。

  本学习情境通过对"任务6 组建调研团队""任务7 管控调查过程"的介绍，帮助大家对以上问题有较好的把握。

任务 6 组建调查团队

学习目标

知识目标
1. 了解市场调查机构的类型
2. 熟悉市场调查团队的构成人员
3. 掌握对市场调查人员的培训
4. 掌握激励市场调查人员的基本理论

技能目标
1. 明确市场调查人员的基本素质要求
2. 能进行市场调查团队的组建
3. 能利用基本理论对市场调查人员进行激励

素质目标
1. 引导学生形成自觉遵守规则、诚实守信的良好习惯
2. 增强学生的团队合作意识
3. 培养学生科学严谨、吃苦耐劳的工作作风

任务导入

保健食品是指具有特定保健功能的食品,即适合特定人群食用、具有调节机体功能、不以治疗疾病为目的的食品。2023 年我国保健品行业市场规模达 3 283 亿元,同比增长 8.19%。2021 年中国保健品行业市场规模达 2 708 亿元,较 2020 年增加了 205 亿元。各类保健品如图 6-1 所示。

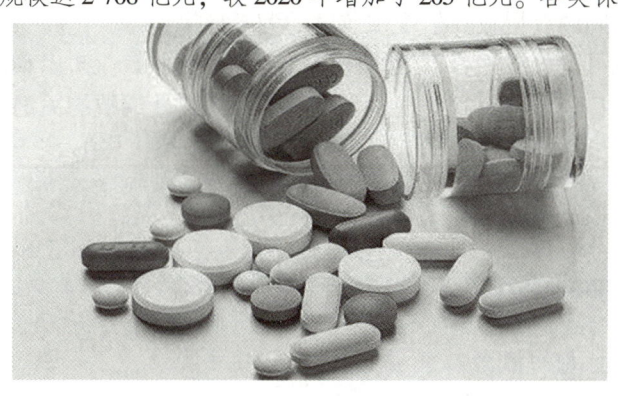

图 6-1 各类保健品

如此大的市场和人们对保健品需求的不断增长，促使国内保健食品市场前景看好，各种保健品风起云涌、此起彼伏，整个保健品市场一片繁荣。但往往是"你方唱罢我登台，各领风骚两三年"。

其实，国际上没有保健品，只有食品和药品。在我国，保健品是具有中国特色的食品。自古以来，我国就有"药补不如食补"的经验之谈，随着生活水平的提高，人们愈加关注营养保健问题。商家抓住消费者的这种需求，为市场开发了琳琅满目的营养保健品。各大商场、超市和药店均设立保健品专柜，广告等各种宣传媒体也纷纷亮相助战。营养保健品市场就这样如火如荼地发展起来了。在此情况之下，A 公司准备进军保健品市场，推出该企业最新的保健产品。

为了能一炮走红，公司决定进行前期的市场调查。那么，A 公司要如何组建其市场调查团队呢？

任务分析

A 保健品公司要进行保健品市场的调查，就必须认识保健品市场的现状、历史和未来，了解同行业其他企业的生产和经营情况，搞清楚不同地区消费者的购买偏好。如：

消费者选择保健品时考虑什么因素？
家里的营养保健品从哪儿来？
最常服用的种类和类型以及习惯如何？
最常服用的保健品品牌是什么？等等。

而构建一个合适的调查团队是了解上述信息的关键。市场调查也同其他工作一样，具体承担这项工作的人的素质对工作的效果会产生直接的影响。在团队构建的过程中，A 保健品公司市场调查设计人员必须认真考虑如下问题：

◇ 一般的市场调查机构有哪些类型？
◇ 调查团队由哪些人构成？
◇ 对市场调查人员有何基本素质要求？
◇ 该采取什么形式对市场调查人员进行培训？
◇ 该对市场调查人员培训什么内容？
◇ 该如何对市场调查团队成员进行激励？

选择和组建优秀的市场调查团队是进行有效市场调查的组织保证，有利于市场调查以较低的成本在规定的时间内获得较高信度和效度的调查成果。

市场调查团队成员的思想修养、工作作风、文化程度、专业知识水平和实际工作能力直接影响资料的搜集、整理、分析和处理，是关系到市场调查成败的关键。

任务知识

一、组建市场调研团队

（一）市场调查机构的概念与类型

市场调查是一种规范的、有条不紊的活动，包括一系列烦琐、复杂的操作步骤，依靠个别人的工作是难以完成的。市场调查与预测通常是一种组织行为，必须由一定形式的组织机构来完成。

市场调查机构是指专门或主要从事市场调查活动的单位或部门。与市场调查与预测相关的组织机构一般分为三种：提供者、使用者、提供+使用者。

1. 提供者

提供者是受部门或其他企业委托，从事市场调查与预测的企业或者组织单位。它们进行市场调查与预测的主要目的，是为其他的企业或组织提供信息。提供者可以再分为专业性市场调查公司、企业内部的调查部门、大学和科研机构、政府部门的调查机构等四种类型，如图6-2所示。

视频1　市场调查机构的分类

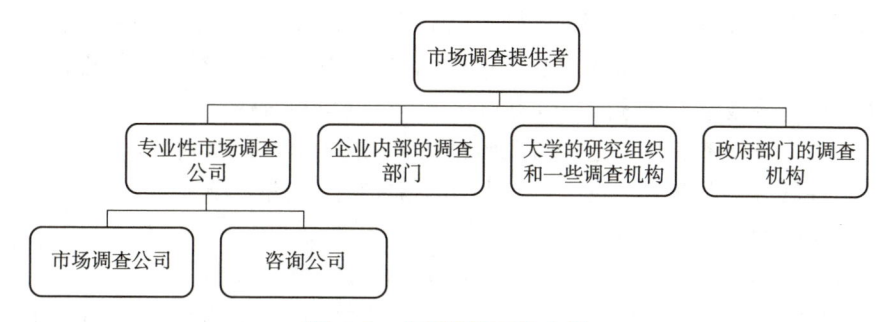

图6-2　市场调研机构分类

（1）专业性市场调查公司。专业性市场调查公司包括市场调查公司和咨询公司，这类机构专门负责搜集、整理、分析和提供各种市场信息。它们提供的服务有两种形式，一种是完全式服务，一种是有限式服务。提供完全式服务的公司负责市场调查程序中的每一项工作，而提供有限式服务的公司则只负责其中的一项或几项工作。

市场调查公司为个别客户的特殊问题制订市场研究计划，提供的调查服务包括设计调查、分析结果、向客户提建议等。当企业有新产品、新服务、新包装、新广告概念、新价格策略、产品改造或其他相关的市场问题时，它们可以提供服务。这类公司在接受委托后，必须针对客户所提出的调查原则制定调查方案，然后根据客户确认的调查方案实施调查并汇总调查结果，提出调查报告。

咨询公司又称为专门服务公司，如数据加工公司（完成问卷的编辑、编码、计算机录入和统计分析）、调查抽样公司（它们收集大量的家庭和商业机构的抽样资料，可以随时提供抽样服务）、二手资料公司（通过计算机网络提供诸如美国各地区的人口普查资料等资料服务）、统计分析公司（提供各种统计分析技术服务）。

咨询公司的主要任务是为企业的生产与经营活动提供技术方面、管理方面的咨询服务。咨询公司一般由专家、学者和富有实践经验的人员组成，其中前者侧重于咨询的前期设计及最终研究报告的撰写，后者侧重涉及咨询目标的具体调查工作。

从目前我国情况看，咨询公司的规模差别很大，小的仅有几名员工，咨询内容亦相对狭窄；大的则有数百名员工，其专业人员的数量多、质量较高，业务范围广泛，内部的组织与管理也较正规。如广州的华南市场研究有限公司、达门信息产业有限公司，上海的海信市场研究公司、大正市场调查公司，北京的华通现代市场信息咨询有限公司、零点调查公司等，均属于这种类型。

（2）企业内部的调查部门。目前国内外许多企业，都根据需要设立自己的市场调查与预测部门，使市场调查成为公司日常性的工作。该部门一般隶属于企业市场部或企划部，经常命名为市场调查处或市场研究室，专门全面负责企业各项市场调查任务。但是，作为市场部的一个辅助性部门，其人员的配备、技术条件都无法与专业性的调查公司相媲美，所以这类机构与专业化的市场研究机构的职能还是有所不同。

20世纪90年代以后，随着专业化市场调查公司的不断增多，该部门的职能发生了转变。目前它们主要承担项目前期探索性调查和政策实施效果调查两大任务。

首先是为企业内部客户负责，接受其调查申请和委托。

其次是为内部客户选择一家优秀的、合适的专业化市场调查公司，或者直接向专业化的市场调查公司购买资料。

最后是参与、监控所委托的专业化市场调查公司的业务运作。

（3）大学的研究组织和一些调查机构。大学的市场调查有时根据企业的特殊需求进行，有时也面向公众，不收取任何费用。政府机构也常常提供科研经费给大学进行专项调查工作。科研机构有直接被学校管理的，也有独立于学校的单独机构。

（4）政府部门的调查机构。这类有政府背景的机构有其独特的优势：

一是能发挥其城市调查队、农场调查队的网络优势，且办公场所、人员工资等支出普遍较低，项目成本很低。

二是拥有政府信息资源，能够容易地获得很多行业的背景数据。

三是依靠其成本低和行业数据的优势，在市场调查之外的信息咨询业务有较广泛客户群。

政府背景机构的劣势也同样明显：

一是国有企业的管理体制不畅，个人工作绩效与回报得不到保障。

二是市场压力不明显，企业营销取向不明显。

三是由于受政府部门管理，缺乏独立性。

四是省市一级城调队等系统实地调查工作的质量得不到保证，数据误差较大。

目前，它们中的佼佼者亦有与外资合二为一的趋势。如国家统计局下属的华通现代公司已与美国的Market Fact公司合资，中央电视台下的央视调查公司已与法国最大的收视率调查公司合资。它们如果能将外资的管理、技术与政府部门的行业优势、数据资源结合起来，在细分市场上很容易形成行业垄断。

在中国国内市场调查机构，主要分为两类，一类主要集中于高校，另一类是信息统计部门、专业的市场调查公司，比较著名的有以下几家，它们在各自的领域各有所长，如图6-3所示。

图6-3 国内著名的市场调查机构

视频2 了解中国十大调查咨询公司

此外，国内最大的市场调查机构有国家统计部门，包括国家统计局、各级主管部门和地方统计机构。

在国外有美国人口统计、CIA全球指南、美国统计摘要、贸易统计等数据统计发布机构，它们负责管理和发布统一的市场调查信息，以便于企业了解市场环境的变化和发展，指导企业的生产经营活动。

除统计机构外，中央和地方的各级财政、计划、银行、工商、税务等职能部门也都有各种形式的市场调查机构。

2. 使用者

生产型企业、销售型企业、物流交通型等各类型的企业和行业协会，包括政府机构等是市场调查信息的使用者。

这些企业或组织都面临某种形式的营销管理决策问题，所以它们都需要市场调查为其提供决策信息，以降低不确定性和风险。其中有些企业，自己不做市场调查，完全依靠外部的研究机构为自己提供信息；另外还有一些企业，自己也做市场调查，但是主要使用外部机构提供的信息。

3. 提供者+使用者

广告公司和广告媒体单位既是市场调查与预测信息的使用者，也是市场调查与预测信息的采集和提供者。

广告公司一方面针对自己的决策问题进行市场调查与预测，另一方面为其客户进行市场调查与预测工作。后者的费用由作为客户的组织或企业提供。大部分广告公司都设有自己的调查或者市场研究部门，但是它们也会利用外部机构的信息。

广告媒体单位需要向其客户提供有关观众、听众、读者的数量和构成的信息，因此就需要对这些信息进行分析和预测。有时为了增加可信度，广告媒体机构也会聘请外部的市场调查机构进行调查。

（二）市场调查从业人员

不同的市场调查机构，其组织机构的形式可能不同，但其人员的构成却大同小异，与市场调查与预测有关的工作职位一般包括：调查主管、分析师、技术专家、实地调查人员、办公人员五种类型。

1. 调查主管

这些人负责对部门中所有的人进行管理，他们的职责是组织、控制整个调查运作，协调下属各部门之间的关系；制定公司的管理制度、人员职责等。

在大公司的调查主管中大多数人至少有本科学历，很大一部分有硕士学位，还有少部分有博士学位。大多数调查主管是从事过市场调查工作或者其他市场营销方面的工作后成为调查主管的，他们往往具备较强的组织管理能力。

2. 分析师

这些人从事大量的实际市场调查的设计和监督。他们有时候被作为研究通才，因为他们是市场营销经理和技术人员之间的中介人。

分析师有不同的级别。在大公司中的高级分析师，通常要监管其他进行主要工作的分析师。反过来，这些低一级的分析师，也会有新的分析师来帮助他们。分析师的职位可以成为在读工商管理学士或者硕士的入门工作。大多数的大公司支付有竞争力的工资来吸引新的毕业生。

从长期来看，市场调查中成功的专职人员通常比市场营销中成功的专职人员的报酬少。然而，许多人发现市场调查与预测工作的本质值得这种牺牲。大多数经理要求他们的新的分析师具有硕士或者学士学位。大多数需要跨学科学位，专业为市场营销、统计、经济学、心理学，大多数的经理会聘请学校之外的分析师。他们最需要的特征是聪明、分析能力强、想象力丰富、擅长人际沟通、好奇心强、精通写作和具有上进心。

3. 技术专家

这些人是用来解决市场调查中非常专业的问题。他们包括：问卷设计专家、抽样专家、数据分析专家以及计算机专家。他们的职责是制定调查方案和数据处理计划，进行抽样设计、问卷设计、数据分析以及撰写调查报告等。分析师在分析的时候需要用到他们的专业知识。

4. 实地调查人员

实地调查人员包括督导和调查员。

督导是调查员的管理者，负责对调查员的工作进行指导、监督和检查。调查员的工作就是采集资料，对指定的受调查者进行调查访问，以获取原始数据资料。包括专职和兼职两种。专职的调查员是指公司聘用的全日制工作人员，他们的职责是，除了进行调查访问外，还要协助督导对新招聘的调查员进行培训，执行一般调查员难以胜任的调查访问，对某些被抽到的受访者进行复访或回访。兼职调查员是公司临时聘用的调查员，他们在公司需要实施调查时，执行调查访问。

目前国内的兼职调查员大多数是在校大学生，也有居委会工作人员。招聘大学生做兼职调查员比较方便，这些人素质较高，容易培训，但不便于管理，而且访问的质量深受大学生责任心的影响。一个调查公司一般招聘一两个专职的调查员即可，但兼职调查员有时则要几十个，甚至几百个。

5. 办公人员

这些人直接由分析师领导，负责对搜集到的问卷资料进行编码，将数据输入电脑，分类、整理、打印相关资料，以及负责日常办公所需要的其他准备工作等。

（三）市场调查人员的基本素质要求

市场调查是一项复杂且综合性很强的工作，它需要各方面的调查人员通力配合来共同完成，调查人员的素质直接影响着整个市场调查工作的成败。在组建市场调查团队的过程中，要注意对市场调查人员的基本素质进行把关和甄别，总的来说，一名优秀的市场调查人员应该具备如下素质要求。

1. 知识要求

市场调查人员应具备从事市场调查工作的基本知识，这主要包括市场营销学、经济学、心理学、计算机应用基础、社会学、统计学、管理学等学科的基本知识。对承担某些技术性较强的市场调查项目的候选人，还要掌握一些专门技能，如工程技术知识、有关调查商品的专业知识等。从事国际市场调查的人员还要具备国际贸易理论、世界地理和历史知识，并且具有熟练的外语技能。

2. 能力要求

（1）善于发掘各种资料信息的能力。市场调查人员要善于收集各种资料，并从中挖掘各种与市场调查有关的信息，收集的资料要尽可能全面、准确、及时、具体。

（2）分析问题的能力。市场调查人员要具备敏锐的发现问题、分析问题和判断问题的能力，能够从复杂的资料中经过定性和定量分析，找出问题所在；能够对各种资料的真伪进行识别，鉴别各种信息的价值，综合并加工整理成对决策有一定价值的意见。

（3）协调能力。市场调查工作需要各个部门协同合作，每个部门的工作人员都要与其他部门的人员搞好协作，做到相互支持、相互帮助，这样才能更有效地完成市场调查任务。因此，协调能力是市场调查人员的必备能力。

（4）文字表达能力。市场调查活动的最终结果通常要以文字材料的形式呈现出来，材料撰写得好与差，是否有观点、有深度、有说服力，都与市场调查人员的写作能力密切相关。因此，市场调查人员须具备一定的写作能力。

3. 品德要求

市场调查人员应有强烈的责任感和吃苦耐劳的精神，对于所接受的工作，绝对按照指示一丝不苟地完成；不论遇到任何阻碍，不做虚假填报而欺骗委托者，工作实事求是、公正无私。

4. 身心健康要求

市场调查人员应有健康的体魄和开朗的性格。性格外向，但需稳重温和，善于和陌生人交谈，头脑灵敏，善于随机应变，勤勉耐劳，忠实笃厚。

二、培训市场调查人员

在市场调查实施过程中，调查人员作为信息的收集者，能直接影响调查质量。因此，为保证调查过程的质量，提高调查人员的工作效率，对市场调查人员进行培训是非常必要的。

（一）确定培训形式

培训形式如图6-4所示。

图6-4 培训形式

（二）设计培训内容

1. 基础培训

（1）政策法规和规则制度培训。随着市场调查活动的发展，国际和国内相继出台了与其相关的政策法规，例如，国际商会、欧洲民意和市场营销调查学会于1977年联合制定和颁布了有关准则，并于1986年做了修改，这一准则的主要目的是使被调查者的权利得到充分保障。又如，我国国家统计局为规范涉外调查服务，也制定了《涉外社会调查活动管理暂行办法》。此外，各个市场调查机构本身也分别有一套内部管理方法，如保密制度、访问工作协议等。因此，作为操作实施人员，对于和市场调查相关的准则与惯例、政策规定与管理要求，必须有明确的了解，并能在实际调查活动中做到自觉遵守。

（2）学会使用随机表。一般的研究要求，在一个抽样地址中只确定并实施一个具体的访问对象。而实际项目操作过程中，一个抽样地址可能同时存在若干名符合项目要求的潜在被访者，为避免人为因素的影响，需要采用随机表按随机原则确定该抽样地址中唯一的、最终的被访者。通常采用的抽取方法为随机表，采用一般的随机表即可，参见表6-1。

视频3 随机表的使用

表6-1 随机表

年龄在18~55周岁的家庭成员				请顺着已圈好的号码向下找，并在与最小成员相对应的号码上画圈									
编号	与本人关系	年龄	性别	1	2	3	④	5	6	7	8	9	10
1	父亲	55	男	1	1	1	1	1	1	1	1	1	1
2	母亲	50	女	2	1	1	2	1	2	2	1	2	1
③	本人	27	男	3	2	1	2	1	3	1	3	2	3
4	妹妹	20	女	4	1	2	3	3	4	1	2	4	2
5				5	4	3	1	3	2	3	1	4	5
6				6	5	1	2	4	3	1	4	5	6
7				7	1	4	3	6	2	5	3	1	2
8				8	4	5	7	1	2	6	2	8	3
9				5	9	3	1	6	7	3	4	8	9
10				3	2	6	9	7	8	10	4	5	1

① 随机号的确定。一般对有随机表的问卷，需事先在随机表的第一行数字上，选好一个数字，并画上一个圈，被圈好的这个数字就是这份问卷的随机号，如表6-1的④。随机号的选择一般由小到大或循环给出。最简便的方法是用问卷编号的最后一个尾数做随机号。

② 选出被访者。将所有符合基本要求的家庭成员按从大到小的顺序列入随机表中，以事先做好的随机号为纵坐标，以最小家庭成员为横坐标，交叉处对应的数字即为最终被访者的序号，如表6-1的3号，27岁的男性为被访者。

③ 注意事项。不是被选出的被访者都可以访问，如是以下人员则终止访问：盲、聋、哑、有重病、有精神病的人；语言不通、无法沟通的人；不识字的人；住户雇用的保姆；不在该地址住的家庭成员。

（3）接近被调查者。访问员很害怕被拒绝，所以"接近被访者的技巧"是受欢迎的培训内容，尤其是那些内向型的访问员。在掌握技巧以后，访问员的专业感马上体现出来，如在自我介绍时的神态、见面后的语言和行动以及如何应付拒访等方面。

① 自信、准确的自我介绍。自我介绍要按规范的形式进行，这是访问员和被调查者的首次沟通，对是否能顺利入户是一个关键的环节。通常在问卷设计中已精心编写了开场白（自我介绍词）。

访问员自我介绍时，应该快乐、自信，如实表明访问目的，出示身份证明。有效的开场白可增强潜在的被调查者的信任感和参与意愿。

例6-1　访问员在首次面对被调查者时所使用的开场白

开场白

您好！我叫李刚，我是××大学管理学院市场营销专业的学生，这是我的学生证。我们正在做一项有关市民交通出行习惯的调查。您正好是这次调查中经过科学抽样设计选中的被访者之一，您的观点对我们的研究非常重要，我们希望您能回答如下几个问题。

② 倾听技巧。调查员在受访者回答问题时，一是不要随便打断受访者的话题，即使受访者答非所问或说话啰唆。如果记录中有不清楚的地方，也要等受访者讲完以后再做询问。二是要集中精力、专心致志，注意用体态语言来表现自己对受访者谈话的高度重视。

③ 语言的表达。询问问题时要注意用问卷中的词语来询问，大多数受访者出于礼貌或者图省事，喜欢按调查人员所期望的回答问题。因此，调查人员绝不要通过自己的面部表情或声音提示受访者的答案"正确"或"错误"，"我赞同"或"我反对"等。

④ 访问员的仪表。访问员为了取得被调查者的合作的第一视觉印象，往往要重视自身的仪表修饰。如访问员在开始访问前应注意发型是否整齐，衣着是否整洁大方，随身携带的留置问卷、提问卡、礼品袋是否适当，等等。

⑤ 选择适当的访问时间。为了能顺利地实施入户访问，尽量减少或避免拒访的尴尬现象，访问员还应当选择适当的入户访问时间。

一般工作日访问可选择在晚上7：00—9：00进行；双休日可选择在上午9：00—晚9：00进行，但应避免吃饭和午休时间。

⑥ 如何应付拒访。

a. 拒访原因：拒绝访问是市场调查资料收集中很常见的事，也是市场调查过程应努力解决的问题。拒访的情况一般有两种，一种是访问开始时拒访，另一种是访问中途拒访。出现拒访的原因可分为主观和客观两个方面，如表6-2所示。

视频4　如何应对拒访

表6-2　拒访的原因分析

项目	主观原因	客观原因
开始时拒访	怕麻烦 怕露底 感到调查对自己没意义 对访问员不信任	调查员行为不当 家中有客人 有事需要处理 身体不适
中途拒访	问卷较长、需花费较长时间完成问卷 问题不好或不便回答（如开放性问题、个人隐私问题等）	有人（或电话）拜访需要接待，突然有急事需要处理等

b. 应付拒访的技巧：

在多数情况下，被调查者如果要拒绝访问，通常会找出许多借口，因此，访问员要想降低拒访的可能性，就要熟悉被调查者可能提出的各种各样的拒访借口，并回之以不同的对策，如表6-3所示。

任务6　组建调查团队　135

表 6-3　对被访者不同表现的基本应对措施

被访者表现	访问员应变	把握重点
无所谓	解释完来意后，马上说："为了方便记录您的意见，我进去跟您聊一聊吧。"	主动出示证件，说明身份后，立即请求入户
非常怀疑	"这是我自己的证件。这是我们公司的介绍信和电话。我们是想了解一下您个人的日常消费习惯。"	及时出示充分的证件，再明确我们的来意
家有客人 忙于做事	"我们的访问可能会耽误您一段时间，如果您暂时没有时间，我们可以另外预约一个时间。"	为避免中途拒访的发生，另约合适时间是最有礼貌的做法
有顾虑	解释此次访问只供公司统计分析用，对所有被访者的资料会绝对保密	解释清楚
怕时间长	"只是想了解一下您的日常消费习惯和意见，只需要一会儿时间。因为我们是随机抽样刚好在这幢楼内只抽了几户，其中就包括您，您看您多幸运。真的只耽误您一点点时间。您看要不是我们说这么多，可能访问都做完了。"	强调时间不长，如果被访者真的没有时间，则预约下次访问的时间
许多疑问	"您的这些问题，我可以进去慢慢跟您解释吗？"	直接请求入户
"我的文化不高"	"我们只是想了解您的日常消费意见，您的答案没有对错之分，很简单的，而且不少的消费者情况也和您是一样的。"	强调答案没有对错之分，很简单
"另换一个地址"	"这是我们电脑随机选取出来的，不能随意更改的。在这幢楼内只选了几户，其中就包括您，看您多幸运。"	电脑抽出的不能改，强调被选中很幸运
"我不买东西"	"我们不是推销员，只是想了解一下您或您家人的日常消费习惯。"	打消被访者怕推销的疑虑
"有没有礼品送"	"我们会以各种方式感谢您。"我们会在访问完成后送您一份小小的纪念品。	表示会感谢，但不说明具体的礼品

(4) 控制环境。理想的访问应该在没有第三者的环境下进行，但访问员总会受到各种干扰，所以要有控制环境的技巧。例如：

◇ 如果访问时有其他人插话，应该有礼貌地说："您的观点很对，我希望待会儿请教您，但此时，我只对被访者的观点感兴趣。"

◇ 访问员应该尽力使访问在脱离其他家庭成员的情况下进行，如果访问时由于其他家庭成员的插话，访问员得不到被调查者自己的回答，则应该中止访问。

◇ 如果周围有收音机或电视机发出很大的噪声，访问员很难建议把声音关小，这时，如果访问员逐渐降低说话声，被调查者就注意到了噪声并会主动关掉。

(5) 保持中立。没有经过培训的访问员，在访问实施过程中很难保持中立。访问员的惊奇表情、对某个回答的赞同态度，这些都会影响到被调查者。

访问员在访问中，除了表示出礼节性兴趣外，不要做出任何其他反应。即使对方提问，访问员也不能说出自己的观点。要向被访者解释，他们的观点才是真正有用的。

还要避免向被调查者谈及自己的背景资料。有的被调查者好奇心强，一会儿问家庭，一会儿问工作。但即使对小问题的回答，也会影响访问的结果。实际上，访问员应该给出一个模糊的回答，并鼓励被调查者谈他们自己和他们的见解。

(6) 提问和追问。访问员在访问过程中应按问卷设计的问题排列顺序及提问措词进行提问。

对于开放题，一般要求充分追问。追问时，不能引导，也不要用新的词汇追问，要使被访者的回答尽可能具体。熟练的访问员能帮助被调查者充分表达他们自己的意见。追问技巧不仅给调查提供充分的信息，而且使访问更加有趣。

① 提问的技巧。访问过程是由一系列的提问组成的。因此成功访问的一个重要环节就是掌握和灵活运用提问技巧。

a. 提问用词：调查问卷上的提问用词往往都是经过仔细推敲的，因此，访问员对每个问题都要严格按照调查问卷上的用词进行提问，如果提问或用词有误，就可能影响调查结果。

b. 问题顺序：在调查问卷设计过程中，由于问题的先后次序会对问卷整体的准确性及能否顺利进行访问有重要影响，因此，调查问卷中每个问题的顺序都是经过精心编排的，访问员在提问时，要严格按照问卷上的问题顺序提问，不要随意改变问题的顺序。

c. 严格按要求询问：当被调查者不理解题意时，访问员可重复提问，但不能自作解释或加上自己的意见而影响被调查者的独立思考。

d. 调查问卷上的每个问题都应问到，访问员在访问中要注意不可因为访问次数多、同样的问题重复遍数多或认为某些提问不重要而自作主张放弃应该询问的问题。

e. 某些问卷有一些画横线的关键词，在提问时应加重语气或重复。

f. 提问时的音量应控制在被调查者能听清为宜，语速应不快不慢。

g. 提问过程应随时根据被调查者的情绪来予以调节和控制。

② 追问的技巧。在访问中，有时被调查者不能很好地全面回答提问，也有时问卷本身就设定了追问问题，这时都需要运用追问技巧来达到预期的目的。追问不应该存在任何误导倾向。常有的追问技巧如下：

a. 重复问题：用同样的措词重复问题能够有效地引出回答。

b. 重复调查对象的回答：通过逐字重复调查对象的回答，可以刺激调查对象给出进一步的信息，这可以在调查员做记录的时候进行。

c. 使用短暂停顿或沉默式追问：沉默式追问，或者期待性的停顿或眼光，都可以暗示调查对象提供更完整的回答。但是注意，沉默不要变成尴尬的局面。

d. 鼓励或打消调查对象的疑虑：如果调查对象表现出疑虑，调查员就应该打消调查对象的疑虑，可以说"答案不分对错，我们只是想了解您的看法"等。如果调查对象需要调查员对一个词或短语做出解释，调查员不应该进行解释，而应该要求调查对象自己做出解释，调查员可以说"按照您的理解就可以了"。

e. 引导调查对象做出说明。调查员可以通过提问提高调查对象配合和给出完整答案的积极性，比如："我不是很理解您的意思，您能不能说得详细一些？""还有其他原因吗？""还有别的吗？""您为什么有这样的感觉？"等。

f. 开放式问题的追问技巧：开放式问题的提问往往带来大量不确切的回答，因此经常要用追问的方式使答案清晰化。如："您说得挺好、不错，指的是什么，请具体说一下。""您还喜欢什么呢？""您还有没有喜欢的呢？""还有呢？还有呢？"等。

表6-4是常用的中性深入提问例句及相应的缩写符，访问员可以将这些缩写符号标在所提问题的旁边。

表6-4　常用追问语及缩写符号

标准访问员用语	缩写语	缩写符号
还有另外的原因吗？	他因？	(+?)
还有其他的想法吗？	另因？	(△+?)
您的意思是什么？	意思？	(……)
重复问题！	重复！	(<?)
哪一种更接近您的感觉？	近似？	(⌒)
为什么您会这么认为？	原因？	(⊙?)
您能告诉我您的想法吗？	想法？	(?:)

（7）记录。访问员应该在访问过程中完成记录，如果来不及记录，应该放慢提问速度，并有意重复对方的话，有的访问员以为自己能记住，靠记忆在访问完成后才补填问卷，这是不允许的。访问员在离开之前，应检查是否所有的问题都已作答，答案是否清楚、容易辨认。

对封闭式问题的记录，最好是在所选的答案上画"○"，而打"√"因位置不同会引起示意的歧义。

开放式问题的记录，要用被访者的原话，不要用访问员自己的语言或掺杂自己的意见。

记录用的笔要有统一规定，因为问卷要经过很多程序，每个程序的笔是不同的，不要在记录时用红笔。

（8）结束访问。当所有希望得到的信息都得到之后就要面临结束访问了。此时，可能被访者还有进一步的自发陈述，他们也可能有新的问题，访问员工作的原则是认真记录有关的内容，并认真回答被访者提出的有关问题。总之，应该给被访者留下一个良好的印象。最后，要对被访者表示诚挚的感谢，这一点十分重要。

（9）保密。保密是作为一名访问员的职业道德。访问员不得向其他人透露被调查者的情况和调查结果。因此，培训务必强调市场调查的保密原则，警告访问员泄露商业机密的严重后果。

基础培训完成后，再进行项目培训。

2. 项目培训

项目培训是根据调查项目的不同而必须举办的项目说明会，这时往往会有更有针对性的访问要求。不同的调查项目，其访问的方式、内容等都有所不同。因此，即使是经验丰富的访问员，在调查实施之前，也须进行有关项目操作方法的指导和培训。主要内容有：

① 向访问员解释问卷问题。
② 统一问卷填写方法。
③ 分派任务。
④ 访问准备。

三、市场调查人员的激励

（一）需要层次理论

美国行为学家亚伯拉罕·马斯洛设计了一个为多数人所公认的需要层次理论。他认为人类都有最基本的五个层次的需要，如图 6-5 所示。

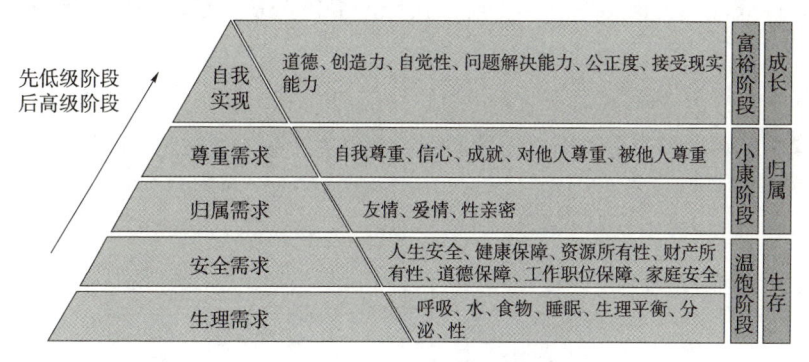

图 6-5 需要层次理论

这是一种追求个人能力极限的内驱力。马斯洛认为，这些需要相互联系，并按重要性和先后次序排列成一个需要层次体系，个体的需要是逐层上升的，当较低层次的需要被满足后，其激发动机的作用随之减弱或消失，而更高级的需要就成为新的激励因素。

马斯洛的理论之所以得到广泛的传播和普遍的认可，主要归功于该理论简单明了、易于理解、具有内在的逻辑性。

另外，他清楚地揭示并提出了四个基本假设：

（1）已被满足的需要，不再具有激励行为的能力。

（2）人类的需要会随经济条件的变化而改变，且大多数人的需要网络是很复杂的，在任何时刻都有许多需要影响每个人的行为。

（3）在一般情况下，只有在低层次的需要得到满足后，才能使高层次的需要有足够的活力去驱动行为。

（4）满足高层次需要比满足低层次需要的途径更多。

（二）X 理论和 Y 理论

道格拉斯·麦格雷戈提出了有关人性的两种截然不同的观点：一种是基本上消极的 X 理论，另一种是基本上积极的 Y 理论。通过观察管理者处理员工关系的方式，麦格雷戈发现，管理者关于人性的观点是建立在一些假设基础之上的，而管理者又根据这些假设来塑造他们自己对下属的行为方式。

1. X 理论以下面四种假设为基础

（1）员工天生不喜欢工作，只要可能，他们就会逃避工作；

（2）由于员工不喜欢工作，因此必须采取强制措施或惩罚办法，迫使他们实现组织目标。

（3）员工只要有可能就会逃避责任，安于现状。

（4）大多数员工喜欢安逸，没有雄心壮志。

2. Y 理论以下面四种假设为基础

（1）如果员工对某项工作做出承诺，他们会进行自我指导和自我控制，以完成任务。

（2）一般而言，每个人不仅能够承担责任，而且会主动寻求承担责任。

（3）绝大多数人都具备做出正确决策的能力，而不仅仅管理者才具备这一能力。

麦格雷戈的人性观点在马斯洛的需要层次的框架基础上进行解释效果最佳：X 理论假设较低层次的需要支配着个人的行为；Y 理论则假设较高层次的需要支配着个人的行为。

麦格雷戈本人认为，Y 理论相比 X 理论更实际有效，因此他建议让员工参与决策，为员工提供富有挑战性和责任感的工作，建立良好的群体关系，这都会极大地调动员工的工作积极性。

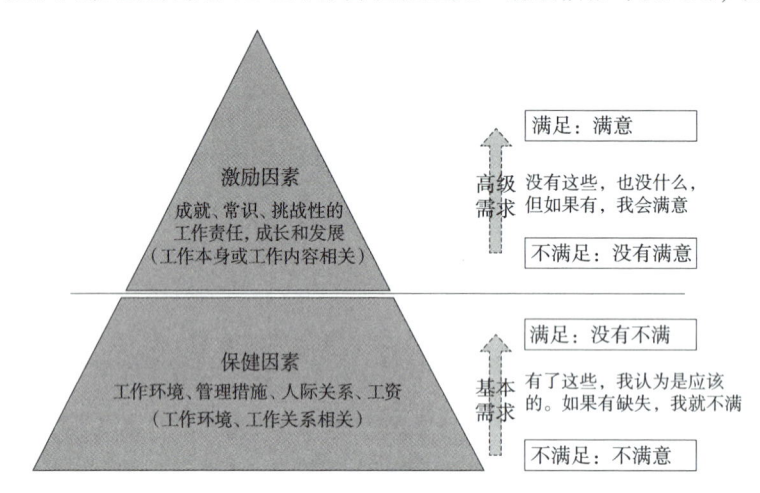

（三）激励—保健双因素理论

激励—保健双因素理论是美国心理学家弗雷德里克·赫兹伯格等提出的，如图 6-6 所示。

图 6-6　激励—保健双因素理论

赫兹伯格把从不满意到没有不满意的这类因素称为保健因素，它们是和工作环境相关联的外在因素；而把在满意和没有满意这个连续体之间的那类因素称为激励因素，它们是和工作内容相关联的内在因素。

赫兹伯格认为激励一个职工的过程分为两个步骤：首先，管理人员要确保保健因素是适当的，即有适当的收入和安全保障；然后管理人员应创造机会为职工提供激励因素，诸如能取得成就和认可等。

（四）ERG 理论

在马斯洛提出需要层次理论之后，耶鲁大学的著名学者奥尔德弗又提出了另一种需要层次论，被称作 ERG 激励理论，如图 6-7 所示。

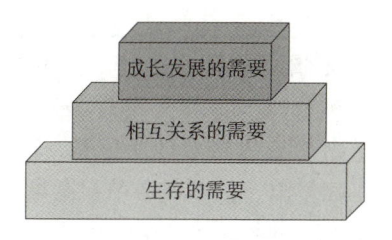

图 6-7　ERG 激励理论

E、R、G 分别代表生存（Existence）、关系（Relatedness）、成长（Growth）三词。ERG 激励理论将马斯洛的需要层次压缩为三个层次。ERG 理论假设激励行为是遵循一定的等级层次的。

这类似于马斯洛理论，但二者又有两个重要的区别：第一，ERG 理论认为在任何时间里，多种层次的需要会同时发生激励作用；第二，ERG 理论明确提出了"气馁性回归"的概念，它认为如果上层次的需要长时间得不到满足的话，个人就会感到沮丧，然后回归到对低层次的追求。ERG 理论较之马斯洛理论相对更新、更有效地解释了组织中的激励问题。

（五）三种需要理论

三种需要理论是由美国心理学家大卫·麦克莱兰等人提出的，他们认为个体在工作情境中有三种主要的动机或需要，如图 6-8 所示。

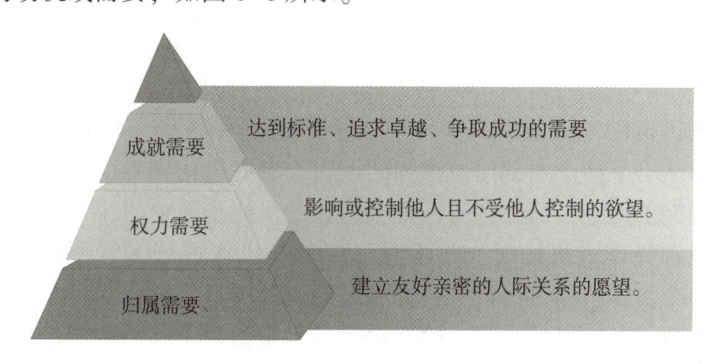

图 6-8　三种需要理论

一般人都会有以上三种需要，只是各种需要的强弱程度因人而异。麦克莱兰提出了四种方法来增进个人的成就需要：以成功人士做楷模；有意识地安排一些成就反馈；改变自我观感；控制遐想。麦克莱兰的研究还发现，权力需要对管理人员来说是最为重要的。

素养提升

市场调查的有效组织：湖北武汉启动新冠病毒血清随机抽样调查

为做好无症状感染者及其密切接触者的流行病学调查和医学管理，2020 年 4 月 14 日，武汉市卫健委启动新冠病毒无症状感染者血清流行病学调查。

本次调查采取定点随机抽样的原则，依据新冠累计发病情况和辖区人口比例，抽样调查 13 个行政区，共 100 个社区作为调查点，抽样人次总计约 1.1 万人。

这次武汉抽样调查 13 个行政区，依据新冠累计发病情况和辖区人口比例，每区 5~11

个街道，每个街道从给定的社区范围中选取一个社区，共 100 个社区作为调查点。被抽样的市民全部免费进行咽拭子核酸检测、抽血查 IgG、IgM。

据介绍，IgM 抗体阳性是早期感染的辅助诊断依据。IgM 抗体约在感染后 5~7 天产生，维持时间短，消失快。IgM 抗体阳性，可判断早期感染，有利于早发现、早治疗。而 IgG 抗体阳性，表示已经感染过新冠病毒，并产生抗体了。IgG 抗体在感染后 10~15 天产生，可在血液循环中保持较长时间。

为了确保抽样的代表性、真实性、准确性，要求被抽样对象，必须是 2020 年 1—3 月在本社区持续居住时间不少于 14 天，以家庭为单位，符合条件的所有家庭成员。新冠防控的网格员、保安、民警、下沉干部、出租车司机、其他志愿者等相关工作人员也在抽样范围内。

中国疾病预防控制中心驻武汉流调队队长丁钢强说："这次流行病学调查，在全国 9 省、市（含武汉市）开展社区居民新冠病毒血清流行病学调查，目的是了解社区人群的新型冠状病毒抗体水平，为新冠防控策略调整提供科学依据。"

任务实施

一、选择合适的调查机构

（一）初步选择

各个市场调查机构能承办的调研类型和能提供的服务性质方面都不相同。有些机构专门从事某些产业部门范围内的调查，有些机构则专门从事消费者、广告动机方面的调查，而在各方面都很擅长的机构是很少的。

因此，企业在选择调查机构时，必须对目标调查机构进行多方位的了解。企业可以向每个目标机构发出征询，先略述调查的项目，并请求每个调查机构提供便于企业进行选择的内容，这些内容通常包括以下几个方面，如图 6-9 所示。

视频 5 如何选择市场调查机构

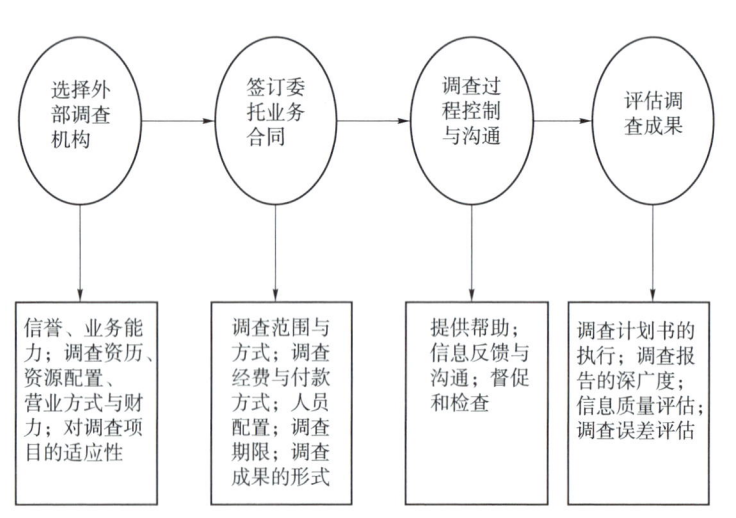

图 6-9 企业与市场调查机构的合作过程

1. **调查机构的声誉**

在同行业中的声誉，哪些方面比较突出，突出的方面是否是企业所需要的；在勇于创新、运用新技术、新方法上以及坚持原则方面的声誉；在职业道德上的表现如何。

2. **调查机构的业务能力和专业人员的水平**

公司管理人员的资历、实践经验和学识水平；承接代办过的业务数量、质量；过去客户的反映、满意程度；是否发生过其他方面的法律纠纷；公司业务情况的发展前景和规划；有哪些方面的专业调查人员，调查的经验如何；调查技术有无新的突破和发展。

3. **调查机构的资历**

公司成立的时间、开展调查和咨询业务的时间；主要职员的任职期；承接项目的范围和特点，是否有所擅长；客户对象主要有哪些，主要目标客户的类型。

4. **调查机构的营业方式与财力**

公司采用什么方式来吸引客户，招揽业务的难易程度；公司的营业项目分类和估价是否详细和准确；公司代理业务的收费估价是否合理；常用的支付条件；公司的资金信用状况及经费保证程度。

5. **调查机构的资源配置**

工作人员的数量，特约调查人员的配置情况；办公室设备是否现代化；统计、汇总资料采用的是什么软件程序；外勤服务情况。

6. **调查机构对委托人调查项目的适应性**

在同类项目方面的经验；在特定领域方面的专长；受派担任本项目的工作人员的适应情况；为委托人进行工作的经验；目前在为委托人进行的工作。

(二) 比较选择

通过对市场调查机构以上各项目的分析、评估，委托企业便可以把所要选择的目标锁定到最有希望的两三个调查机构上。接着就应该分别安排会晤，在会晤中可以比较深入地讨论委托企业的调查需求和调查机构探索这些需求的方法。初步会晤以后，要求各家调查机构提出书面的调查建议书，通过对调查建议书的比较分析，进一步了解各家调查机构的项目适应性。建议书应该包括如下内容：

(1) 工作人员的配备、专业水平、实际工作经验和能力；
(2) 抽样调查的方法与技巧；
(3) 拟订问卷的构思与问卷的样本；
(4) 实地采访中，专职访问员和管理人员的配备情况，专职调查员、特约调查员和临时调查员的配备情况；
(5) 选择访问员的标准与培训计划；
(6) 对问卷有效性的监督、管理措施；
(7) 制作图表的设备与技巧；
(8) 项目完成所需时间的估计，项目的费用预算情况。

(三) 签订委托业务合同

企业经过慎重而周密的选择以后，确定了调查机构，便可以委托调查机构进行调查活动。市场调查机构是一个营利性的组织，因而，这种委托代理关系就是一种商业关系。为了使双方的利益能得到有效的保障，就必须签订委托合约来明确双方应承担的义务、责任和享有的权利。合约一般包括如下内容：

1. 调查范围及方式

在合约中，首先要说明的是调查的范围，以此来要求调查机构围绕调查目标进行策划和设计。调查方式则由调查机构根据调查的主题和对象来进行确定，并写在合约中。此外也可以规定一些如调查对象、走访的次数和形式、企业应向调查机构提供的资料及双方联系的方式与时间等。

2. 调查经费

可以是调查机构根据项目所需的各项费用支出的估计向企业提出应付的款项和数额，在双方同意后，写入合约中；也可以是企业提供数额，调查机构认为在此数额范围内完成调查是可行的而接受委托，在合约中写明应付数额。必须注意，合约中经费预算必须注明每个调查项目的开支情况。另外，要尽量避免"按日结算"的预算方法，这对委托企业极为不利。预算中还可以注明，对于超过预算的追加款项的处理办法，一般企业可接受的追加款项在10%的范围之内。

3. 付款条件

根据调查费用的预算，双方必然牵涉到付款方式的问题。通常情况下，都采用分期付款的办法，即随着调查的展开和完成的情况分批支付，待调查全部结束，结清余款。如果代理双方有过多次合作，信任程度较高，也可以采用事先付款和事后付款的方式。若是代理双方牵涉两个国家的国际市场的调查项目，双方还必须确定付款的货币种类及汇率结算等问题。

4. 人员配备

调查机构指派的全体调查人员的名单及各自应负的职责在合约中应明确规定。这既有利于委托企业对调查项目的完成情况进行了解，也有利于调查机构对承担每一项工作的职员的工作情况进行指导和监督。若是调查机构将其中的部分项目再分包给其他调查机构，也须将人员的配备情况列明。不过，这种情况原则上不能改变费用预算。

5. 期限

必须在合约中规定调查项目执行的时间和完成的期限，只有按时完成调查项目，才能保证调查结果的时效性。对超时未能完成调查任务的处理办法也应同时注明。通常，如果调查机构超期违约，在费用结算时会被扣除一定的调查经费。

6. 调查成果的形式

调查结果以书面形式记录和呈现出来，就成为调查报告。调查报告分中期报告和最终报告两种，除了大型的调查项目以外，一般的调查成果都以最终的调查报告来体现。因此，对最终报告的内容必须有具体要求，可以有调查结果、分析、营销策略、趋势预测等内容或其中的部分内容。

二、组建调查团队

（一）明确调查团队的构成人员

调查团队的构成人员一般包括调查主管、分析师、技术专家、实地调查人员、办公人员五种类型人员，要大致注明团队中应包含的各种类型人员数量和素质要求。

（二）招募团队成员

1. 刊登招聘启事

通常由督导到大学、中专职校和居委会张贴和分发招聘启事，或到各求职中心填写招聘要求，也可以在求职报上刊登招聘广告。一般在启事上需要交代这样几个方面的事情：

(1) 招聘访问员的目的；
(2) 访问员工作的简单描述；
(3) 应聘访问员的基本要求；
(4) 应聘方式；
(5) 联系方式、联系时间和联系人。

2. 电话预约

通常让应聘者电话预约面试时间。

3. 访问员报名和面试

让应聘者在规定的时间到公司面试。面试是筛选应聘者的第一道程序。首先让应聘者本人亲自填写应聘登记表，通过填写可以了解应聘者的基本情况以及书写能力。然后由访问员督导与其进行交谈，通过交谈可以了解其基本素质。最后由面试的督导填写面试记录表，确认初步合格后，通知其参加基础培训的时间，进入下一轮的基础培训。

4. 试用访问

基础考核通过者可编号录用，但是这批访问员必须经过试用期后才能成为正式访问员。在试用期里，如果发现有的访问员不能胜任访问工作，必须让其重新接受基础培训和考试。

三、培训市场调查员

（一）基础培训

基础培训是指调查员被招聘后，所接受的最开始的入门培训，因此是调查员队伍建立的重点，需要投入大量的时间和精力，一般基础培训的课程不少于 7 个小时。培训的主要内容包括行业的基本知识、工作准则、访问的基本知识及技巧等方面。其中的重点在于访问的基本知识及技巧，尤其是沟通技巧（一个访问是否成功，沟通技巧很重要；一个访问员能否过好访问心理关，沟通技巧的训练很重要）。

（二）调查员的筛选

调查员筛选是指在经过对调查员的基础内容培训后，运用不同的考核手段来最终判断该调查员是否能够初步胜任访问的工作。通常的考核手段有问卷考试、访问模拟考试和试访等。

问卷考试是把调查员应掌握的和了解的基本知识、基本原则、基本技巧等，通过试题考卷的形式来检验调查员的理解程度如何。其重要性在于，可以大概了解基础培训的效果，另外也可以针对基础培训中调查员不太理解的部分进行重点再培训。

访问模拟考试是指在基础访问技能讲解结束后，让调查员在办公室内进行的试验性的访问。其意义在于，通过模拟不但可以发现调查员主要存在的问题以及基础培训中的不足，也可以当众指导并纠正调查员的不规范操作或理解错误。模拟考试的操作方法主要有两种：一是培训人员充当被访者，每个调查员轮流发问，及时总结。此种方法的好处是，可以让每个参加模拟的调查员看到全过程，并能够当场及时提问和总结。二是调查员分成几组，每一组由一名督导充当被访者。此种方法的好处是，每个调查员都得到了锻炼的机会，从而发现每个人身上的不足之处。

试访是指一个新的调查员在正式开展访问工作之前，在已拟定好的项目的要求下，由督导陪同对一些被访者进行试验性质的实地访问。其重要性在于，调查员在与正式访问的环境完全相同条件下，进行真实的访问。这样一方面可以检查调查员在各个环节的表现，另一方面可以决定该调查员是否能最终胜任访问的工作。

四、激励调查团队

通过对需要层次理论、X 理论和 Y 理论、激励—保健双因素理论、ERG 理论、三种需要理论等激励理论的灵活运用，使得调查团队做到以下几点。

（一）积极的访问心态：访问是有意义的工作

市场研究是通过收集消费者的意见，使企业可以不断改良产品和服务，更好地为广大消费者服务。调查团队成员恰是主要资料的直接搜集者，是市场研究最关键的环节。因此其承担的工作是一项极富意义的工作。

（二）树立规范的访问态度：真实的信息才是有用的，质量第一

实行标准的访问规范可以保证访问质量，保证所取得信息是真实地反映消费者自己的意见，真实的才是有用的。

（三）树立整体观念：互相沟通，共同进步

调查团队的每一个成员都是整个项目的有机组成部分，其工作的质量直接影响到整体的工作水准。在工作中要服从安排，多多沟通，共同克服困难，以便做好每一个访问。整个实施过程可以用图 6-10 来表示。

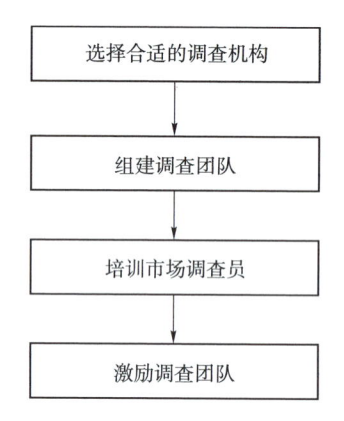

```
选择合适的调查机构
      ↓
   组建调查团队
      ↓
  培训市场调查员
      ↓
   激励调查团队
```

图 6-10　市场调查团队组建过程

拓展阅读

宝洁公司的市场调查

课后巩固

◆ 知识训练

一、单项选择题

1. 以下不属于咨询公司的是（　　）。
   A. 二手资料公司　　　　　B. 二手资料公司
   C. 统计分析公司　　　　　D. 培训公司

2. （　　）的职责是组织、控制整个调查运作，协调下属各部门之间的关系；制定公司的管理制度、人员职责等。
   A. 分析师　　　　　　　　B. 调研主管
   C. 技术专家　　　　　　　D. 办公人员

3. 以下不属于马斯洛需求层次理论基本假设的是（　　）。
   A. 没被满足的需要，不再具有激励行为的能力
   B. 人类的需要会随经济条件的变化而改变，且大多数人的需要网络是很复杂的，在任何时刻都有许多需要影响着每个人的行为
   C. 在一般情况下，只有在低层次的需要得到满足后，才能使高层次的需要有足够的活力去驱动行为
   D. 满足高层次需要比满足低层次需要的途径更多

二、多项选择题

1. 提供者可以再分为以下哪几种类型？（　　）
   A. 专业性市场调查公司　　B. 企业内部的调查部门
   C. 大学和科研机构　　　　D. 政府部门的调研机构

2. 以下属于有政府背景调查机构优势的是（　　）。
   A. 能发挥其城市调查队、农场调查队的网络优势
   B. 办公场所、人员工资等支出普遍较低，项目成本很低
   C. 拥有政府信息资源，但是不容易获得很多行业的背景数据
   D. 在市场调查之外的信息咨询业务有较广泛客户群。

3. 培训的形式主要有（　　）。
   A. 自学　　　　　　　　　B. 课堂培训
   C. 模拟访问　　　　　　　D. 实习访问

三、判断题

1. 大学的市场调查有时根据企业的特殊需求进行，有时也面向公众，并收取相关费用。（　　）

2. 生产型企业、销售型企业、物流交通型等各类型的企业和行业协会，包括政府机构等是市场调查信息的使用者。（　　）

3. 市场调查活动的最终结果通常要以文字材料的形式呈现出来，材料撰写得好与差，是否有观点、有深度、有说服力，都与市场调查人员的写作能力密切相关。（　　）

4. 访问员在访问过程中不需要做记录，自己记住就行。（　　）

◆ 实践演练

随着网络时代的来临以及生活方式的转换，书籍阅读在不同的人群中呈现出不同的状态。该市某连锁书店想要调查关于书店的发展走向以及如何在大学生中扩展市场。

（1）该连锁书店通过什么样的步骤和方式来挑选调查机构？

（2）调查机构根据连锁书店的调查目的和需求，如何来组建和激励调查团队？

◆ **任务评价**

任务执行评价

序号	评价维度	评价内容	所占分值/%	自我评价/30%	小组评价/20%	教师评价/50%
1	任务完成情况	学习自觉性高，积极主动，一丝不苟。遵守时间，能在规定时间内完成并上交	10			
2	任务呈现形式	如实记录，表达准确，条理清晰，内容丰富，图文并茂，有一定的创新力	20			
3	行动工具达成	正确使用行动工具，作业步骤清晰，能够举一反三、融会贯通	25			
4	任务成果达成	思想上积极上进，有强烈的求知欲和进取心，能够立足专业、提升技能、夯实基础，综合素养得到全面提升	25			
5	学习小组合作情况	团队目标明确，沟通顺畅，有团队协作精神，有领导组织能力	20			
		小计				
		合计				

任务6　组建调查团队　随堂笔记

姓名		上课时间	
地点		授课教师	
主题			
重点及难点			
我的思考与问题			

任务 7 管控调查过程

学习目标

知识目标
1. 了解市场调查过程管控目标
2. 熟悉市场调查管控的原则
3. 熟悉对调查项目进度的控制

技能目标
1. 掌握对调查过程的控制与沟通
2. 掌握对市场调查员的管控
3. 掌握对督导的管控
4. 掌握调查现场的管控

素质目标
1. 培养学生诚实守信、求真务实的道德品质
2. 提升学生的法律法规、质量安全意识
3. 培养学生科学严谨、勇于探索的工作作风

任务导入

某白酒企业欲推出一种浓香型的高档白酒，目标消费对象是企业家、高级经理、创业者、银行职员等商务人士。公司决定委托一家专业公司调查评估该项目的可行性。

有5家专业公司参与了投标，最低报价是20万元。于是，白酒企业选择了最低报价公司，并强行把价格拦腰砍到了一半。由于预算太低，这家公司没有去找执行公司合作这个项目，而是临时招聘了一些大学生做访问员，几乎没有培训就把他们派到市场上去调查，并且省略了一些控制程序。到一个月规定时间后，白酒企业市场部拿到调查报告后对200份问卷进行抽查时，才发现一些问卷存在严重的质量问题，双方闹得不欢而散。最后该企业只好以更高的价钱委托另外一家公司继续调查，而推出该白酒的最好时机却似乎失去了。

企业到底应该怎样对调查过程进行管控，以保证达成相应目标呢？白酒行业市场竞争如图7-1所示。

图 7-1　白酒行业市场竞争

> 任务分析

在市场竞争日益激烈的情况下，市场机会转瞬即逝，企业花费了大量时间和精力开展的市场调查，到底能不能及时为企业决策提供依据呢？

企业要规范调查过程，提高项目执行能力，必须考虑以下问题：

(1) 市场调查过程管控到底要达成什么目标？
(2) 市场调查管控应该遵循什么原则？
(3) 企业该如何对调查过程进行控制与沟通？
(4) 如何对调查团队成员进行管控？
(5) 如何对调查项目进度进行控制？
(6) 如何进行调查现场管控？

只有实现了调查过程的严格管控，才能够在规定的时限内取得满意的调查成果，从而帮助企业抓住市场机会，扩大市场份额。

> 任务知识

一、市场调查过程管控目标

市场调查过程管理有三个重要的目标：确保数据质量、控制成本和时间管理。

视频1　调研管控目标

（一）确保数据质量

市场调查管理者可以通过努力减少误差来源确保数据的高质量。管理者必须仔细核查所有提供给客户的书面报告形式的文本、图表和曲线，这些方面的错误很可能导致客户做出错误决定。

基本的原则是：在进行仔细核对之前，不向客户提交任何信息。管理者必须有适宜的政策和程序来减少误差来源。只要达到这些要求，管理者就基本能确保数据的质量。

案例 7.1

成都普莱特市场研究中心的调查过程控制

成都普莱特市场研究中心为了保证市场调查数据的客观性和准确性,就制定了严格的项目流程控制与管理方法,包括调查全程控制、访问过程控制和拒访率控制等。

1. 全程控制

实施严格的全程质量控制措施。为确保调查项目的高质量完成,公司设有专业的质量审核员负责质量检查工作,一般消费者调查的复核比例为总样本量的10%~30%,集团消费者复核比例在30%~50%。

公司对调查质量的控制是全程性的,对如下环节中的每个步骤都有严格的管理制度,这些环节包括:调查设计—问卷设计—调查记录—调查数据—数据审核—数据接收—数据复核—数据汇总与录入—数据分析—报告大纲—报告撰写—客户报告会—客户接收。

2. 访问过程控制

普莱特市场研究中心项目管理实行项目经理负责制。项目经理接到部门经理转发下来的项目任务书时,即表明该项目正式确立,项目任务书是整个项目最主要和最有效的书面文件,项目经理将会参照项目任务书严格执行项目的操作流程。

(1) 计划书:内容包括抽样计划、进度计划、访问员计划、可能问题预估报告,计划书相关人员须人手一份,进度计划须交市场研究中心备案。

(2) 抽样:抽样由项目经理负责。每个被调查地区的抽样是由地区访问督导(或抽样员)根据抽样原则来完成,最终由项目经理来确认。

(3) 访问员的召集和确认:在接到任务书当天,即应开始组织访问员,并进行技术培训。

(4) 工具准备:各种项目所需工具须在培训前全部准备好。所需工具包括:文件夹、问卷、项目进度计划表、调查样本框等。

(5) 模拟访问:模拟安排在培训后进行,主持模拟的督导必须参加培训并对问卷细节进行熟悉。模拟合理安排时间,不得短于正常问卷访问时间。拟结束后必须把不合格的访问员剔除掉,并将模拟中出现的问题及时反馈到部门经理处。

(6) 问卷移交:每天收回的问卷必须在第二天上午10:30前一审后移交市场研究中心负责督导。移卷须由专人负责,移卷时双方签名确认,不可他人代收签名。

(7) 项目控制:项目进行中,项目经理负有严密控制项目按计划进行的主要责任。发现有偏差必须马上追查偏差产生的原因,如果偏差会影响到项目的进度及质量,须马上做出应急措施,并告知部门经理。

(8) 复核工作:由项目督导随机抽取30%做电话复核;汇交总部市场研究中心。委托方可随时要求进行抽样复核。当市场研究中心发现有人作弊时,须立即通知该访问员停止作业,并尽快回公司与市场研究中心督导对质。当由于各种原因,发现项目必须延迟时,须立即报知部门经理做出决定。

(9) 审卷：一审应在访问员交卷时马上进行，做到须补问的问卷可立即交访问员回去补问。审卷时需认真仔细，审卷的准确率应不低于95%。审卷中发现不能解决的问题，须立即报知部门经理，由部门经理协助解决。

(10) 项目结束：收卷后一天内，项目督导必须完成各项目收尾工作，召开访问员小结会，召开督导小结会，最后所有资料归档，项目结束。

(11) 归档资料：按项目表现对访问员进行评价，评定后访问员表现须输入访问员管理库中。

3. 拒访率的控制

通常来讲，该公司采用如下方法降低拒访率：

(1) 良好的访问条件；
(2) 合理的抽样设计；
(3) 特定的访问程序；
(4) 完备的培训体系；
(5) 专业人员的访问经验。

(二) 控制成本

市场调查的成本是指从事市场调查的企业以市场调查的整体费用作为成本核算的对象，在市场调查过程中，所发生的全部费用的总和。

按成本的经济性质，市场调查成本可以分为直接成本和间接成本。

直接成本指市场调查过程中，耗费构成的实体成本，包括人工费用、材料费用、其他直接费用；间接成本指企业内部为组织和管理市场调查项目顺利进行所发生的全部支出，包括管理人员的职工福利费、固定资产折旧费、固定资产修理费，还有水电费、保险费等。

市场调查成本控制是在保证满足市场调查数据的真实性、工期等合同要求的前提下，对市场调查实施过程中所发生的费用，通过进行有效的计划、组织、控制和协调等活动实现预定的成本目标，并尽可能地降低成本费用、实现目标利润、创造良好经济效益的一种科学的管理活动。

市场调查阶段成本控制的方法有以下几种。

1. 强化成本控制理念，完善成本控制体系

成本控制的各项指标都有综合性，项目经理作为项目的直接负责人，负责项目的一切经济活动，包括成本的控制。

首先，公司应该明确项目成本控制和质量控制等责任和相应的奖励措施，奖罚分明，提高项目经理和项目组人员的积极性。

其次，项目经理应该领导项目小组制定成本控制的具体措施，对项目小组的成员进行培训，强化成本控制的理念，建立适合项目的成本核算岗位责任制，规定项目小组成员在核算中的作用、地位和所负的责任及考核奖励的办法。

最后，还要对成本控制的实施情况进行定期检查，找出成本控制中的问题，及时总结经验和工作中的不足，并使之与项目组人员绩效挂钩，进行奖罚，制定项目组内部的奖罚措施，对项目进行全过程的成本控制。

2. 明确市场调查过程中成本控制的内容，有针对性地进行成本控制

（1）确定调查目的、调查地点和调查人员阶段的成本控制。针对企业实际，给市场调查确定调查目的、调查地点、调查人员。调查地点的确定要尽量有代表性，不要进行重复性调查；兼职调查人员数量的确定要合理，尽可能地减少人工费用。

（2）问卷设计阶段的成本控制。调查问卷成本在调查总成本占有非常大的比率，这样要首先从问卷设计源头节省成本，问卷设计纸张在1～2页为宜。

（3）调查计划执行阶段成本控制。问卷的打印、运输、收发、保管等方面的环节，尽量减少损耗，各环节明确责任人，问卷用量的控制包括：坚持按定额领取问卷数量，对问卷数量回收数量有误的，要明确责任；制定措施杜绝在问卷发放过程中的损耗；提高问卷的有效率。

（4）调查汇总分析阶段成本控制。调查数据的汇总可以在问卷回收工作开始的时候同步开始，节省了数据汇总时间就节省了公司的各种间接成本。

如果一个项目超过预算，并且其原因可以归结为是由于依赖客户提供的信息，而这些信息已经被证明是错误的（例如发生率和访问长度），那么必须在过程之初就提供给客户以下选择：更高成本的预算、允许小样本、设计简短的访问计划或是以上几种的组合。

（三）时间管理

时间管理就是确保项目按预定时间计划进行。

首先，项目经理必须尽早知道项目是否会如期完成。如果存在问题，经理必须辨别出是否可以加快项目进程，可能包括额外增加对访谈员的培训来看看是否可以加速调查的某个环节，或者是投入更多的调查员到此项目中去。

其次，当项目看起来要延期时，调查者必须与客户沟通，通知客户。这样调查者可以与客户一起探索是否可能延长时间或者客户愿意做些什么改变，使项目如期完成。例如，客户可能会愿意通过减少调查的问题数，或缩短采访时间长度这种非议不大的途径来减少总体样本的规模。重要的是，系统的结构必须确保调查者和客户在项目开始的前几天能敏锐地发觉潜在的问题。

视频案例
调查项目的
时间管理

案例 7.2

过度自信的心理倾向

大量的心理学实证研究发现，多数人都有对问题过度自信的心理倾向。自信当然是好的，否则人类很容易抑郁而死。但经常过度自信，也难免会带来大问题，在时间管理问题上经常犯错误便是一例。

曾经有过研究，问大学生他们预计完成课程论文需要多长时间，他们预测在一切顺利情况下，平均预计完成时间是 28 天，在一般情况下，平均预计完成时间是 39 天，在可能出现各种困难情况下，平均预计完成时间是 48 天。而实际结果呢？他们实际完成论文的平均时间是 56 天！

在进行调查项目的时间管理上，案例中的错误也非常常见。一个典型的失败的时间管理就是在制订项目进度计划时，凭主观感觉制订一个过度自信的时间计划，而执行过程前期，也凭主观感觉过度自信地估计后期完成工作的速度，导致工作前松后紧，并最终可能导致失败。于是，一个失败的时间管理造就一个失败的项目。

任务 7　管控调查过程

做项目的时间，不是主观努力就能控制的，受很多客观条件限制，无论是制定时间计划，还是执行过程中进度控制，对时间管理都应基于一个量化的计算。时间管理的步骤如下：

计划阶段：在进行时间计划时，要通过过往的经验对调查项目的每个步骤所需时间有一个细化的、量化的估计。例如，对实地访问的时间计划，要根据问卷长度、拦截的难易程度，计算大概一个访问员一天能完成多少，保证监控质量情况下，访问员人数有多少，量化估计出一个完成的时间。其他环节如数据处理、写报告也是同样的道理，根据过往经验和项目实际难度，细化还原每个环节的完成时间，对完成时间有一个量化的把握。而且，制订时间计划的标准不是"一切顺利的话"，而是"一般情况下，有可能遇到某些困难时"，对每个环节的时间应该预留一定的机动时间，预备意外情况发生。

实施阶段：当项目没有遇到太大的意外，能基本按照流程进行时，无论整个项目后面还有多少时间，对于每一个环节计划完成的时间，都必须牢牢把握住，在计划时间内必须完成。不能因为后面来日方长，拖一拖也没关系。每个环节拖一拖，后面整个计划都会越来越乱，最后赶死人。而且，这种做法会彻底打破你对项目时间原有的量化计算，只能又回到主观估计的路子去。

当然，计划往往难以预计到实际的所有情况，当项目出现计划外的情况时，对整个项目的进度把握也必须量化，不能一句"应该可以吧"了事。

案例 7.3

实地访问中的安排

在调查的实地访问过程中，往往会出现意想不到的难度，执行计划马上就要做出调整。如果要在计划时间内完成，要重新计算的人员数量和分派要做什么调整。一个访问员一天顶多只能做2份问卷的话，如果我们一天必须完成30份问卷，而目前访问员只有10个，那么把访问员增加到15名就是最基本的了。

在项目管理中，根据实际情况对于调查数量进行量化解释，并重新量化计算合理的实际完成时间。时间计划应把握实际进度，摒弃习惯等主观估计。

二、市场调查管控原则

（一）严密组织

调查方案、调查计划、调查问卷、调查方法、调查组织、调查实施、调查分析和调查报告都必须由专门的部门和专业的人员负责制定、监督、检查和控制，其他人员无权干涉和阻扰。

视频2 市场调研管控原则

（二）统一指挥

调查行动必须做到统一指挥、统一部署、统一行动，任何部门和任何人员都不能擅自行动，或是更改变动调查计划和调查方案，如有特别需要修改或变动的问题，应提前向上级申请，批准后方可做出修改，并及时通知有关部门和人员。

（三）预先调查

重要课题的调查和预测，都应当做好预先调查工作，预先调查是一种有针对性的先期调查工作，目的在于为调查计划、调查方案、调查实施、问卷措词、排列、编码等提供检验资料。所以，我们应该对重大调查课题得出预先调查的结果，也就是说，如果发现原来设计的方案与预先调查有出入，就要进行修改、调整，这就强调调查事项各方面调整必须有根据。

（四）严格执行

调查人员一定要坚定执行调查计划和行动要求，在实地调查时必须直接见到所规定的调查对象，亲自与之问答。假如被调查者不在，可另外约定时间或重新选取和他有相同代表性的调查对象。调查之后，由督导人员检查调查人员是否真正见到了被调查者本人，并根据被调查者本人的答复确定调查资料的取舍。

（五）调查到位

调查人员要按照调查操作要求，执行调查操作，对每个调查课题，都要详细而慎重地发出提问，提问要完整，次序要清晰，问题要明确，使被调查者容易回答、准确回答，同时照顾整体布局和局部的个别问题，因为提问明确与否，对于被调查者回答的质量有很大影响。

（六）准确统计

调查课题和调查问卷搞好之后，就要复核检查，对每个问题、每张问卷、每个数据仔细核对，不要出现逻辑错误，经过核对后，在统计数据过程中，要做到认真仔细，尤其是需要进行各种层次分析或需要进行各种问题的交叉统计时，特别需要缜密地复核和分析。

（七）检讨结果

从调查目的、调查方案、调查课题、调查问卷等方面，对调查所得数据和资料进行检讨，调查资料与当前实际是否相符，调查数据与市场、企业实际状况是否相吻合，调查分析与调查目的是否相符，最终才能在没有误导的前提下，得出调查结论。

（八）调查总结

调查员进行市场调查，争取每天或三天总结一次实地调查情况，调查负责人对他们的情况做到十分清楚，对出现的问题及时发现、及时解决，不留隐患，当整个调查工作结束后，要求调查人员写出书面调查总结报告。

三、企业对调查过程的控制与沟通

为了确保调查项目的顺利完成，企业在确定了具体调查执行机构后，还必须参与到委托机构的整个调查项目的实施过程中，起到监督和沟通的作用。作为一种互相合作的关系，双方必须完全信任、充分合作。

（一）提供帮助

作为企业应该要明确，它将自始至终提供任何调查机构所需的帮助，以便于调查机构充分了解和掌握企业的实际情况和要解决的问题，确定调查的主题、范围、方式和技巧。特别是有些专业性的问题，调查对象的选择还要借助于企业的关系网络。

（二）及时反馈和沟通

调查机构要及时地将调查中发现的问题，例如，企业目标与市场实际情况矛盾之处等通报给企业。最后，要定期或不定期地交换意见，以便企业掌握调查的进展情况，并在彼此沟通后，及时修改、调整、充实调研工作。

（三）督促和检查

在整个调查项目的实施过程中，企业的调查部门还应时刻担当起监督的职责。一方面要督促调查机构按进度完成调查项目，以免影响企业后续工作的开展。例如，企业要开发新产品，委托调查机构调查市场的需求潜力，但是调查项目却延长了一段时间才完成，这时其他企业或许早已抢先一步，这种损失是无法估量的。另一方面，在调查项目的实施过程中还要时刻检查调查的质量，虽然调查机构也会重视过程控制，但其检查的角度有所不同。

四、调查机构对市场调查员的管控

市场调查现场实施的实质是指在规范的程序控制下进行数据采集工作。数据采集的主体是调查员，调查员工作的好坏直接影响现场实施的质量，因此调查员规范管理对现场实施的质量至关重要，同时也是决定市场调查公司现场执行能力高低的重要因素。

视频3 调查机构对市场调查员的管控

如何才能做好调查员的管理工作？调查员的管理工作的重点是什么？做好调查员管理工作应该从哪些方面入手？等等，这些问题是在进行调查员管理前必须明了的。因此，这里我们从以下几个角度来讨论：调查员管理目标；调查员管理原则；调查员管理特点；调查员管理工作的要素。

（一）调查员管理目标

要做好调查员管理工作，首先必须明确管理目标，这样才能有的放矢地展开工作，取得成效。一般来讲，调查员管理目标应该包括以下这些方面：

1. 调查规范化

调查员管理必须规范，只有管理规范才能要求调查员在执行现场时具有规范性。管理规范化是指在管理时必须有招有式，按照一定的模式和要求展开。比如，培训材料必须按照统一的格式制作、督导培训时必须衣着整齐、培训的语言必须严谨和职业化，等等。

2. 管理制度化

因为调查员是公司的兼职人员，工作有一定的弹性，所以要管理好他们必须推行制度管理。比如，规定什么时间培训就必须按时到达，过时只能参加下一次培训；劳务费发放必须规定在特定的时间，而不能任调查员随意来领取；调查员在项目执行时或日常工作中，什么应该知道，什么不应该了解，必须给予明确规定。只有制度化的管理才能极大地提高调查员的现场执行能力。

3. 管理科学化

科学化管理是提高管理效率的重要保证。科学化管理包含两层含义：首先是指具有科学化的管理思想。比如，在调查员评估中体现连续性评估和诊断性评估，这就是一种科学化管理思想的体现。其次是指管理手段必须科学化。比如，在招聘调查员时，使用一些科学化的测量工具；调查员培训时使用多媒体技术，等等。

4. 管理全面化

调查员管理不是简单地招聘访问员、通知调查员做项目或通知调查员领取劳务费。其实调查员管理是一个系统化极强的工作。在调查员管理中，我们必须时刻用全局化的眼光来观察管理中出现的问题，用全面化的思想来考虑管理中需要解决的问题。比如，利用调查员评估结果作为一个指标来对调查员进行分类，擅长入户的放一起，定点做得好的归在一类，这样在每次项目开始挑选调查员时就能够人尽其才，充分发挥调查员的特长，提高工作效率。

（二）常见问题

调查员在调查过程中容易出现以下问题：

（1）调查员自填问卷，而不是按要求去调查被访者；
（2）没有对指定的调查对象进行调查，而是对非指定的调查对象进行调查；
（3）调查员自行修改已完成的问卷；
（4）调查员没有按要求向被访者提供礼品或礼金；
（5）调查过程没有按调查要求进行，比如，调查员将本当由调查员一边问一边记录的问卷交由被访者自填；
（6）调查员在调查过程中带有倾向性；
（7）有些问题答案选择太多，不符合规定的要求；
（8）有些问题漏记或没有记录；
（9）调查员为了获取更多报酬，片面追求问卷完成的份数，而放弃有些地址不太好找的调查对象，或放弃第一次碰巧没有找到的调查对象；
（10）家庭成员的抽样没有按抽样要求进行。

（三）调查员队伍管理要点

1. 定期休整

调查员经验的积累需要时间，但长期操作访问项目容易因厌倦而降低热情，因过熟而发生钝化，也即常说的"新人技术生涩，老人容易钝化"，两者都不利于项目的质量保证。

因此，需要注意合理安排调查员连续参加项目的时期，尤其是同一项目或是同一类型项目，由合格的调查员跟进项目是保证质量的基础。通常，调查员的生命周期是1~3年，而连续参加同一类型项目的时期不宜超过6个月；同时，每位调查员因其自身条件所限，其工作生命周期或参加同一类型项目的时期会因人而异，上述生命周期和适合工作时期只是一般情况的陈述。

调查员资源始终是宝贵的资源，有丰富经验的调查员更应珍惜。因此，对于定期休整的调查员应建立回流机制，即正常休整的调查员可以在休息1~2个月后，重新安排加入项目工作。督导应有资源回流使用的观念，在日常工作中应有意识地培养调查员这方面的意愿。

2. 定期筛选

一般每隔半年，需要对现有调查员进行定期筛选，即通过对调查员的综合评价来区分优劣，从而将不符合要求的调查员从调查员队伍中筛选出去。

3. 定期补充

调查员队伍的建立是一项长期的工作，要切实保证每一项目的调查员的质量和数量，需要做好定期的补充，尤其需要对各时期可能出现的人手不足的情况，事先做好安排。

（四）监控的手段

对调查员的监督管理，重点在于保证调查的真实性，同时也是衡量调查员的工作业绩、实行奖优罚劣的需要。比如，每天按15%的比例，由督导采取公开与隐蔽结合的方法，监督调查员每天的工作。如果发现操作问题，及时纠正，必要时对调查员进行进一步的培训。对问卷质量的监控是由督导每天回收当天完成的问卷，并且每天对每份问卷做检查，看是否所有该回答的问题都回答了，字迹是否清楚，跳答的问题是否按要求跳答了，等等。对检查中发现的问题，督导应及时对调查员进行正面反馈。

（五）调查员日常管理

调查员日常管理工作主要包括：

1. 调查员资格证书管理

调查员资格证书是用以证明调查员是否具有从事市场调查访问资格的证书。调查员资格证书管理有以下几个方面的工作：

（1）明确证书发放的条件和时间。在通常情况下，调查员在认真听取基础培训并且通过考试后即可获得此证书。发放时间一般在考试合格后两周内进行。

（2）规定调查员资格证书的有效日期。一般调查员资格证书的有效期为一年。在有效期满后，调查员必须经重新考核通过后，才能获得新的调查员资格证书。对于特别优秀的调查员可以延长有效期限。另外，对于有严重违纪行为的调查员应立即收回其调查员资格证书而无须等到有效期满。

（3）应明确禁止任何以调查员资格证书的名义从事与调查无关的活动。

（4）对于调查员资格证书遗失者，需要提出书面申请。在书面申请中，应详细说明申请理由。

2. 调查员协议管理

调查员协议是在调查员经过基础培训并通过考核后，公司与调查员签署的协议，主要文件包括调查员守则、调查员基本协议和调查项目协议。

（1）调查员守则。调查员守则是对访问员素质的一些最基本的要求，主要包括如下要素：

① 艰苦踏实的工作态度。访问是一项十分艰苦的工作。由于市场研究的时效性，访问工作常常具有突击性，工作节奏有时候十分紧张。另外，市场研究访问样本是特定的，有时为了取得一个合格的样本，往往要走街串巷付出艰辛的劳动，有时在实地收集资料，要排除各种干扰才能取得真实的样本。因此，为了完成任务，调查员应该具有艰苦踏实的工作态度。

② 严格的求实精神。在市场访问中，绝不允许采集任何有虚假成分的资料。每位调查员应该有严格的求实态度，这是每位调查员必须具有的职业道德。在市场访问开展之时，要求每位调查员做出保证，问卷填写的各项资料都按规定程序操作，绝无虚假。另外，还必须规定纪律，如有发现虚假，问卷全部作废，调查员应承担责任并赔偿损失。

③ 熟练的访问技巧。访问的成功与调查员是否熟练地掌握访问技巧大有关系。对于问卷所需的答案，只有在调查员的正确引导下，才能完整地取得。访问技巧需经专门的培训和实践的积累才能得到。

④ 较强的沟通和表达能力。调查员是采用直接面访的形式向被访者征询意见的，因此，

作为一名调查员应具有与自己并不熟识人员进行沟通的能力。在访问时，应该注意访问的语气和态度，应该善于表达自己的意图和要求，循循善诱，以达到访问目的。

⑤ 保守公司秘密。客户非常关心其商业信息的保密性。他们通常要求市场研究公司为其保守商业秘密，尤其不要向竞争对手泄露。因此，在调查员守则上必须严格规定调查员不能在调查实施过程之外谈论与访问有关的内容。另外，要求调查员对被访者的个人背景资料也要保密。

⑥ 纪律要求。尊重督导的管理和项目安排，如区域分配、准时到会、认真理解培训及问卷要求、按时开展项目、准时交卷、服从陪访安排、尽快回复督导的电话及留言等。

（2）调查员基本协议。调查员基本协议是指在成为公司正式调查员后，需与公司签署的，用以表示遵守公司的各项规章制度的文件。内容通常包括：

① 总则。此部分一般是对于调查员的一些基本要求，是人人必须遵守的规章制度，如上面提到的保密原则、纪律要求等。

② 调查员处罚条例。此部分需详细规定调查员若违反规章制度的哪一条，处理结果是怎样的。各公司一般根据自己访问及质量控制经验的积累，总结出一些适合本公司的约束调查员的条款。

③ 调查员奖励条例。此部分是关于奖励调查员的条例，也需明文规定，如调查员达到什么要求，应给予什么奖励。

④ 调查员投诉条例。为了保证基本协议的公平性，应设立此部分内容，以便于在严格规范调查员各项行为的基础上，也同样能够保护调查员的切身利益。

（3）调查员项目协议。调查员项目协议是调查员在做每个正式项目之前，需签署的关于该项目的一些特殊规定的协议。项目协议需经协议双方共同签署执行方有效。内容通常包括：

① 工作时间（项目执行时间）；
② 工作定额（需完成的最低工作量）；
③ 劳务费标准；
④ 项目押金金额（可根据项目类型来定）；
⑤ 对调查员的要求（此处可将前面提到的调查员守则和调查员基本协议作为附加协议）。

3. 调查员档案的管理

调查员档案是记录调查员进入公司后工作经历的必要的记载，一般包括个人资料、参加项目的情况和评估情况等。

4. 调查员证的管理

调查员证是调查员在进行访问时需佩带，用以证明调查员身份的证件。通常是调查员在基础培训并通过考核后签发的。

五、调查机构对督导的管控

督导在对市场调查实施工作的经济性、准确性、及时性等的把握上起着至关重要的作用，他们通常要负责培训和管理调查员；检查问卷是否有漏答、错误、作弊的现象；要根据调查时间安排，及时检查访问进度，抽查问卷的真实性；要编辑整理所有的情报资料；要评价调查员的工作业绩，对于不能胜任的调查员，要及时提出撤换的建议。

由于市场调查工作的绝大部分经费都用在市场调查实施工作这一阶段,要想提高市场调查工作的经济性,就必须提高调查实施阶段的资金使用效率,提高资金使用的科学性,减少任何不必要的浪费,尤其是市场调查人员的故意行为。市场调查机构必须重视对督导的管控。

(一) 对督导不同工作周期的管理

对督导的管理应是配合其不同时期的感受和需要进行的,如表7-1所示。

表7-1 督导不同工作周期管理

状态	经历时间	总体情况	工作态度	工作技术	管理措施
兴奋	头半年	初来乍到,对工作细节没有太多了解	渴望多方面尝试	处于学习、练习阶段	对培训的期望高,这时需要系统的入门培训,并实际操作
疑惑	0.5~2年	通过不断实践逐渐成熟	工作态度认真细致	基本自如工作,可以运用基本的技术,对更高的技术不清楚	需要对其强调在工作中学习、在实践中积累,需要定期做深层次的培训
无聊	1.5~2.5年	操作熟练	满足于用现有的技术完成任务	技术上无长足进步	需要在工作中得到认同,对培训的迫切感稍微转淡,可加强对其工作的检查和跟进
消沉	2.0~2.5年	自认发挥不完全	有些惰性	工作态度开始松懈,技术水平开始下降	注意其情绪,适时给予积极引导,鼓励其开始自我学习,包括阅读相关书籍等;注意重视对其工作结果的考核
习惯	2.5~3.0年	接受工作本身的要求和做法	作为一项职业认真对待	开始新的积累和发挥高峰	已学会自我学习,此时对公司的培训要求精而不在多;工作已形成一种基本模式,鼓励其在工作中挖掘进步
进步	3.0年之后	认同行业性质	谋求工作中的进步和满足	保持持续的进步	公司为其制定长期的提高目标,适时加以引导

（二）对督导的评估

对督导的评估主要集中在项目的完成情况、项目操作能力等方面。一般先由督导自评，再由公司结合项目完成情况核评，一般评估时应考虑包括如下因素：

(1) 与客户/上司/同事沟通、协调、合作的情况。
(2) 抽样的质量：包括抽取质量、使用质量、统计数据显示。
(3) 访问员质量：包括整体队伍素质、陪访质量、流失率、作弊率、问卷平均分布。
(4) 质量的控制：包括问卷审核出错率、复核问题率、数据有无波动或明显错误。
(5) 进度的控制：包括进度是否准时、是否平均，对突发问题的处理。
(6) 督导的综合技术：包括培训、陪访、访问员沟通管理、复核问题处理。

每项可规定一定的分值，并规定不同分值所代表的水平。经过一段时间的试用后，判定其所属的级别是基本的合格水平、良好水平还是优秀水平。评估结果可连同项目情况小结归入督导的项目档案。

（三）对兼职督导的管理

在现场实施的各环节中，有很多具体的工作开展可以引用兼职督导来进行。成立专门的兼职督导体系，以统一的技术规范、灵活机动的组织方式承担部分具体实施及项目管理工作；促使整个督导队伍具有因项目量的大小、项目要求的不同而快速调整、迅速扩张的能力，以适应各个不同时段工作量和工作重点的要求。目前在国内有很多机构已经尝试采用"专职督导+兼职督导"的运作模式来开展项目工作。但是，对兼职督导的管理与全职督导的管理有所不同，如表7-2所示。

表7-2 兼职与全职督导的管理比较

描述	兼职督导	全职督导
来源	主要来源于本公司的调查员队伍，也有直接招聘；要求业余时间充裕，工作态度认真、负责、细心（事实上，兼职督导在选拔时之所以成为兼职督导而非督导，很大程度上是由于其个人的工作取向和当时公司的需要）	招聘为主，也有从本公司的调查员队伍或兼职督导队伍中选拔；要求具有严谨刻苦和承受压力的能力，责任心和沟通能力强
人员特点	一般已经拥有本公司的访问技术和经验，而且通常是在比较优秀的调查员中间选出的，能接受访问工作的工作特点；由访问开始做起，较少接触到项目管理方面，因此容易操作具体事务而需要培训项目管理技术；工作周期一般为1~3年	起点、经验参差不齐，来自行业新人的，无任何相关经验；来自调查员的，具备良好的访问经验；来自兼职督导的，有一定的访问经验和项目管理经验；来自同行业督导的，具有项目管理经验。由于其对访问和管理的了解程度不同，需要采取的跟进方向和措施都可能会有区别，普遍需要强化的是技术的规范和工作的协调；工作周期受其自身因素影响，长短不一（各周期的特点参见前面有关督导生命周期的描述）

续表

描述	兼职督导	全职督导
工作态度	原则上能够认真工作。当然由于其兼职的身份可能对工作的关注和投入度低于督导	作为一项正式工作，原则上能全力投入
工作技术	访问技术好，管理技术需要因时培训，容易沉迷在细小事务中。因此，在刚开始的时候需要对其详细讲解每项兼职环节的每个细节，并配合及时到位的检查，以保证工作完成的质量和速度	由于在刚开始的时候就有机会同时接触到访问和管理两方面的培训和事务，容易产生重管理轻访问的情况，带来眼高手低的局面，因此，需强调技术的实际运用
工作时间	灵活，可以按照工作的实际需要上班，班内时间的工作节奏一般较均匀；存在由于其自己的其他事务，而影响到兼职督导的工作时间的情况	固定，按照公司规定上班；由于项目的进展不同，班内时间的工作节奏不均匀
工作范围	辅助性质居多，主要是日常具体事务的实施，在经过一定的培训后，可以分担督导的管理工作，甚至做到独立管理项目执行；但不适合安排需长期连续跟进的工作，也不适合负责涉及公司内部管理的事宜；与单纯的兼职人员相比，其工作中涉及的管理成分多	单独管理或协助性质居多，需要兼顾具体事务的完成和总体的协调；可以负责需连续跟进的项目及日常管理的各项事务；工作中实地工作和整体管理兼备
成本	一般情况下，采用兼职督导时只需支付计时劳务费及奖金，费用相对较低，对其的管理相对简单，原则上无须纳入公司的行政/人事管理范畴	费用高，需要享受公司配套的福利措施；作为公司的正式员工，对其的管理需要纳入公司整体管理的范畴
小结	兼职督导的最大特点是其上班时间的灵活性，有事就过来，干完就离开，适合市场研究突发性工作对人员的需求；对其的引用重点是工作定位、技术培训和工作考核等管理制度的完善。相比之下，全职督导，其工作时间和态度较有保证，但成本较高。从上述情况看，引用兼职督导制度来调整整个督导队伍的结构，也可以在因地制宜的情况下配备足够的人手来保证项目运作；同时，有利于公司运作固定成本的降低；并且从长远看来，兼职督导可以成为培养公司人才的摇篮	

六、市场调查现场管控

依据一个项目所涉及的各个现场实施环节，市场调查现场管控可依如下顺序进行。

（一）项目计划

1. 项目执行计划

项目执行计划是指在项目执行之前，所制订的控制和保证项目有效进行的工作文件，通常由项目负责人制订，并与客户确认具体时间安排。项目执行计划主要涉及项目的要求和标准、项目执行进程安排、人员工作的界定和安排、中期和终期递交的结果及需要汇报的内容。项目执行计划的制订，必须遵循以下标准：明确和理解项目要求；人员分工界定必须清晰和明确；进程安排必须可行；执行计划的表达尽可能直观形象。

2. 人员安排

一般由实施部门负责人安排合适的项目负责督导及助理督导，并由督导确定调查员。在人员安排上主要考虑以下几个因素：

（1）项目大小：根据样本量大小的不同确定参加项目的人员数量。

（2）项目类型：根据类型的不同安排具有相关经验的督导和调查员。

（3）项目难易程度：项目难度越大要求的督导和调查员级别越高。

3. 现场实施费用预算

根据项目的实际情况并结合公司的项目预算标准，由督导及实施部门负责人制定项目的预算。预算内容一般包括以下内容：

（1）调查员劳务费：可以涉及试访费用、访问费用、兼职费用、餐费补助、车费补助、优秀奖金等。

（2）抽样费用：可以涉及抽样员劳务费及有关补助、抽样复核费用、抽样工具费用等。

（3）复核费用：可以涉及复核员劳务费及有关补助、复核工具费用等。

（4）督导费用：可以涉及督导加班的餐费和车费补助等。

（5）礼品费用：根据项目要求预计礼品的费用。

4. 现场实施预备会

在项目执行计划、人员安排以及费用预算确定后，由项目负责人会同实施部门负责人及各有关负责督导召开预备会，会议主题一般包括：

（1）由项目负责人概述项目研究背景、执行要求、时间要求，讲解问卷操作要点及项目答疑。

（2）由实施部门负责人讲述人员分工及总体协调情况等。

（3）由项目督导介绍前期准备情况、对问卷的理解、实施开展的步骤及需要的人力支持。

（二）前期准备

实施前做好前期准备工作十分重要，一般情况准备工作包括三方面的内容：文件准备、物品准备以及场地准备。下面主要介绍文件准备与物品准备。

1. 文件准备

通常指需要事先打印或印刷好的文件，主要包括以下几种：

（1）问卷。在问卷印刷前需要重新确认问卷的准确性，包括字体的清晰度、页码顺序等。一般情况下，问卷通常采用A4纸双面印刷，并且印刷问卷的数量要比实际的样本量多出10%～20%以做扩大样本及备用。为方便调查员的使用，条件允许时可以用不同颜色的纸张区别问卷的不同部分。

（2）示卡。为方便被访者的阅读，通常字体要选择大一些的字号，并且要加粗加黑。示卡的大小通常制作成 A4 或至少 A4 一半大小的卡片，可装入文件夹中以避免磨损。另外，示卡要单面印制。

（3）督导/访问员指南。任何一个督导或调查员都不可能记住培训会上的所有内容，所以提供一个访问指南会对整个实施操作过程起到提醒和指导的作用。通常可以根据使用对象分为督导指南和调查员指南。

（4）地址表/抽样图。地址表和抽样图是抽样的具体体现，需按地块/居委会分别装订齐备。

（5）相关表格。运用表格详细记录实施的各环节的相关指标，不但可以随时了解和控制质量，还能在事后作为参考进行查阅。

（6）介绍信等证明文件。身份证、调查员证及介绍信是调查员在访问过程中必不可少的证明材料，它可以帮助调查员向被访者证明身份，树立调查员信心。一般介绍信的设计版面应大方严肃、说明简洁并加盖公章及标明有效期限等。

2. 物品准备

物品的准备通常指与访问相关的所有实物。这一部分的工作相对比较烦琐，需要督导极其细心，事无巨细。

（1）礼品。礼品通常是在访问结束后，为表示对被访者的感谢而准备的。一般会根据访问时间的长短或难易程度不同，准备不同价值的礼品。同时，也要注意根据访问对象或访问内容的不同准备不同种类的产品，如访问对象是男士就要准备男士喜欢的礼品。总之，礼品应是实用并且是消费者普遍乐于接受的。另外，为方便调查员的携带，切忌购买易碎或体积相对较大的礼品。

（2）调查员证。不同的公司会印制不同风格的调查员证，但大同小异。

（3）相关测试用品。有些研究项目如概念测试、包装测试、口味测试和产品留置等需要用到相关的测试用品，在项目开始前要提前做好这些用品的准备工作。特别注意的是为避免用错产品，要与客户及时核对产品名称、型号以及数量；进行食物测试时，更要请客户提供关于此产品的卫生检疫证明及有效的食用日期，以避免出现问题。

（4）调查员使用工具。为方便调查员的访问，在项目开始之前督导要提醒调查员自己准备好如下用品：笔——记录用；访问夹——方便记录；手表——记录时间；大手提袋——装问卷及礼品；手电筒——防楼道无灯或天黑；零钱——打电话。

七、对市场调查项目进度的管控

调查进度安排是否合适，直接影响到调查的完成情况和调查工作的质量，而且调查进度表经双方一致认可后，市场调查公司就必须严格按照这个进度表来执行，保证市场调查的所有工作在进度表规定的时间内完成。

（一）确定调查进度

调查进度与调查质量密切相关，切记要防止调查员为了赶进度，讲求经济效益，片面追求完成问卷的数量，而忽视调查的质量。为此，很有必要对调查员每天完成问卷的份数做出规定。进度的安排要综合考虑所有相关因素。确定调查进度主要考虑的因素有：客户的要求、兼职调查员和督导的数量和比例、调查员每天所完成的工作量等。

1. 客户的要求

客户的要求是市场调查公司安排调查进度时必须考虑的第一重要因素。

2. 兼职调查员和督导员的数量和比例

实施期间可以工作的兼职调查员的人数以及督导的数量和比例也直接影响到调查进度。

3. 调查员每天所完成的工作量

确定调查员每天应完成的工作量主要从下面几个方面考虑：

（1）调查员的工作能力。

（2）调查员的责任心。

（3）调查问卷的复杂程度。

（4）调查的方式。

（5）调查的区域和时段。

4. 调查进度控制图

调查进度控制图是进行调查进度控制的有效工具。督导每天记录调查员所做的工作（完成的问卷数），以便掌握实际进度与计划进度的差距，以及调查员存在的问题。调查员在调查过程中必须按规定进度开展调查，在确保问卷质量的情况下，每天完成的问卷数不能突破规定的上限。

通常，一个中等规模的调查项目的研究工作需要花费 30~60 个工作日，一些大规模的社会调查有时会持续到 6 个月，甚至 1 年的时间。

根据暨南大学李小勤教授的研究成果，一般一个调查项目所需要的时间安排比例，大致分配如下：

① 计划起草，磋商阶段＿＿＿＿＿＿＿＿＿＿ 4%~5%

② 抽样方案设计实施＿＿＿＿＿＿＿＿＿＿ ⎫
③ 问卷设计，预调查＿＿＿＿＿＿＿＿＿＿ ⎬ 10%~15%

④ 问卷修正印刷＿＿＿＿＿＿＿＿＿＿ ⎫
⑤ 调查员的挑选与培训工作＿＿＿＿＿＿＿ ⎬ 30%~40%
⑥ 实地调查＿＿＿＿＿＿＿＿＿＿＿＿ ⎭

⑦ 数据的计算机录入和统计分析＿＿＿＿＿ ⎫ 30%~40%
⑧ 报告撰写＿＿＿＿＿＿＿＿＿＿＿＿ ⎭

⑨ 与客户的说明会＿＿＿＿＿＿＿＿＿＿ ⎫ 5%~10%
⑩ 建议与修正、定稿＿＿＿＿＿＿＿＿＿ ⎭

（二）总体时段控制

一般而言，在一个项目的实施周期中，进度的控制应遵循慢、快、慢的节奏。通常可以分为三个时间段：

第一时间段：项目开展初期，调查员需要熟悉问卷、掌握访问技巧，所以进度可适量放慢，一般完成样本量的 30%。

第二时间段：项目开展中期，调查员已熟悉问卷，进度可以适当加快，通常可以布置 40%~50% 的样本量。

第三时间段：项目开展后期，可能会涉及调整配额、补做问卷、统计数字等工作，应安排较少的样本量，可布置 20%~30% 的样本量。

(三) 具体时点控制

通常对一户人家来讲，不同的时间段留在家中的人是不同的，如白天大人、小孩少，老人多；工作日在家的人少；周末在家的人多。所以选择不同的时间段进行访问，得到的结果会有所不同，这样很容易造成样本的偏差。最佳的访问时间是所有家庭成员都在家时，这样可以使每个成员得到被访问的概率是相等的。因此，为保证成功样本的随机分布，在安排访问时，应合理安排在工作日和节假日的访问密度，并须留意个别住宅区季节性人员流动的差异。

有的研究公司，把平时与周末的进度比例定为：周一到周五进度为40%，周六到周日进度为60%，可以借鉴。

> **素养提升**
>
> **调研要求深、求实、求细、求准、求效**
>
> 习近平总书记调研的方法——"一定要保持求真务实的作风，努力在求深、求实、求细、求准、求效上下功夫"。
>
> **在县城街头向百姓发放调查表**
>
> 1984年10月，伴随着县委书记习近平的提议，河北正定县历史上第一次问卷调查正式启动。县委书记习近平亲自站在县城街头向百姓发放调查表。
>
> "民意调查表"，有人念出了声，知道是咋回事后，主动凑到书记面前来拉话。不一会儿，围上来的人越来越多。习近平同志请大家坐下聊，当场征询意见，解答问题。
>
> 从设计问题到把桌子摆上街头、发放调查表，习近平同志亲力亲为、带着县委工作人员一起做。
>
> 问需于民、问计于民。30多年后，"民意调查表"从街头发到了网上。2022年4月15日—5月16日，党的二十大相关工作网络征求意见活动开展。这是我们党历史上第一次将党的全国代表大会相关工作面向全党全社会公开征求意见。
>
> **在忙碌的行程中"挤"出时间开展调查研究**
>
> 2023年5月16日下午，在赴陕西西安主持中国—中亚峰会途中，习近平总书记乘坐的专列停在了山西运城。考察运城博物馆和运城盐湖，了解文物保护工作和黄河流域生态……中途停车，多走一走，多看一看，总书记在忙碌的行程中"挤"出时间开展调查研究。
>
> 一位长期在浙江工作的记者保存着一份珍贵的日程表，这是2002年10月12日—2003年2月27日，习近平同志每天的工作行程。履新浙江省委书记后的两个多月里，习近平同志到市、县（市、区）和省直部门调研的时间超过工作时间的一半，还经常利用周末到各地各部门调研。

任务实施

一、明确市场调查管控目标

市场调查过程管理有三个重要的目标要明确，即确保数据质量、控制成本和时间管理，如图7-2所示。

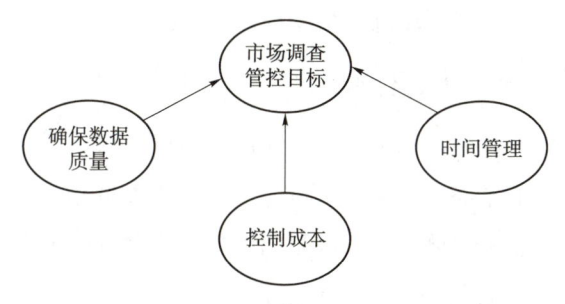

图 7-2　市场调查管控目标

市场调查管理者应当通过努力减少误差来源确保数据的高质量。为了实现这一目标，必须制定严格的项目流程控制与管理方法，对调查全程、访问过程和拒访率都要进行控制。对抽样、访问员的召集/确认、工具准备、模拟访问、问卷移交、审卷、归档等工作流程进行严格控制。

市场调查管理者在保证满足市场调查数据的真实性、工期等合同要求的前提下，也要对市场调查实施过程中所发生的费用，通过进行有效的计划、组织、控制和协调等活动进行控制。

市场调查管理者也要通过科学的时间管理保证项目的如期完成。

二、企业对调查过程进行控制与沟通

企业作为委托方和调查项目的具体受益者，其与调查机构之间是一种相互合作的关系，双方必须相互信任、完全合作。企业要始终关注项目的进展情况，在确定了具体调查执行机构后，必须参与到委托机构的整个调查项目的实施过程中，起到监督和沟通的作用，以保证调查项目顺利完成。企业应该帮助调查机构准确地确定调查的主题、范围、方式和技巧，要定期或不定期地交换意见，以便及时修改、调整、充实调查工作，同时还要担负起督促和检查的工作。

三、调查机构对市场调查相关人员进行管控

（一）调查机构对市场调查员的管控

市场调查员作为数据采集的主体，其工作的好坏直接影响现场实施的质量，对市场调查研究公司现场执行能力的提升起到至关重要的作用。对市场调查员的管理要树立规范化、制度化、科学化、全面化的管理目标，熟悉调查员在调查过程中容易出现的问题并提出应对策略，调查员队伍要定期休整、筛选和补充，要从资格证书、协议、档案等日常工作着手进行规范管理。

（二）调查机构对督导的管控

督导通常负责培训和管理调查员；检查问卷是否有漏答、错误、作弊的现象；要根据调查时间安排，及时检查访问进度，抽查问卷的真实性；要编辑整理所有的情报资料；要评价调查员的工作业绩，对于不能胜任的调查员，要及时提出撤换的建议。

调查机构对督导的管控要根据督导的不同工作周期分别展开，要从沟通协调、抽样质量、访问员质量、进度控制、督导综合技术等方面入手。随着市场调查活动的开展，兼职督

任务 7　管控调查过程

导也越来越受到重视，对其管理要注意与全职督导有所区别。

四、调查机构对调查现场进行管控

调查机构对调查现场进行管控必须考虑：项目执行的计划，人员的安排，现场实施费用的预算，现场实施预备会的准备，问卷、示卡、督导/调查员指南、地址表/抽样图、介绍信、等文件的准备，礼品、调查员证、相关测试用品、调查员使用工具等物品的准备。

五、调查机构对市场调查项目进度进行管控

一个项目的实施不是简单地在规定时间内完成所有的访问，它需要考虑到整个访问，一方面要遵循调查员熟悉访问需要一个渐进的过程规律；另外一方面也要保证收集的数据可以反映每个时段的市场信息。所以实施的进度要做到有计划、平稳地进行，具体体现在要进行时段及时间上的控制。

首先，要根据客户的要求、兼职调查员和督导的数量和比例、调查员每天所完成的工作量等确定调查进度，并绘制调查进度控制图。

其次，要对总体时段进行控制。在项目开展的初期，完成样本量的 30%；在项目开展的中期，完成样本量的 40%~50%；在项目开展的后期，完成样本量的 20%~30%。

最后，要根据平时与周末的不同情况进行具体时点的控制，一般周一到周五进度为 40%，周六到周日进度为 60%。

另外，还要注意调查质量的监控。即以调查结果为对象，以消除调查结果的差错为目标，通过一定的方法和手段，对调查过程进行严格监控，对调查结果进行严格审核和订正的工作过程。

总的来说，整个市场调查的管控过程如图 7-3 所示。

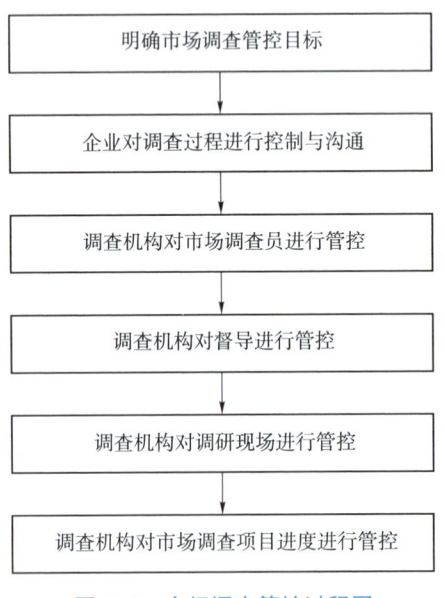

图 7-3　市场调查管控过程图

拓展阅读

3个小细节　1千万大风险

课后巩固

◆ 知识训练

一、单项选择题

1. 以下哪一项属于市场调查管控的过程范畴？（　　）
   A. 对调查过程进行控制与沟通　　B. 明确管控目标
   C. 对市场调查相关人员进行管控　　D. 以上都是
2. （　　）是否合适，直接影响到调查的完成情况和工作质量。
   A. 调查人员安排　　B. 调查进度安排
   C. 调查场地安排　　D. 调查前期准备
3. 以下哪一项不是市场调查管控的原则？（　　）
   A. 严密组织　　B. 粗略统计
   C. 预先调查　　D. 统一指挥
4. 在通过不断实践逐渐成熟的工作中，对督导的管理状态是（　　）。
   A. 兴奋　　B. 疑惑
   C. 无聊　　D. 消沉
5. 在项目开展的后期，一般完成样本量的（　　）。
   A. 20%　　B. 30%
   C. 10%　　D. 20%～30%

二、多项选择题

1. 市场调查现场管控所涉及的环节有（　　）。
   A. 项目计划　　B. 前期准备
   C. 确定调查进度　　D. 总体时段控制
2. 对市场调查项目进度的管控包括（　　）。
   A. 项目计划　　B. 前期准备
   C. 确定调查进度　　D. 总体时段控制
   E. 具体时点控制
3. 市场调查前期准备包括（　　）。
   A. 人员准备　　B. 文件准备
   C. 物品准备　　D. 场地准备

任务7　管控调查过程　171

4. 市场调查过程管控的目标为（　　）。
A. 确保数据质量　　　　　　　　　B. 控制成本
C. 人员管理　　　　　　　　　　　D. 时间管理
5. 调查员日常管理主要包括（　　）。
A. 调查员资格证书管理　　　　　　B. 调查员协议管理
C. 调查员档案的管理　　　　　　　D. 调查员证的管理

三、判断题

1. 客户的要求是市场调查公司安排调查进度时必须考虑的第一因素。　　（　　）
2. 市场调查现场实施的实质是在规范的程序控制下进行数据采集工作，调查员工作的好坏不会直接影响现场实施的质量。　　　　　　　　　　　　　　　　（　　）
3. 市场调查管控就是调查机构对市场调查员的管控。　　　　　　　　　（　　）
4. 在项目开展的初期，一般完成样本量的20%。　　　　　　　　　　　（　　）
5. 一个项目的实施就是在规定的时间内完成所有的访问。　　　　　　　（　　）

四、问答题

1. 简述市场调查管控过程。
2. 企业该如何对调查过程进行控制与沟通？

◆ 实践演练

某高校连锁餐饮公司准备在该市的高校中进行客户满意度的调查，在各个高校中委托了本校经管系的调查团队进行调查。现在，从餐饮公司角度考虑，在高校调查团队进行调查的过程中，需要进行怎样的管控呢？

请写出具体的管控方面和步骤。

◆ **任务评价**

任务执行评价

序号	评价维度	评价内容	所占分值/%	自我评价/30%	小组评价/20%	教师评价/50%
1	任务完成情况	学习自觉性高，积极主动，一丝不苟。遵守时间，能在规定时间内完成并上交	10			
2	任务呈现形式	如实记录，表达准确，条理清晰，内容丰富，图文并茂，有一定的创新力	20			
3	行动工具达成	正确使用行动工具，作业步骤清晰，能够举一反三、融会贯通	25			
4	任务成果达成	思想上积极上进，有强烈的求知欲和进取心，能够立足专业、提升技能、夯实基础，综合素养得到全面提升	25			
5	学习小组合作情况	团队目标明确，沟通顺畅，有团队协作精神，有领导组织能力	20			
		小计				
		合计				

任务 7　管控调查过程　　173

任务 7　管控调研过程　随堂笔记

姓名		上课时间	
地点		授课教师	
主题			
重点及难点			
我的思考与问题			

学习情境三

市场调查分析与预测

【学习情境描述】

通过实地调查取得大量的原始资料后，还必须对分散凌乱的资料进行整理、分析和统计运算，在此基础上才能预测市场趋势并形成相关调查报告。市场调查分析与预测情境主要就是要解决整理调查数据、预测市场趋势和撰写调查报告三个任务：

整理调查数据是从信息获取过渡到分析研究的承上启下的重要环节，要进行数据确认、处理和陈示等工作。在准确整理数据之后，就要根据市场预测的基本原理、基本要求、基本程序进行市场需求预测、市场资源预测、市场营销组合预测等工作，同时要注意市场预测方法的正确选择。在撰写市场调查报告过程中，要注意准确界定不同调查报告的类型，是采用概况型调查报告、专题型调查报告、理论型调查报告，还是实际型调查报告？要注意采用正确的调查报告格式，一篇完整的调查报告一般应该由题目、目录、摘要、正文和附件等几部分组成。在调查报告撰写的过程中，还要注意相应的写作技巧：调查主题要突出，结构合理；文字流畅；选材适当；重点突出；全面报告应打印成正式文稿，要字迹工整、清楚、方便阅读等。

通过本情境三个任务（任务8：整理调查数据；任务9：预测市场趋势；任务10：撰写调查报告）的学习，大家最终能学会准确地对市场调查数据进行分析和预测，并撰写出相应的调查报告。

任务 8 整理调查数据

学习目标

知识目标

1. 了解调查数据整理的含义和作用
2. 理解调查数据整理的内容和原则
3. 掌握调查数据整理的审核、分组、汇总
4. 掌握用统计图、表来显示调查数据整理的结果

技能目标

1. 能对调查数据进行审核
2. 能对调查数据进行计算机录入
3. 能依据调查数据编制统计表
4. 能依据调查数据汇制统计图

素质目标

1. 塑造学生刻骨钻研、实事求是的职业品质
2. 培养学生的洞察力、应变思维以及创新性意识
3. 提升学生发挥主观能动性、动手操作的职业素养

任务导入

在新时代背景下，快递产业作为新经济、新服务、新业态的代表，当前正处于信息化、数字化、智能化、智慧化之难得的战略发展机遇期，备受政策红利支持。我国最新发布的"十四五"规划和 2035 年远景目标指出，要加快发展现代物流等服务业，构建现代物流体系，加快推进服务业数字化。1993 年，22 岁的王卫在广东顺德创立顺丰速运。当时，这家公司算上王卫本人也只有 6 个人和几辆摩托车，主要为顺德各种工厂运送出境包裹。2016 年，这家公司的销售额已经达到 480 亿人民币，拥有 40 万名员工，年平均增长率 50%，利润率 30%。23 年前，当王卫背着装满合同、信函、样品和报关资料的大包往返于顺德到香港的陆路通道的时候，他肯定想不到，未来顺丰会成为不折不扣的行业冠军。

顺丰在全国拥有 38 家直属分公司、3 个分拨中心、近 100 个中转场、2 500 多个基层营业网点，覆盖除了西藏、青海之外的其他省，近 330 个大中城市以及 2 600 多个县级市或城镇。此外，顺丰在美国、俄罗斯、加拿大、日本、韩国、印度、巴西、墨西哥等 51 个国家

都设立了网点，或者开通收派业务。顺丰快递货运专机如图8-1所示。

图8-1 顺丰快递货运专机

一年365天，一天24小时，从黑龙江到深圳，从上海到新疆，连接这些网点的是收派员的电动车、经过改装的金杯汽车和波音757飞机。除了40万名员工，顺丰旗下资产还包括4 000余条各类陆运干线和16 000多辆自营车辆。此外，顺丰还是国内第一家（也是目前唯一一家）使用全货运专机的民营速递企业。

顺丰能取得今日之成功，关键就是较早地设立了市场环境的市场研究机构，围绕市场开发产品，开发有特色的物流服务。顺丰的市场研究机构以研究快递业的发展现状、结构特点及发展趋势为重点，注重调查、整理、分析、预测与本公司有关的市场动向。

市场研究机构除了向总公司领导及有关业务部门做专题报告、解答问题外，每季度还整理出版两份刊物。一份发给公司的主要客户，报道有关信息；另一份是内部发行，根据公司内部经营全貌分析存在的问题，提出解决措施，刊载研究短期和长期的战略规划、市场需求量同竞争对手之间进行比较的资料。

顺丰的成功说明了什么呢？

调查数据的整理对企业的市场决策有什么作用呢？

任务分析

通过问卷调查得到的大量原始资料，只是研究分析的基础，因为这些资料反映的总体单位（个体）的状况是分散凌乱的，不能完整系统地反映总体的情况。调查数据的整理是指通过一系列的操作将搜集到的原始资料和二手资料转变成为数据结果，达到去粗取精、去伪存真、由此及彼、由表及里的目的，以便于研究者了解、提示其中的含义，使之成为更适用、价值更高的信息，为下一阶段的统计分析做准备的过程。在此阶段市场调查人员需要认真思考以下这些问题：

（1）哪些信息是值得整理的？

（2）这些调查数据最终是给谁看的？

（3）经历哪些步骤才能获得最有价值的调查数据？

（4）使用什么样的统计图表显示调查数据？

调查数据整理既是市场调查人员的一种思维活动和信息工作，也是一个投入产出过程。在这一过程中，不但要耗费市场调查人员大量的智力活动，需要投入大量的人力、物力、财力，还要投入各种软件，采用科学的方法、程序和技术，对各种原始资料和二手资料进行审核、分类、编码、汇总、列表、图示，使之系统化、条理化、层次化，为进一步的分析研究准备数据。

> 任务知识

一、调查数据整理的含义

调查数据整理是指根据调查研究的目的，运用科学的方法，对调查所获得的数据进行审查、检验、分类、汇总等初步加工，或对二手资料进行再加工，并以集中、简明的方式反映调查对象总体情况的过程。其任务在于使调查数据系统化、条理化、层次化，为揭示和描述调查现象的特征、问题和原因提供初步加工的信息，为进一步的分析研究准备数据，如图8-2所示。

图 8-2 调查数据整理

二、调查数据整理的作用

调查数据整理是从信息获取过渡到分析研究的承上启下的重要环节，一般来说，数据获取提供原材料，数据整理提供初级产品，分析研究提供最终产品。同时调查数据整理也是提高调查数据质量和使用价值的重要步骤。因此，科学合理地整理调查数据对于市场调查与预测来说具有重要的意义和作用。

视频1 调查数据整理的作用

（一）调查数据整理是市场调查与预测的重要环节

整理资料的目的是对调查资料做进一步的分析研究，以发现资料中所包含的规律性的东西。不管是对资料做定性分析，还是做定量分析，要想得到正确的结论，必须使调查资料真实、准确与完整。否则，资料本身有错误、漏洞、缺失，据此推出的结论就不可能是正确的。因此在开展研究工作之前，一定要认真对资料进行整理，这是进一步研究的前提。

（二）调查数据整理有利于提升调查数据的价值

一方面调查对象本身非常广泛，并且处于不断的变化发展之中；另一方面调查者自身的

任务8 整理调查数据

知识、水平和看问题的角度不同的影响，以及调查方法本身不是十全十美，使得调查取得的资料难免出现错误、虚假和遗漏。要解决这些问题，调查者除了在调查过程中精心组织、严格登记外，还要在研究阶段通过对资料的整理，对其进行全面的检查，以剔除错误、辨别真伪、弥补缺失，使调查的资料全面、真实和准确。

（三）调查数据整理可以激发产生新的信息

在信息资料的整理过程中，通过调查人员的智力劳动和创造性思维，使已有的信息资料发生交合作用，从而有可能产生一些新的信息资料。应用各种过往的信息资料，可以推测和估计市场的未来状态，这种预测的信息也是一种新的信息。

（四）调查数据整理是保存调查资料的客观要求

市场调查的原始数据，不仅是当时做出调查结论的客观依据，而且对今后研究同类市场现象具有重要的参考价值。因此，每次市场调查都应认真整理调查的原始数据，以便于今后的长期保存和研究。实践证明，一份真实、完整的原始调查数据，往往具有长久的研究价值，并且随着时间的推移，其价值将越来越大。

三、调查数据整理的内容

调查数据整理的基本内容包括以下三个方面。

（一）数据确认

对原始数据或二手资料进行审核，查找问题，采取补救措施，确保数据质量。

（二）数据处理

对问卷或调查表提供的原始数据进行分类和汇总，或者对二手数据进行再分类和调整。

（三）数据陈示

对加工整理后的数据用统计表、统计图、数据库、数据报告等形式表现出来。

四、调查数据整理的原则

调查数据整理是市场调查与预测的重要环节，为了保证调查数据整理工作的优质和高效，必须遵循以下六个原则。

视频 2　调查数据整理的原则

（一）真实性

调查数据资料必须真实，不能弄虚作假、主观杜撰。对收集到的调查数据资料要根据实践经验和常识进行辨别，看其是否真实可靠地反映了调查对象的客观情况。一旦发现有疑问，就要再次根据事实进行核实，排除其中的虚假成分，保证调查数据资料的真实性。整理出来的调查数据资料不真实，比没有调查数据资料更危险。因为没有调查数据资料，顶多做不出结论，而资料不真实，就会做出错误的结论，这比做不出结论更有害。因此，真实性是整理调查数据时应遵循的首要标准。

（二）准确性

调查数据资料必须准确，不能模棱两可、含混不清，更不能自相矛盾。如果某位被调查者在年龄栏内填写的是 25 岁，而在工作年限栏内填写的是 10 年，这显然是不合乎逻辑的，对类似的调查数据资料都应认真审核处理。同时，对搜集来的各种统计图表应重新计算复核。对利用历史资料更要注意审查文献的可靠性程度。

（三）完整性

调查数据资料必须完整，不能残缺不全，更不能以偏概全。检查调查数据资料是否按照调查提纲或统计表格的要求收集齐全或填报清楚，应该查询的问题和事项是否都已经查询无遗。如果调查数据资料残缺不全，就会降低甚至失去研究的价值。

（四）统一性

调查数据资料必须统一，主要指调查指标解释、计量单位、计算公式的统一。检查各项调查数据是否按规定要求收集的、是否能够说明问题，对所研究的问题是否起应有的作用。在较大规模的调查中，对于需要相互比较的数据更要审查其所涉及的事实是不是具有可比性。如果调查数据资料没有统一标准，就无法进行比较研究。

（五）简明性

调查数据资料必须简明，不能庞杂无序。经过整理所得的调查数据资料，要尽可能简单、明确，并使之系统化、条理化，以集中的方式反映调查对象总的情况。如果整理后的调查数据资料仍然臃肿、庞杂，使人难以形成完整的概念，那么，就会给以后研究工作增加许多困难。

（六）新颖性

调查数据资料应尽可能新颖。在调查数据整理时，要尽可能从新的角度来审视调查数据资料、组合调查数据资料，尽量避免按照陈旧的思路考虑问题，更不能简单重复别人的老路。只有从调查数据资料的新组合中发现新情况、新问题，才能为创造性研究打下良好基础。

五、调查数据整理的相关概念

（一）调查数据分组

调查数据分组是根据调查研究的目的和任务，按照某种标志，将总体区分为若干部分的一种统计方法。分组，使同一组内的各单位在分组标志上具有同质性，不同组之间的单位具有差异性。

1. 分组标志的类型

分组标志，就是分组的标准或依据。选择分组标志，是数字资料分组中的关键问题。这是因为选择的分组标志是否正确，直接关系到分组的科学性，关系到分组结果能否正确反映调查对象的总体情况。一般地说，可供选择的分组标志主要有质量标志、数量标志，空间标志和时间标志。

（1）按质量标志分组：就是按事物的性质或类别分组。如产品可按质量分为优质产品和劣质产品、合格产品和不合格产品等不同的组，企业可按所有制性质分成全民所有制企业、集体所有制企业、个体所有制企业、私营企业、各种所有制的合作企业、中外合资企业等多种类型。按质量标志分组，可以把不同性质或类别的事物区别开来，有利于认识不同质的事物的数量特征，有利于揭示事物的质与量之间的关系。

（2）按数量标志分组：就是按事物的发展规模、水平、速度、比例等数量特征分组。如城市可按常住非农业人口的数量分成为特大城市、大城市、中等城市和小城市等若干组，农民可按年人均纯收入的多少，分成为贫困户、温饱户、小康户、富裕户等几个组。按数量标志分组，可以把不同的发展规模、水平、速度、比例的事物区别开来，有利于从数量上准确地认识客观事物，有利于揭示事物数量特征之间的相互关系。

（3）按空间标志分组：就是按事物的地理位置、区域范围等空间特性分组。如中国的经济发展状况，可按东部、中部、西部三大经济地带分组，文化教育的普及程度，可按省、地、县、乡等行政区划的范围分组，等等。按空间标志分组，可以把不同地域的事物区别开来，有利于了解事物在空间上的分布状况，有利于对不同地理位置、区域范围内的事物进行对比研究。

（4）按时间标志分组：就是按事物的持续性和先后顺序分组。如工业总产值可日、月、季、年度分组，人口可按1年、5年、10年分组，等等。按时间标志分组，可把不同时点或时期的事物区别开来，有利于认识事物在不同时点或时期的发展状况，有利于揭示事物不断运动、变化、发展的规律。

2. 简单分组与复合分组

根据分组时采用标志的多少，有简单分组和复合分组两种分组方法。

（1）简单分组：是对所研究的现象只采用一个标志进行的单一分组。如农村居民按家庭人均收入分组，妇女按初婚年龄分组，职工按性别分组等。它们分别只能从一个角度说明现象的分布状况和内部构成。对于同一总体采用两个或两个以上的标志进行简单分组，形成平行分组体系。在平行分组体系中，各简单分组的分组标志是平等的关系，无主次之分。

（2）复合分组：是对所研究对象选择两个或以上的标志进行层叠分组。即先按一个标志分组，然后对每一个组按另一个标志做进一步分组。复合分组在分组时，应根据分析的要求，确定分组标志的主次顺序，主要标志在先，次要标志在后。

总之，质量标志、数量标志、空间标志、时间标志，是分组的四种基本标志。而复合分组也都是由上述四种基本标志组合而成的。因此，在实际分组工作中，一定要以科学的理论为指导，根据调查的目的要求和调查对象的实际情况，慎重地选择分组标志，合理地确定分组界限。

3. 分组界限的相关概念

分组界限是指划分组与组之间的边际。分组界限包括组距、组数、组限、组中值等内容。组数是指分组之后组的个数。组距是指各组中最大值和最小值之间的差距。组限是指各组两端的界点。组中值是指中间量，在很多情况下，组中值可以作为该组的代表值。

在具体进行分组时，首先，应对标志值的分布情况进行仔细审查，找出变量的最大值和最小值；其次，在分布比较集中的标志值处确定组距的中心位置；最后，根据预定的组距的大小定出上下限。一般第一组的下限必须略小于实际变量值的最小值，最后一组的上限必须略大于实际变量值的最大值，并尽可能使各单位的标志值在组内分布比较均匀。

（1）组距：在组距式分组中，组距是各组上下限之间的距离，即各组最大标志值和最小标志值之差。由于有等距分组与异距分组之分，以及频数密度的影响，必须具体计算确定每一个组的组距大小。在许多版本的教科书中，笼统地使用如下公式来计算组距的大小：组距=上限-下限。

①事实上，这一公式只适用于计算连续组距式分组的组距大小，例如成绩分组中，60~70分，70~80分，其组距为10分（=70-60或80-70）。

②如果将这一公式套用于间断组距式，将会产生谬误。例如，商店规模按职工人数分组，分为1~5人，6~10人，11~15人，等等。套用上述公式，得出5-1（或10-6，或15-11）=4，即组距为4人的结论，显然是错误的。

对于间断式分组的组距大小的计算，必须采用如下公式：

组距＝上组下限-本组下限

（2）组数：全距是总体中最大的标志值与最小的标志值之差。组数的多少直接取决于两个因素，一个是总体的全距，另一个是组距。在等距分组的条件下，组数等于全距除以组距。

在组距既定的条件下，全距大则组数多，全距小则组数少；在全距既定的条件下，组距大则组数少，组距小则组数多。全距是客观存在的事实，不以人的意志为转移，所以，确定组数的关键是确定组距。如对学生成绩情况的统计分组中，组数过少，例如学生成绩分为2组，不能很好地达到分组的基本要求；组数过多，例如成绩分为101组，即分组过细，也无法起到化繁为简的作用，难以显示出总体分布的规律。

决定组数的多少，并无规则可言，必须凭借经验和所研究问题的性质做出判断。这里，向大家介绍一种确定组数和组距的经验公式，这一公式是美国学者斯特杰斯（Sturges）创立的，称为斯特杰斯经验公式，即公式中，n 为组数，N 为总体单位数，i 为组距，R 为全距，即最大变量值 X_{max} 与最小变量值 X_{min} 之差。根据这一公式，可以得出表8-1的组数参考标准。

表8-1　分组组数参考标准表

N	15~24	25~44	45~89	90~179	180~359
n	5	6	7	8	9

上述公式及表中数据仅供参考，不能生搬硬套。实际分组时采用组数多少应依据所研究资料的性质而定。

（3）组中值：各组中点位置所对应的变量值。其计算公式为：

组中值＝（适用所有闭口组）

或＝（适用上开口组）

或＝（适用下开口组）

在计算平均指标或进行其他统计分析时，常以组中值来代表各组标志值的平均水平。当各组标志值均匀分布时，组中值代表各组标志值的水平，其代表性就高。因此，分组时应注意：

①尽可能使组内各单位标志值分布均匀。

②为避免产生过大的计算误差，在选取各组上、下限时，应尽可能使组中值恰为整数。

③当连续型变量按离散型变量表示时，组距数列的编制采取相邻组限不重叠的形式，组中值的确定应考虑到连续型变量自身的特点。

年龄就是比较典型的例子，它实质上是连续型变量，习惯上用整数表示。例如一群大学生分为17~19岁、20~22岁两组，则组距3岁，组中值分别为18.5岁和21.5岁。因为第一组应包括不到20岁的大学生，上限应视为20岁。同样道理，第二组上限应视为23岁。

④开口组的组中值的确定。在编制组距式变量数列时，使用"××以上"或"××以下"这样不确定组距的组，称为开口组。

例如，反映某工业企业工人生产定额完成情况，按生产定额完成程度分组，分为90%以下、90%~100%、100%~110%、110%以上。开口组的组距是以相邻组的组距为本组的组距，如上例，90%以下的组，因相邻组的组距为10%（=100%-90%），故第一组视为80%~90%，其组中值为（80%+90%）/2=85%，即85%；110%以上的组距以邻组的组距10%为本组组距，视为110%~120%，组中值为115%。

（二）统计表

统计表是用纵横交叉的线条绘制成表格，将整理的结果填入其中形成的。通过统计表，能够系统条理地排列调查数据，便于查阅与检查；能科学合理地组织调查资料，便于计算和分析；能装订成册，便于保存和积累。

统计表按制表方式分为简单统计表与交叉统计表。

1. 简单统计表

简单统计表指只按一个标志进行分组而形成的统计表，如表8-2所示。

表8-2　某学校学生性别分布频数

性别	频数/人	百分比/%
男	600	60
女	400	40
合计	1 000	100

2. 交叉统计表

交叉统计表指按照两个或两个以上的标志联系起来形成的统计表，如表8-3所示。

表8-3　某学校各年级学生的性别构成情况　　　　　　　　　　　　　　人

性别	大一	大二	大三
男	180	200	220
女	130	150	120
合计	310	350	340

（三）统计图

统计图是指利用点、线、面和体等形式绘制成的，用以表示现象数量间的关系及其变动情况的几何图形。统计图是表现数字资料的一种重要形式，用统计图表示有关数量之间的关系，比统计表更加形象具体，具有形象生动、直观、概括、活泼、醒目等特点，可使读者一目了然，印象深刻，具有较大的吸引力和说服力。

统计图的主要用途有：表示现象间的对比关系；揭露总体结构；检查计划的执行情况；揭示现象间的依存关系，反映总体单位的分配情况；说明现象在空间上的分布情况。一般采用直角坐标系，横坐标用来表示事物的组别或自变量 x，纵坐标常用来表示事物出现的次数或因变量 y；或采用角度坐标（如圆形图）、地理坐标（如地形图）等。

常用的统计图形包括柱形图、条形图、环形图、饼图、散点图等。

1. 柱形图

柱形图是以柱形的长短来表示品质属性数列中各组频数或频率大小的图形。常以横轴代表品质属性的不同组别，纵轴代表各组的频数或频率，如图 8-3 所示。

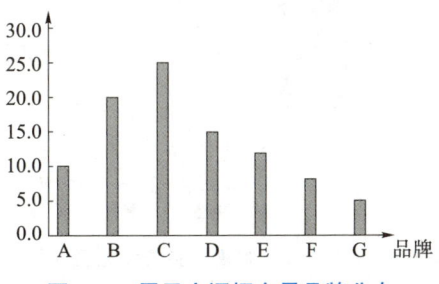

图 8-3　居民空调拥有量品牌分布

2. 条形图

条形图是以若干等宽平行长条或圆柱的长短来表示品质属性数列中各组频数或频率大小的图形。通常以横轴代表不同的组别，纵轴代表各组的频数或频率，有时亦可用纵轴代表各组，横轴代表频数或频率，如图 8-4 所示。

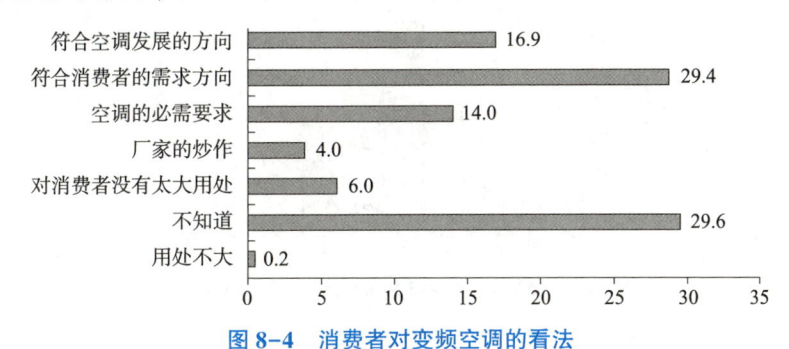

图 8-4　消费者对变频空调的看法

3. 饼图

饼图是以圆形的面积代表总体指标数值，圆形的各扇形面积代表各组指标数值，或将圆形面积分为若干角度不同的扇形，分别代表各组的频率。实际应用时亦可将圆面改为圆饼或圆台，变成圆形立体图，如图 8-5 所示。

图 8-5　消费者购买空调时最关注的属性

4. 环形图

环形图是将总体或样本中的每一部分数据用环形中的一段表示。环形图亦可同时绘制多个总体或样本的数据系列。每一个总体或样本的数据系列为一个环，如图 8-6 所示。

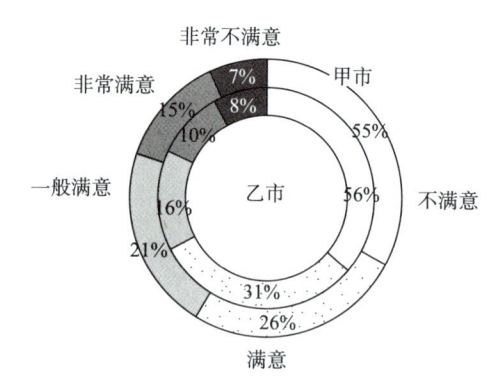

图 8-6　消费者对空调售后服务满意度评价分布

5. 直方图

直方图是以若干等宽的直方长条的长短来表示各组的频数或频率的大小。常用于表现组距数列的次数分布或频率分布。离散型变量组距的直方图中的长条应间断，连续变量组距数列的直方图中的长条应连接起来，如图 8-7 所示。

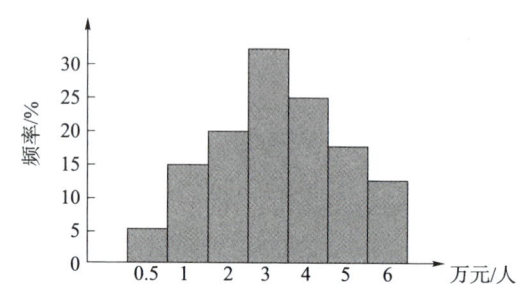

图 8-7　某市居民家庭年人均可支配收入分布

6. 动态条形图

动态条形图是以宽度相等的条形的长短或高低来比较不同时期的统计数据的大小的图形，用以显示现象发展变化的过程和趋势。动态条形排列可以是纵列（垂直条形图），也可以是横列（水平或带状条形图），按图形中涉及的统计指标或变量的多少不同，可分为单式条形图、复式条形图、分段条形图等，如图 8-8 所示。

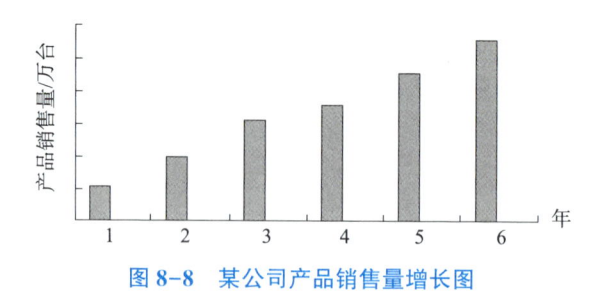

图 8-8　某公司产品销售量增长图

7. 动态曲线图

动态曲线图又称时间数列曲线图或历史曲线图，它是以曲线的升降、起伏来表示数据的动态变化，如图 8-9 所示。

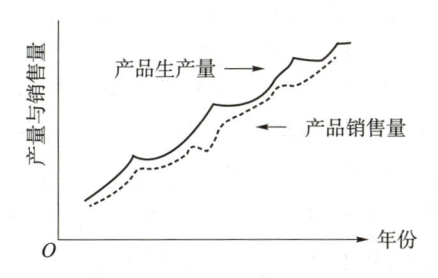

图 8-9　某公司产品产量与销售量动态变化

8. 相关散点图

相关散点图主要用于显示因变量（y）与自变量（x）之间是否具有相关关系，以及相关关系的形式是直线相关还是曲线相关、是正相关还是负相关。通常以横轴代表自变量（x），纵轴代表因变量（y），如图 8-10 所示。

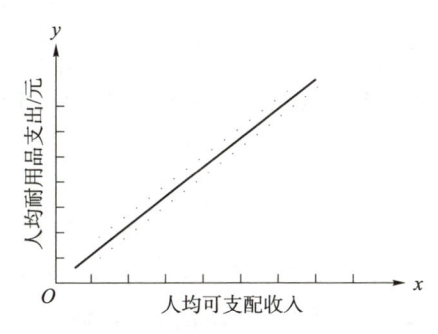

图 8-10　某市居民耐用品购买支出与人均可支配收入相关图

> **素养提升**
>
> **从七组数据看数字中国发展"成绩单"**
>
> **技术创新新跃升：上市互联网企业研发投入增长 227%**
>
> 　　我国网信科技创新取得历史性重大突破。比如 5G 实现了技术、产业、应用全面领先，我国的高性能计算保持优势，北斗导航卫星实现全球组网、规模应用。芯片自主研发能力稳步提升，国产操作系统性能大幅提升。人工智能、量子信息、区块链等前沿领域涌现出一大批独角兽企业。
>
> 从七组数据看数字中国发展"成绩单"
>
> **基础建设新跨越：已建成 5G 基站 170 万个**
>
> 　　数据显示，截至 2022 年 5 月底，我国已经建成了 170 万个 5G 基站，5G 用户也达到了 4.28 亿。所有地市全面建成光网城市，千兆用户规模已经突破了 5 000 万。行政村、脱贫村宽带通达率达到 100%，行政村通光纤、通 4G 比例都超过 99%。IPV6 规模部署和应用也取得明显进展，IPV6 地址资源总量位居世界第二，活跃用户达到 6.93 亿。我国的算力基础设施快速发展，总规模位列全球第二。

任务 8　整理调查数据

经济动能快释放：数字经济规模超 45 万亿

数据显示，从 2017 年到 2021 年，我国数字经济规模从 27 万亿增长到了超 45 万亿，稳居世界第二，年复合增长率达到了 13.6%。数字经济在整个 GDP 中的比重已经从 33% 提升至 39.8%。数字产业规模迅速壮大，电子信息制造业产业规模增长至 14.1 万亿元，软件产业规模增长至 9.5 万亿元。三大基础电信运营商总营收增长至 1.61 万亿元，上市互联网企业营收增长 140%。特别是疫情背景下，数字化有力有效地支撑了经济发展。

数字政府提效能：电子政务在线服务指数居全球第 9 位

"掌上办""最多跑一次"在全国已经广泛实践，"一网通办""跨省通办"深入推进。近 90% 的省级行政许可事项实现网上受理和"最多跑一次"，平均承诺时限压缩了一半以上。联合国电子政务调查报告显示，我国电子政务在线服务指数全球排名第 9 位。

社会服务更普惠：互联网普及率达 73%

数据显示，2017 年至 2021 年，我国网民规模从 7.72 亿增至 10.32 亿，互联网普及率上升到 73%。

发展环境更完善：三大法治基石齐聚

我国数字化发展环境优化完善。《中华人民共和国网络安全法》《中华人民共和国数据安全法》《中华人民共和国个人信息保护法》等颁布实施，不断强化网络安全和数据安全保障能力，推动平台经济规范健康发展，有效维护市场主体和人民群众的合法权益。

国际合作稳拓展：建设 34 条跨越陆缆、多条国际海缆

我国数字领域国际合作稳步拓展。倡导发起《携手构建网络空间命运共同体行动倡议》《"一带一路"数字经济国际合作倡议》《中国—东盟关于建立数字经济合作伙伴关系的倡议》《金砖国家数字经济伙伴关系框架》等一系列国际合作倡议，打造多层次全球数字合作伙伴关系。

任务实施

调查数据的整理，是对经过审核的问卷或调查表中的原始数据进行分类和汇总，使数据系统化、综合化和条理化，得出能够反映所研究现象总体数量特征的综合资料，并用统计图表的形式反映出来。调查数据整理的基本程序如图 8-11 所示。

一、调查数据整理的步骤

调查数据资料是市场调查与预测中定量分析的依据，因此调查数据资料的整理也叫定量资料的整理。在数据资料收集后，为了便于得出正确的调查结论，需要对数据资料做进一步的整理，其一般程序包括以下几个步骤：

视频 3 调查数据整理的步骤

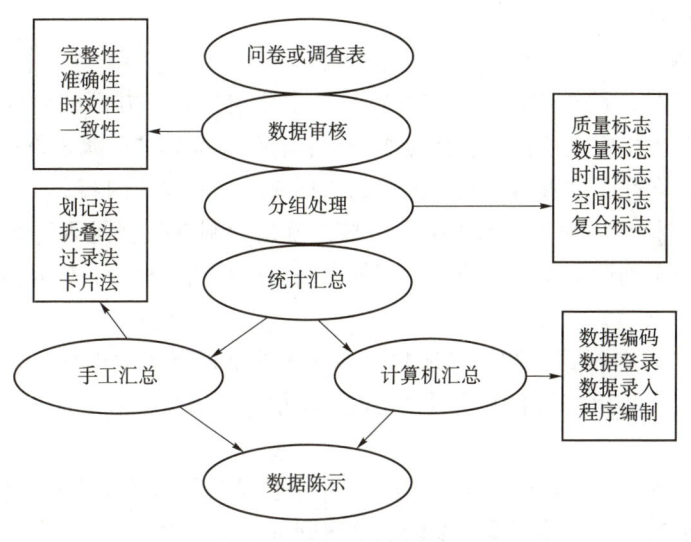

图 8-11　调查数据整理的基本程序

（一）设计调查数据整理方案

调查数据整理方案是根据资料研究的目的和要求，事先对整个工作做出全面的安排和计划。这是保证调查数据整理有计划、有组织地进行的重要一步。其主要内容包括：确定资料审核的内容和方法；根据研究目的和任务，确定具体分组；选择资料汇总的方式；做好组织工作和实践进度的具体安排等。

（二）审核调查数据

对调查资料进行审查和核实，其工作是看是否存在虚假现象、是否存在差错，重点检查调研数据的真实性、准确性和完整性。

（三）进行调查数据分组

调查数据分组是调查数据整理的关键。它是根据市场调查的目的和任务，按照整理方案中所选择的分组标志，对调查数据进行分组，为调查数据的分析预测做准备。

（四）对调查数据进行汇总

汇总就是根据调查研究目的把分组后的数据汇集到有关表格中，并进行计算和加总，集中系统地反映调查对象总体的数量特征。资料的汇总技术有手工汇总和电子计算机汇总两大类。

（五）显示调查数据整理的结果

经过了汇总的数字资料，一般要通过表格或图形表现出来，最常见的方式就是统计表和统计图。统计图表能以直观、清晰、简化的形式将汇总的数据资料表现出来，以供调查者阅读、分析和预测使用。

二、调查数据整理的审核

（一）调查数据审核

调查数据的审核是对收集到的调查数据进行审查与核实，消除其中存在的错误或疏漏，以保证调查数据的准确、真实、完整和一致，达到调查

视频 4　调查数据整理的审核

任务 8　整理调查数据　　189

数据整理的目的和要求。

1. 审核的内容

（1）完整性审核。调查数据的完整性审核，主要包括两个方面的内容：一是审核应该调查的单位和每个单位应该填报的表格是否齐全、有没有漏单位或漏表格的现象；二是审核每张调查表格的答案是否完整、有没有缺报的指标或漏填的其他内容。

（2）正确性审核。调查数据的正确性审核，就是看调查数据是否符合实际和计算是否正确。调查数据的正确性检验，一般采用三种方法：一是判断检验，二是逻辑检验，三是计算检验。

① 判断检验：就是根据已知情况来判断调查数据是否真实和正确。如已知某单位是比较落后的单位，而调查指标的数字却明显超过先进单位，那么，对于这些数字就应设法进一步审查和核实。

② 逻辑检验：就是从调查数据的逻辑关系中来检验其是否正确和符合实际。一般说来，正确的答案是合乎逻辑的，而不合乎逻辑的答案则可能是不正确的。比如，收入与支出，播种面积与总产量，教师数与学生数，职工人数与工资总额，人口的年龄、文化与婚姻、职业等状况之间，都有一定的逻辑联系。如果发现支出大大超过收入、播种面积与总产量不相吻合、教师数与学生数不合比例、10岁的孩子填已婚、小学文化程度的人填自己的职业是中学教师等情况，就是显然不符合逻辑的。

③ 计算检验：就是通过各种数字运算来检查各项调查数据有无差错。比如，各分组数字之和是否等于总数，各部分的百分比相加是否等于1，各种平均数、发展速度、增长速度、指数的计算是否正确，等等，都可通过数学运算来进行检验。此外，对同一调查指标的数字所使用的量度单位是否一致，不同表格对同一调查指标的计算方法是否统一等，也应进行必要的检查。

（3）时效性审核。检查调查访问时间和数据的时效性。主要是看被调查单位是否都按规定日期填写和送出资料，填写的资料是否是最新资料，从而避免将失效、过时的信息引入决策。

（4）一致性审核。一致性审核就是检查各种调查数据或各部分调查数据之间是否连贯、一致、对立、存在明显的差异等，目的是保证调查数据的协调、一致与可靠。

2. 审核的方式

实行一卷或一表从头审到尾，有利于贯彻审核的一致性原则和明确审核员的责任，而分段作业和分段审核不利于贯彻一致性原则，容易产生责任不清的问题。

3. 审核应注意的问题

（1）对于在调查中已发现并经过认真核实后确认的错误，可以由调查者代为更正。

（2）在资料中可疑之处或有错误与出入的地方，应进行补充调查。

（3）无法进行补充调查的有错误的数据应坚决剔除，以保证数据的真实准确。

三、调查数据分组

对调查数据进行分组是调查数据整理中的关键步骤，它在统计分析中占有重要地位。通过分组可以区分市场现象的类型，可以反映市场现象总体的内部结构，可以分析市场现象之间的依存关系。在保证调查数据准确性的前提下，分组是否科学合理关系到市场调查与预测的成败。

(一) 调查数据分组的原则

调查数据分组，必须遵循以下两个原则：

1. 穷尽原则

总体中的每一个单位都应有组可归，或者说各分组的空间足以容纳总体所有的单位。例如，从业人员按文化程度分组，分为小学毕业、中学毕业（含中专）和大学毕业三组，那么，那些文盲或识字不多以及大学以上学历的人则无组可归。如果将分组适当调整为文盲及识字不多、小学程度、中学程度、大学及大学以上，这样分组就可以包括全部从业人员的各种不同层次的文化程度，符合分组的穷尽原则。

2. 互斥原则

在特定的分组标志下，总体中的任何一个单位只能归属于某一组，而不能同时或可能归属于几个组。例如，某商场把服装分为男装、女装、童装三类，这不符合互斥原则，因为童装也有男、女装之分。若先把服装分为成年与儿童两类，然后每类再分为男女两组，这就符合互斥原则了。

3. 相同者合、不同者分

按照研究的目的和要求，将性质相同的个体结合起来，归为一组，性质不同的个体结合为不同的组别。如学校同学按性别分为男同学一组、女同学一组，男女分开。

(二) 选择分组标志的原则

分组标志，就是分组的标准或依据。选择分组标志，是数字资料分组中的关键问题。这是因为选择的分组标志是否正确，直接关系到分组的科学性，关系到分组结果能否正确反映调查对象的总体情况。选择分组标志的原则有：

1. 根据调查研究目标选择分组标志

同一总体由于研究目的不同，采用的分组标志也不同。例如：对某地区所有消费者这一总体，根据研究目的不同，可以分别采用性别、年龄或者职业等标志作为分组标志。

2. 选择能够反映现象本质或主要特征的标志

有时能够反映某一研究调查目的的标志有多个，此时应该尽可能选取最能反映现象本质的关键性标志。例如：研究居民购买能力，有关的标志有居民工资水平与居民家庭人均收入水平，而其中人均收入水平更能反映居民购买能力的真实情况，是应该被采用的关键性标志。

3. 考虑现象所处的具体历史条件和经济条件

多角度选择分组标志。随着社会的发展，现象所处的历史条件和经济条件也在不断变化，我国许多部门统计口径也在调整变化，应注意根据条件的变化选用新的、合适的分组标志。

(三) 确定分组界限

分组标志确定后，分组界限便成为数据分组的重要问题。

1. 按属性分组时各组的界限

有两种情况：

（1）组限是自然形成的或比较明显的，例如，人口按性别、文化程度、党派分组等。

（2）由于存在属性之间的过渡形式，分组界限难以确定。这种比较复杂的属性分组，国家有关部门都制定有标准的分类目录，分组时可以依据分类目录来确定组限。例如，人口按职业分组，企业按行业分组，产品按经济用途分组等。

2. 按变量分组时应注意的问题

（1）分组时各组数量界限的确定必须能反映事物质的差别。例如，学生学习成绩分组，不能把55分和65分合为一组，因为这样的分组未区分及格与不及格的质的差别。

（2）应根据被研究的现象总体的数量特征，采用适当的分组形式，确定相宜的组距、组限和组数。

①单项式分组与组距式分组。

单项式分组：用一个变量值（标志值）作为一组，形成单项式变量数列。单项式分组一般适用于离散型变量且变量变动范围不大的场合。如育龄妇女按其生育子女存活数分组，可分为0个、1个、2个、3个、4个、5个共6组。

组距式分组：将变量依次划分为几段区间，一段区间表现为"从……到……"距离，把一段区间内的所有变量值归为一组，形成组距式变量数列。区间的距离就是组距。对于连续型变量或者变动范围较大的离散型变量，适宜采用组距式分组。如反映居民居住水平情况按人均居住面积分组分为：4平方米以下，4~6平方米，6~8平方米，8平方米以上4组。再如了解某班学生成绩情况，按成绩进行组距式分组。

②间断组距式分组和连续组距式分组。在组距式分组中，每组包含许多变量值，每一组变量值中，其最小值为下限，最大值为上限。组距是上下限之间的距离，相邻两组的界限，称为组限。

间断组距式分组：是指凡是组限不相连的分组。例如，儿童按年龄分组分为未满1岁，1~2岁，3~4岁，5~9岁，10~14岁。

连续组距式分组：凡是组限相连（或称相重叠的）分组，即以同一数值作为相邻两组的共同界限的分组。例如，工人按工时定额完成程度分组分为90%~100%，100%~110%，110%~120%等组。

如果变量值只是在整数之间变动，例如企业数、职工数、机器设备台数等离散型变量，可采用间断组距式分组，也可采用连续组距式分组。如果变量值在一定范围内的表现，既可以是整数，也可以是小数，如产值、身高、体重等连续型变量，只能采用连续组距式分组。

在进行连续组距式分组时应注意，由于以同一个数值作为相邻两组共同的界限，为了遵循统计分组穷尽和互斥原则，所以统计上规定，凡是总体某一个单位的变量值是相邻两组的界限值，这一个单位归入作为下限值的那一组内，即所谓"上限不在内"原则。例如，按学生成绩分组，把70分的学生归入70~80分组内，把80分的学生归入80~90分组内。根据这一原则，离散型变量的分组，各组的上限也可以写为下一组的下限，这样处理既简明又便于计算。连续型变量的分组也可以仅列出左端的数值，即以各组的下限来表示，如上例学生成绩分组也可表示为50~、60~、70~……

③等距分组与异距分组。按数量标志进行组距式分组，还可分为等距分组和不等距（或称异距）分组。

等距分组：就是标志值在各组保持相等的组距，即各组的标志值变动都限于相同的范围。凡是在标志值变动比较均匀的情况下，都可采用等距分组，例如，工人的年龄、工龄、工资的分组；零件尺寸的误差、加工时间的分组；农产品单位面积产量、单位产品成本的分组等。等距分组有很多好处，它便于绘制统计图，也便于进行各类运算。

异距分组：分组的形式应服从分组的要求，即性质相同的单位应合并在一个组内，性质不同的应当分开。现象的差别取决于现象的本质，而不在于数学形式，必须根据现象的本质特征和统计研究的目的任务来确定分组的等距与否。在下列情况下，就必须考虑采用异距分组：

第一，标志值分布很不均匀的场合。例如，学生成绩如果密集于某一范围，如60~80分或70~90分，其他部分则分布十分稀少，在这种场合若仍以10分为组距进行等距式分组，则无法显示出分布的规律性，会使得这一密集的分数段分布的信息损失过大。因此，合理的做法是，在分布比较密集的区间内使用较短的组距，在分布比较稀少的其余部分使用较长的组距，形成各组的组距不相等的异距分组。

第二，标志值相等的量具有不同意义的场合。例如，生命的每一个月对于新生婴儿和对于成年人是大不一样的，此时，进行人口疾病研究的年龄分组，应采用异距式分组，即1岁以下按月分组，1~10岁按年分组，11~20岁按5年分组，21岁以上按10年或20年分组，等等。

第三，标志值按一定比例发展变化的场合。例如，百货商场营业额差别是很大的，比如营业额从5万元至5千万元，可采取公比为10的不等距分组5万~50万元、50万~500万元、500万~5 000万元。若用等距分组，即使组距为100万元，也得分为50组，显然是不合适的。

对于异距分组方法的运用，没有固定模式可供依循，全凭统计人员在实践中不断探索，关键在于对所研究现象的内在联系必须十分熟悉，才能很好地运用异距分组来揭示事物的本质。

四、调查数据汇总

调查数据汇总，是指在调查数据分组的基础上，将总体各单位分别归并到各组中，计算各组和总体的单位数、各组的标志总量，使原始数据转化为综合数据的过程。调查数据分组的方法通常包括手工汇总和计算机汇总两大类。

（一）手工汇总

手工汇总指运用纸、笔、算盘或小型计算器作为计算和计数的工具，对调查数据进行汇总的方法。常用的汇总方法有点线法、过录法、折叠法和卡片法等。

1. 画记法

画记法也称点线法，就是在汇总表的相应组内，利用画点或画线为记号的汇总方法。具体步骤是：首先制作汇总表，然后根据各标志值出现的次数画点、画线，最后，对点和线加总计算，将结果填入统计表。点线法手续简便，但点、线太多时则易出错漏。常用的点线记号有：正、※等。

2. 折叠法

折叠法即按相同的项目或指标栏次，把调查表或初级统计报表一张一张地加以折叠，排列在一条线上，然后对齐加总，得出汇总数字。具体步骤：一是折叠，二是对齐迭放，三是计算加总，然后把汇总的数字填入统计表。这种方法比较简单易行，但表的份数太多、折叠太厚时则不便计算，而且出了差错也无从查找，需从头返工。

3. 过录法

过录法即先将调查资料过录到预先设计的过录表或汇总表上，然后计算加总，得出各组及总体的单位数和标志值合计数的方法。这种方法计算简便，能防止遗漏和重复，不易出错。但过录工作量较大，一般在调查单位不多的情况下使用。

4. 卡片法

卡片法就是利用特制的摘录卡片进行分组汇总的方法。具体的步骤：一是根据调查表的内容和分组的需要设计卡片，二是将有关的内容摘抄到卡片上相应的空格内，三是分组计数，最后将计算的结果填入相应的统计表内。用卡片汇总法来汇总大规模专门调查资料时，比画记法准确，比折叠法和过录法简便，但如果调查资料不多，分组种类简单，则不必使用这种方法。

总的来说，这四种汇总方法，相比较之下，前三种方法较简便，但易出错漏，后一种方法准确程度较高，但费时较多。具体进行汇总时，应根据研究的目的及其对汇总质量的要求，选择恰当的方法。

（二）计算机汇总

计算机汇总指运用计算机对调查数据进行汇总的方法。计算机汇总是调查数据汇总技术的新发展，是数据整理现代化的重要标志。在进行大规模的市场调查搜集资料的情况下，手工汇总既费时费力，又容易出差错。而计算机汇总优点显著：速度快，精度高，汇总量大，具有逻辑运算、自动工作和储存资料的功能。计算机汇总大致分四个步骤：编码、登录、录入和程序编制。

1. 编码

编码是将问卷中的信息数字化，转换成统计软件和统计程序能够识别的数字，这项工作是一种信息代换的过程。编码工作主要是建立编码手册，编码手册记录着每一个数字所表示的实际意义，它相当于打电报的密码手册。

2. 登录

登录是将编好码的问卷资料过录到资料卡片上去，以便于将它们输入计算机的磁带、软盘或硬盘中。

3. 录入

录入是将登录在资料卡片上的数据录入计算机的存储设备（磁带、软盘、硬盘）中，其工作性质同登录相同，所不同的是登录的操作是在资料卡片上进行，录入是在计算机的终端机上进行。

4. 程序编制

编制程序是一项技术工作，它要求编制者会应用计算机语言，但现在这项工作已由软件工作者为我们做好，我们只需会使用软件包就行了。有很多软件包可以用，最常用的是 SPSS 软件包。

五、调查数据显示

汇总的统计数据一般要通过统计表格或图形表现出来，它们可以直观、系统地使调查者对总体有一个清晰的印象。

（一）统计表

统计表是用纵横交叉的线条绘制成表格，将整理的结果填入其中形成的。通过统计表，能够系统条理地排列调查数据，便于查阅与检查；能科学合理地组织调查资料，便于计算和分析；能装订成册，便于保存和积累。

1. 统计表的结构

（1）从形式上看，统计表的结构一般由标题、标目（横标目、纵标目）、数字、表注等要素构成。标题，就是统计表的名称，它简要地说明表中统计资料的内容，位于表的顶端中央。表8-4总标题为2015—2016年城镇居民家庭抽样调查资料。标目，分横标目和纵标目。横标目通常写在表的左边，用以说明总体各组或各单位标志。表8-4的横标目是调查户数、平均每户家庭人数、平均每户就业人口和平均每人消费性支出。纵标目通常放在表的右上方，用以说明总体各组或各单位的指标。表8-4的纵标目是项目单位、2015年和2016年。数字是统计表的主体，一般用绝对数、相对数或平均数等。数字说明总体各组或各单位有关指标的数量特征。表8-4的数字是52 308、3.05、1.68、12 087.66等。表注是对统计表有关内容所做的说明。表8-4的表注是本表为城镇居民家庭收支抽样调查数据。

（2）从内容上看，统计表的结构包括主词和宾词两个部分。主词是统计表所要说明的总体的各个构成部分或组别的名称，列在横行标题的位置。表8-4的主词是调查户数、平均每户家庭人数、平均每户就业人口和平均每人消费性支出。宾词是统计表所要说明的统计指标或变量的名称和数值，宾词中的指标名称列在纵栏标题的位置。表8-4的宾词是项目、单位、2015年和2016年。有时为了编排的合理和使用的方便，主词和宾词的位置可以互换。

表8-4 2015—2016年城镇居民家庭抽样调查资料

项目	单位	2015年	2016年
调查户数	户	52 308	57 425
平均每户家庭人口	人	3.05	3.02
平均每户就业人口	人	1.68	1.68
平均每人消费性支出	元	12 087.66	13 124.85

注：本表为城镇居民家庭收支抽样调查数据

2. 统计表的制作要求

（1）各种标题，特别是总标题应简明扼要，能确切表达表中的内容。

（2）内容要简明扼要、一目了然、直观形象，便于对比和分析。

（3）字应填写整齐，位数对齐。相同数字不容许用"同上"或"同左"等代替，无数字符合的用"—"表示。

（4）指标数字要有计量单位。若整张表只有一种计量单位，可将单位写在表的右上方。若需要分别注明计量单位，则可专设"计量单位"一栏。

（5）一般情况下，统计表应在表的下端加附注说明，用以解释统计资料的来源，以及某些需特别说明的问题。

(二) 统计图

统计数据除了可以分类整理制成统计表以外，还可以制成统计图。统计图，是指利用点、线、面和体等形式汇制成的，用以表示现象数量间的关系及其变动情况的几何图形。统计图是表现数字资料的一种重要形式，用统计图表示有关数量之间的关系，比统计表更加形象具体，具有形象生动、直观、概括、活泼、醒目等特点，可使读者一目了然、印象深刻，具有较大的吸引力和说服力。

绘制统计图一般要求包括：

（1）绘制统计图要有明确的目的和任务，并根据绘图的目的任务和资料本身的特性，选取适合的图形。

（2）图示的内容要简明扼要，突出重点。图示的标题、数字单位以及文字说明等，都应简明清晰，一目了然，便于掌握。

（3）图形的设计要科学和准确，必须依据准确的资料，进行加工和计算，做到图示准确、数据分明、表现真实。

（4）绘制的图形要美观、大方、生动、鲜明，具有较大的吸引力和说服力。

六、SPSS 分析及应用

统计产品与服务解决方案（Statistical Product and service Solutions，SPSS）是目前国际上公认的三大统计软件之一。SPSS 一经推出，就被广泛应用于各个行业，尤其是在社会科学统计领域。SPSS for Windows 有多个不同的版本，但大多数版本的操作基本相同，因此，本书以 SPSS 20.0 版阐述 SPSS 软件在数据处理与统计分析中的应用。

（一）SPSS 软件的窗口及功能介绍

1. 数据编辑窗口

数据编辑窗口是 SPSS 的主窗口，其主要功能是建立、修改和显示 SPSS 的数据文件，将收集到的数据转变为 SPSS 的数据文件，并在此基础上进行整理、变换和分析。窗口中有一个可扩展的平面二维表格，可用于编辑文件。数据编辑窗口的左下角有两个视图模式：数据视图和变量视图，图 8-12 所示为数据编辑窗口。数据视图用来显示数据，变量视图则显示变量信息，如变量名称、变量类型、变量的格式等。

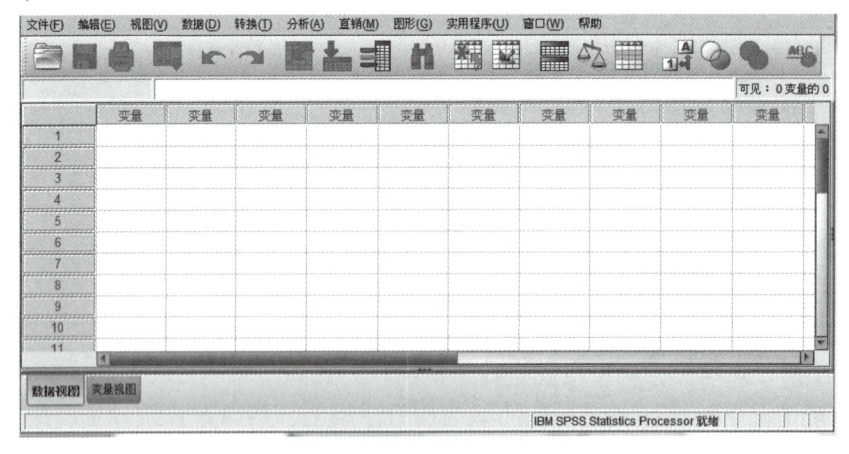

图 8-12 数据编辑窗口

数据编辑窗口中有 11 个菜单，功能分别如下。

"文件"：文件操作。此选项的功能包折文件的打开、保存、读取数据库数据、打印等。

"编辑"：文件编辑。功能包括：撤销/恢复、剪切、复制、粘贴、清除、查找、定义系统参数等。

"视图"：可进行视图编辑，进行窗口外观控制。

"数据"：数据文件的建立与编辑。功能包括：定义变量、日期、模板，插入变量，观测值进行定位、排序，对数据文件进行拆分、合并，对观测值进行选择、加权等。

"转换"：数据转换。其功能包括：计算新变量，设置随机种子，计数，重新编码等。

"分析"：进行统计分析。功能包括：统计报告，描述统计，均值比较，广义线性模型，相关分析，回归分析和分类分析等。

"直销"：用于选择方法。

"图形"：用于统计图表的建立和编辑，有图标建构程序、图形画板模板选择程序。

"实用程序"：用于设定软件的运行环境，如变量、OMS 控制面板、评分向导、数据文件注释、定义和使用变量集、定制对话框等。

"窗口"：包括拆分、所有窗口最小化、激活窗口列表等。

"帮助"：提供帮助。

2. 输出窗口

SPSS 在执行了统计分析命令后，所得到的统计结果、图标和信息将在输出窗口中显示。用户可以将所显示的输出结果加以编辑和保存，便于以后使用。也可以在数据编辑窗口的菜单栏中选择【文件】-【新建】-【输出】命令，创建一个新的结果输出窗口。输出窗口如图 8-13 所示。输出窗口中会显示统计结果、统计报告和统计图表等内容，窗口左边是导航窗口，显示输出结果的目录，单击该目录可以展开右边窗口的统计分析结果。

图 8-13　输出窗口

和数据编辑窗口一样，输出窗口也有一个功能菜单，其中，"分析""图形""实用程序""窗口""帮助"的功能和命令与数据编辑窗口中的相同。但是与数据编辑窗口的菜单栏相比多了"插入"和"格式"两个菜单。

此外，"文件"菜单比数据编辑窗口增加了关闭窗口、保存时设置密码、输出、页面设置、打印预览、发送邮件等功能。"编辑"菜单中增加了选择、全选、特殊粘贴等功能。

"视图"菜单中包括显示/隐藏切换、表格特有的隐藏/显示及字体设置等功能。

（二）SPSS 软件在市场调查数据统计分析中的初步应用

运用 SPSS 软件做统计分析的操作一般包括以下几个步骤：

建立 SPSS 数据文件；

分析数据；

结果的说明和解释；

数据和分析结果的保存。

下面，简单介绍数据文件的建立过程。

启动 SPSS，进入数据编辑窗口，在输入数据之前，首先要定义变量。定义变量包括定义变量名称、变量类型、变量宽度、变量名标签和变量的格式。

定义变量的操作如下：单击左下角变量视图标签，图 8-14 所示为变量视图。

在变量视图中，分别要定义变量的 10 个属性，即变量名称、变量类型、变量宽度、小数位数、变量名标签、变量值标签、变量缺失值、变量列宽、对齐方式、变量的度量标准。下面将对其中的几个变量进行详细阐释。

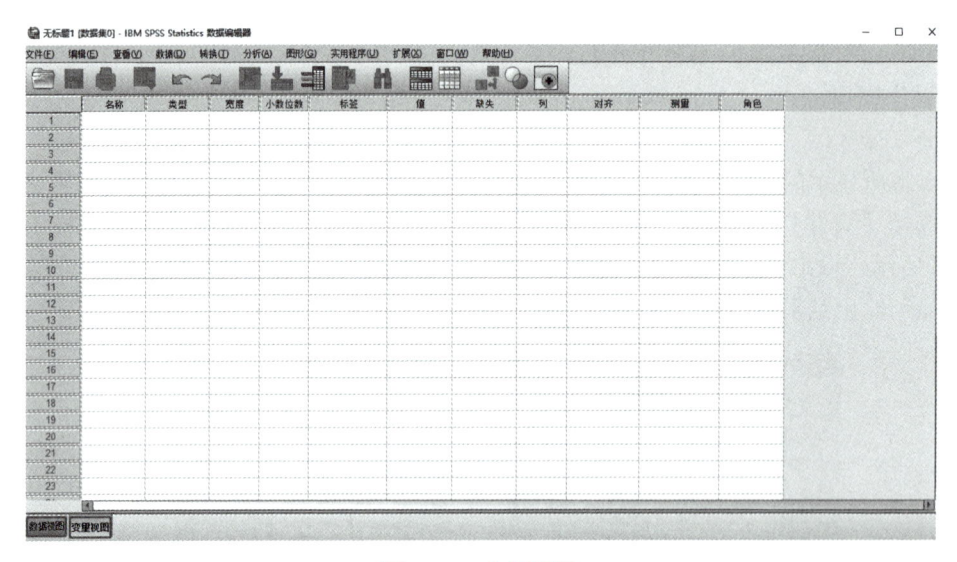

图 8-14　变量视图

1. 定义变量名称

在"名称"栏中，输入要定义的变量名称，如输入"年龄"作为变量名称。如不定义，系统将使用默认名 Var00001。

在定义变量名称时，变量名称不能超过 8 个字符（或 4 个汉字），首字符必须是字母或汉字，不能以下画线或圆点结尾，且变量名中不能包含空格或！、*、? 等字符。

2. 定义变量类型、变量宽度和小数位数

单击变量视图中的"类型"空白栏，右侧会出现"··"按钮，单击此按钮，出现"变量类型"对话框，如图 8-15 所示。

SPSS 的变量类型主要有 8 种：标准数值型、逗号数值型、圆点数值型、科学计数法数值型、日期型、带有美元符号的数值型、设定货币型和字符串型。

单击变量类型前的圆圈，选择变量类型。然后定义变量的总宽度和小数位数。对话框展开时，系统默认的总宽度为 8，小数位数为 2。要改变其值，将插入点光标移至"宽度"旁边的方框中，删除原值，输入合适的值。变量类型设定好后，单击"确定"按钮即可。

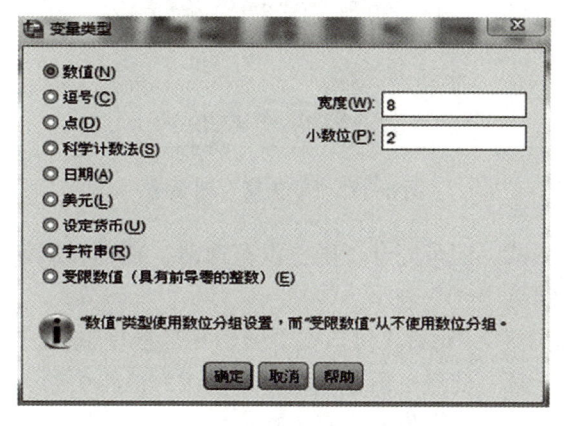

图 8-15 "变量类型"对话框

3. 定义变量名标签

定义变量名标签时，在"标签"栏中输入待描述变量名的标签。输入的标签可以为汉字，其将在输出结果中显示，便于识别。

4. 定义变量值标签

单击变量视图中的"值"栏，单击"…"按钮，弹出"值标签"对话框（见图 8-16）。在对话框中有三个小矩形框，定义变量值标签时，在第一个矩形框中输入变量值，在第二个矩形框中输入对应值的标签，则第三个框中就显示值标签清单。例如，定义变量性别（sex）：1 表示男性，2 表示女性。操作时，在第一个框中输入 1，在第二个框中输入男，单击"添加"按钮；然后，再在第一个框中输入 2，在第二个框中输入女，单击"添加"按钮。单击"确定"按钮，变量值标签即定义完毕。

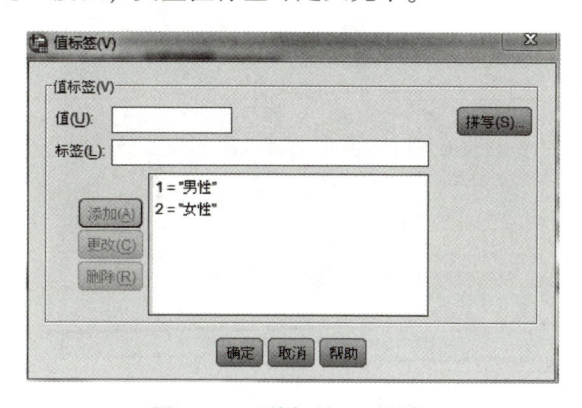

图 8-16 "值标签"对话框

5. 定义变量缺失值

单击"缺失"空白栏，右侧会出现"…"按钮，单击该按钮，展开定义变量用户缺失值的对话框，图 8-17 所示为"缺失值"对话框。

图 8-17 "缺失值"对话框

如果当前变量的值测试、记录完全正确，没有遗漏，则选择默认的"没有缺失值"，此时缺失值用系统缺失值圆点"●"表示。

如果选择"离散缺失值"，则最多可以在下面的矩形框中输入三个可能出现在相应变量中的缺失值。例如，对于某一变量，值1、3、5都被认为是非法的，在数据输入时有可能会输入这三个数值，那么就把这三个值输入三个矩形框中。

如果选择"范围加上一个可选离散缺失值"，则变量中凡是从最低值到最高值之间的数据以及"离散值"右侧输入的数据，都被看作缺失值。例如。在定义 Height 变量时，输入的数据 1.30、1.92、1.97、2.11 是不正确的，正常值都大于 1.30，小于 1.92，则在"低"右侧输入 1.92，在"高"右侧输入 2.11，在"离散值"右侧输入 1.30。

6. 定义变量列宽

"列"显示当前变量所占的列宽度。在"列"栏中直接输入该变量的列宽。如变量名 sex 由三个字符组成，要想使变量名在数据编辑器中显示完全，最低限度要定义显示的列宽为3，在"列"中输入定义的数值3。

7. 定义对齐方式

在"对齐"栏中有三个可供选择的对齐方式：右对齐、居中和左对齐，选择需要的对齐方式，一般系统默认为右对齐。图 8-18 所示为对齐方式的定义。

图 8-18 对齐方式的定义

8. 定义变量的度量标准

度量包括三种：度量尺度、定序尺度、名义尺度。对于数值型和日期型的变量来说，SPSS 默认度量为度量尺度，字符型变量默认度量为名义尺度，应根据变量的类型来选择度量标准。

通过以上定义，一个变量就被定义完整了，接下来，再定义下一个变量，直至定义完所有的变量。变量定义完成后，开始录入数据，待数据全部录入后，保存所录入的数据文件。

拓展阅读

数据录入与整理

课后巩固

◆ 知识训练

一、单项选择题

1.（　　）指根据调查研究目的，运用科学方法，对调查所获得的数据进行审查、检验、分类、汇总等初步加工，并以集中、简明的方式反映调查对象总体情况的过程。

A. 市场调查设计　　　　　　B. 调查数据整理

C. 管控调查过程　　　　　　D. 制定调查方案

2.（　　）指按事物的发展规模、水平、速度、比例等数量特征分组。

A. 按质量标志分组　　　　　B. 按数量标志分组

C. 按空间标志分组　　　　　D. 按时间标志分组

3.（　　）是以柱形的长短来表示品质属性数列中各组频数或频率的大小。

A. 环形图　　　　　　　　　B. 条形图

C. 直方图　　　　　　　　　D. 柱形图

4.（　　）是以曲线的升降、起伏来表示数据的动态变化。

A. 动态条形图　　　　　　　B. 相关散点图

C. 动态曲线图　　　　　　　D. 统计地图

5.（　　）是指在调查数据分组的基础上，将总体各单位分别归并到各组中，计算各组和总体的单位数、各组的标志总量，使原始数据转化为综合数据的过程。

A. 调查数据分组　　　　　　B. 调查数据整理

C. 调查数据审核　　　　　　D. 调查数据汇总

二、多项选择题

1. 调查数据整理的内容包括（　　）。

A. 数据确认　　　　　　　　B. 数据处理

C. 数据图表　　　　　　　　D. 数据陈示

2. 调查数据整理的原则包括（　　）。

A. 真实性　　　　　　　　　B. 准确性

C. 复杂性 D. 完整性
E. 统一性

3. 根据分组时采用标志的多少，可以分为（　　）。
A. 简单分组 B. 复杂分组
C. 数量分组 D. 复合分组

4. 手工汇总是指运用纸、笔、算盘或小型计算器作为计算和计数的工具，对调查数据进行汇总的方法。常用的汇总方法有（　　）。
A. 点线法 B. 过录法
C. 编码 D. 折叠法

5. 按数量标志进行组距式分组，可分为（　　）。
A. 等距分组 B. 等比分组
C. 异距分组 D. 同比分组

三、判断题

1. 调查数据整理只是对已有的调查数据进行分组汇总，无法激发产生新的信息。（　　）
2. 整理调查数据不需要对原始数据或二手资料进行审核，只需对问卷或调查表提供的原始数据进行分类和汇总。（　　）
3. 选择分组标志的原则之一是选择能够反映现象本质或主要特征的标志。（　　）
4. 先将调查资料过录到预先设计的过录表或汇总表上，然后计算加总，得出各组及总体的单位数和标志值合计数，这种方法属于计算机汇总。（　　）
5. 统计表是表现数字资料的一种重要形式，比统计图更加形象具体，具有形象生动、直观、概括、活泼、醒目等特点，可使读者一目了然、印象深刻，具有较大的吸引力和说服力。（　　）

四、问答题

1. 简述调查数据整理的作用。
2. 简述调查数据整理的步骤。

♦ **实践演练**

1. 胃溃疡用药以西药占主导地位，其中以雷尼替丁独占鳌头；中成药所占市场份额不足三分之一，且在医院临床中未形成主导地位的品种。中成药在药店销售用药市场中占有最大的市场份额仅为27.1%，不足三分之一；西药占有70%以上的市场，其中雷尼替丁在中医院、西医院、药店的当量市场占有率均占榜首，分别为19%、11%、13%。西药前10位品种的当量市场占有率均超过60%，占有主导地位；而中成药前10位品种除药店超过80%外，西医院为20.31%，中医院仅为14.55%，且在医院中占据首位的中成药的当量市场占有率均不超过5%（西医院为胃乃安，占3.91%；中医院为香砂养胃丸，占2.67%）。可见，西药品种基本上已趋成熟，故市场份额相对稳定；而中成药市场则尚未出现任何一个主导品种，虽然上市的品种多，但多数的市场份额很小，且带有明显的地域性。据专家意见及调查数据，中成药疗效不明确，起效不及西药快，临床中主要作为辅助用药或防复发的维持用药，尚未形成占主导地位的中成药品种。

根据上面的资料，用表格或图形的形式将资料反映的情况表现出来。

2. 某新产品上市后 40 天的日销售数量资料如表 8-5 所示。

表 8-5　新产品日销售量统计表

上市天数/天	销售量/台	上市天数/天	销售量/台
1	80	21	70
2	90	22	88
3	63	23	73
4	97	24	86
5	105	25	78
6	52	26	64
7	69	27	88
8	78	28	61
9	109	29	81
10	79	30	98
11	82	31	99
12	92	32	96
13	83	33	75
14	83	34	88
15	70	35	108
16	76	36	82
17	94	37	67
18	81	38	85
19	85	39	95
20	100	40	58

试根据以上数据绘制统计分析图与统计分析表。

◆ 任务评价

任务执行评价

序号	评价维度	评价内容	所占分值/%	自我评价/30%	小组评价/20%	教师评价/50%
1	任务完成情况	学习自觉性高，积极主动，一丝不苟。遵守时间，能在规定时间内完成并上交	10			
2	任务呈现形式	如实记录，表达准确，条理清晰，内容丰富，图文并茂，有一定的创新力	20			
3	行动工具达成	正确使用行动工具，作业步骤清晰，能够举一反三、融会贯通	25			
4	任务成果达成	思想上积极上进，有强烈的求知欲和进取心，能够立足专业、提升技能、夯实基础，综合素养得到全面提升	25			
5	学习小组合作情况	团队目标明确，沟通顺畅，有团队协作精神，有领导组织能力	20			
		小计				
		合计				

任务8 整理调查数据

任务 8　整理调查数据　随堂笔记

姓名		上课时间	
地点		授课教师	
主题			
重点及难点			
我的思考与问题			

任务 9　预测市场趋势

学习目标

知识目标

1. 市场预测的概念和基本原理及要求
2. 市场预测的程序
3. 市场预测的方法
4. 定性分析的主要方法
5. 定量分析的主要方法

技能目标

1. 掌握市场预测的基本原理
2. 掌握市场预测的步骤
3. 了解市场预测的方法
4. 定性分析与定量分析的灵活运用

素质目标

1. 培养学生精益求精的工匠精神
2. 培养学生团队意识与团队协作能力
3. 培养学生与时俱进的时代开拓精神
4. 培养学生终身学习的意识和能力

任务导入

2022 年，党的二十大胜利召开，开启了全面建设社会主义现代化国家的新征程。汽车行业在党中央、国务院领导下，在各级政府主管部门指导下，在全行业同人的共同努力下，克服了诸多不利因素冲击，走出年中波动震荡，保持了恢复增长的态势，全年汽车产销稳中有增，主要经济指标持续向好，展现出了强大的发展韧性，为稳定工业经济增长起到重要作用。

其中，中国品牌表现出色，市场占有率不断提升；新能源汽车持续爆发式增长，逐步进入全面市场化拓展期，迎来新的发展和增长阶段（见图 9-1）。汽车出口继续保持较高水平，屡创月度历史新高，有效拉动了行业整体增长。

我国汽车产销总量已经连续 14 年稳居全球第一，2022 年，尽管受疫情散发频发、芯片

图 9-1 新能源汽车

结构性短缺、动力电池原材料价格高位运行、局部地缘政治冲突等诸多不利因素冲击,但在购置税减半等一系列稳增长、促消费政策的有效拉动下,在全行业企业共同努力下,中国汽车市场在逆境下整体复苏向好,实现正增长,展现出强大的发展韧性。2022 年,汽车产销分别完成 2 702.1 万辆和 2 686.4 万辆,比上年分别增长 3.4%和 2.1%,与上年增速相比,产量增速持平,销量增速回落 1.7 个百分点。

总体而言,汽车工业大致呈现出以下几个方面的发展特点:

(1) 汽车总需求在激烈竞争中保持了适度稳定增长,汽车价格进一步与国际接轨,汽车产业影响力提升到新的高度。

(2) 经过多年积累国产车特别是自主品牌竞争优势全面提升,预示着汽车工业将以两种方式推动经济发展,一方面,GDP 会进一步增长;另一方面,出口产品结构升级。

(3) 行业重点企业综合实力继续提升,市场应变和调控能力进一步增强。

(4) 汽车市场降价(尤其是乘用车)继续,企业产能增速超过需求增速,供大于求的矛盾进一步加剧。

(5) 政策变化会对进口车价格形成一定压力。汽车进口数量和品种很大程度上由市场来配置,虽然进口车配额取消,但进口车需求增长幅度不大,国产车与进口车的竞争关系没有发生实质性变化。

随着近几年的油价变化和国家政策的改变,国产车与进口车之间的竞争关系又发生了变化,究竟汽车行业未来的发展趋势如何?

任务分析

市场预测是市场调查的必经之路,如何预测是市场调查的关键所在,会对一项市场调查项目的成败造成直接影响,而且市场调查预测,是针对某一目前还不明确的事物,根据其过去和现在的已知情况,估计和推测未来可能出现的趋势。这种估计和推测,应该是在正确的理论指导下,通过广泛调查取得第一手资料或第二手资料,再运用定性分析和定量分析的方法,对市场今后的发展变化做出质的描述和量的估计。市场预测与市场调查的区别在于,前者是人们对市场的未来的认识，后者是人们对市场的过去和现在的认识。市场预测能帮助经营者制定适应市场的行动方案，使自己在市场竞争中处于主动地位。

本任务将根据市场调查的步骤，将市场预测进行分解，向读者展示预测的程序、分类，以及重点预测方式——定性分析与定量分析，并通过阐述案例来进行一一讲解。需要读者关注以下的问题：①市场预测的程序；②定性分析的主要方法；③定量分析的主要方法。

在此基础上，学习本任务内容之后，读者应当可以根据案例进行初步预测并进行简单分析。

▶ 任务知识

一、市场预测的基本原理与要求

视频1　市场预测

（一）市场预测的含义

市场预测是在对影响市场供求变化的诸因素进行调查研究的基础上，运用科学的方法，对未来市场商品供应和需求的发展趋势以及有关各种因素的变化，进行分析、估计和判断。预测的目的在于最大限度地减少不确定性对预测对象的影响，为科学决策提供依据。

（二）市场预测的基本原理

市场预测原理是以马克思主义唯物辩证为指导，以预测理论和方法为基础，以市场商情为对象，阐明人们运用各种预测方法对市场商情发展趋势做出估测的理论基础，进而成为市场预测的结果的科学性、合理性、可信性的理论依据。市场预测原理对市场预测行为具有十分重要的指导意义，其基本原理主要包括以下几方面内容。

1. 可知性原理

辩证唯物主义的认识论认为，客观世界是可知的，客观事物发展变化的规律性是可以认识的。人类通过实践—认识—再实践—再认识这一无限反复的过程，可以解决主观与客观、认识与实际之间的矛盾，不断认识事物的本质，揭示客观事件发展变化的规律性，指导人们认识和改造客观世界的各种实践活动。可知性原理是市场预测的理论基础。如果客观事件发展变化的规律性是不可知和无法认识的，市场预测就毫无意义，人类能否科学预测目标的演变规律？一种市场现象的发展变化和任务事物的发展变化一样，都是有规律性的，都有自己发生、发展和消亡的过程。在市场预测中，由于受市场供求、市场竞争、消费者行为、国家政策和国际市场等多种因素的影响，人们感到市场变幻莫测，这增大了市场预测的难度——往往需要较长的反复认识过程，才能揭示预测目标的发展变化规律性。依据可知性原理，只要我们勇于探索、善于分析，便可以逐步认识市场商情发展变化的规律性，提高市场预测的准确性。

2. 系统性原理

系统性原理是将预测对象视为一个与其他时间存在普遍联系的系统，用系统论原理指导预测活动。系统论认为，事物是在普遍联系中存在和发展的，任何一种事物都是一个完整的系统，它不仅与其他事件之间存在相互联系、相互制约的关系，而且在其系统内部各个组成部分之间也存在相互联系、相互作用的关系，脱离系统的事物是根本不存在的。在系统性原理指导下，市场预测不能独立、封闭地研究预测对象。一方面，它必须把预测对象放在社会经济的大系统中研究，将市场预测与人口预测、工业预测、农业预测、科技预测、国际市场预测等有机结合起来；另一方面，它必须把预测对象与其内部的各系统有机地结合起来，在不同层次上分析预测对象与供求预测、需求预测、商品资源预测、购买力预测和价格预测之间的相互关系。

3. 惯性原理

任何事物的发展在时间上都具有连续性，表现为特有的过去、现在和未来这样一个过程。没有一种事物的发展与其过去的行为没有联系，过去的行为不仅影响到现在，还会影响到未来。因此，可以从事物的历史和现状推演出事物的未来。市场发展也有一个过程，在时间上也表现为一定的连续性。尽管市场瞬息万变，但这种发展变化在长期的过程中也存在一些规律性（如竞争规律、价值规律等），可以被人们认识。惯性原理是时间序列分析法的主要依据。

4. 因果原理

任何事物都不可能孤立存在，都是与周围的各种事物相互制约、相互促进的；一个事物的发展变化，必然影响到其他有关事物的发展变化。比如，一个国家在一定时期内采用某种特定的经济政策，势必对市场发展产生某种影响；这时的政策是因，市场变化情况是果。过一段时间，国家根据市场发展变化的新情况，制定新的经济政策来刺激市场，或是稳定市场、限制市场，甚至改变市场的发展方向等；市场情况成为因，经济政策又变为果。当然，一因多果或一果多因的现象也经常出现，但有其因就必有其果，这是规律。因此，从已知某一事物的变化规律，推演与之相关的其他事物的发展变化趋势，是合理的，也是可能的。投入产出分析法就是对因果原理的最好运用。

5. 类推原理

许多事物相互之间在结构、模式、性质、发展趋势等方面客观存在着相似之处。根据这种相似性，人们可以在已知某一事物的发展变化情况的基础上，通过类推的方法推演出相似事物未来可能的发展趋势。

例如，彩色电视机的发展与黑白电视机的发展就有某些类似之处，我们可以利用黑白电视机的发展规律类推彩电的发展规律。类推原理在领先指标法中得到了很好的运用。

6. 概率原理

任何事物的发展都有一个被认识的过程。人们在充分认识事物之前，只知道其中有些因素是确定的，有些因素是不确定的，即存在着偶然性因素。市场的发展过程中也存在必然性和偶然性，而且在偶然性中隐藏着必然性。通过对市场发展偶然性的分析，揭示其内部隐藏着的必然性，可以凭此推测市场发展的未来。从偶然性中发现必然性是通过概率论和数理统计方法，求出随机事件出现各种状态的概率，然后根据概率去推测预测对象的未来状态。马尔柯夫预测法、交叉影响法等都需要运用概率原理。

（三）市场预测的基本要求

市场预测的准确度越高，预测效果就越好。然而，由于各种主客观原因，预测不可能没有误差。为了提高预测的准确程度，预测工作应该具有客观性、全面性、及时性、科学性、持续性和经济性等基本要求。

1. 客观性

市场预测是一种客观的市场研究活动，但这种研究是通过人的主观活动完成的。因此，预测工作不能主观随意地"想当然"，更不能弄虚作假。

2. 全面性

影响市场活动的因素，除经济活动本身外，还有政治的、社会的、科学技术的因素。这些因素的作用使市场呈现纷繁复杂的局面。预测人员应具有广博的经验和知识，能从各个角度归纳和概括市场的变化，避免出现以偏概全的现象。当然，全面性也是相对的，无边无际的市场预测既不可能也无必要。

3. 及时性

信息无处不在，无时不有，任何信息对经营者来说，既是机会又是风险。为了帮助企业经营者不失时机地作出决策，要求市场预测快速提供必要的信息。过时的信息是毫无价值的。信息越及时，不能预料的因素就越少，预测的误差就越小。

4. 科学性

预测所采用资料，须经过去粗取精、去伪存真的筛选过程，才能反映预测对象的客观规律。运用资料时，应遵循近期资料影响大、远期资料影响小的规则。预测模型也应精心挑选，必要时还须先进行试验，找出最能代表事物本质的模型，以减少预测误差。

5. 持续性

市场的变化是连续不断的，不可能停留在某一个时点上。相应地，市场预测需不间断地持续进行。实际工作中，一旦市场预测有了初步结果，就应当将预测结果与实际情况相比较，及时纠正预测误差，使市场预测保持较高的动态准确性。

6. 经济性

市场预测是要耗费资源的。有些预测项目，由于预测所需时间长，预测因素又较多，往往需要投入大量的人力、物力和财力，这就要求预测工作本身必须量力而行，讲求经济效益。如果耗费过大，效益不高，将使市场预测声誉扫地。如果企业自己预测所需成本太高时，可委托专门机构或咨询公司来进行预测。

二、市场预测的内容

市场预测的内容非常广泛。不同的市场主体或不同的预测目的，决定了市场预测有不同的侧重点。企业所进行的预测，主要包括市场需求预测、市场资源预测和市场营销组合预测。

（一）市场需求预测

市场需求是指特定的时间、特定的地域和特定的顾客群体，对某一商品现实和潜在的需要量。市场需求受很多因素的影响，有市场主体外部的因素，如政治、法律、文化、技术、消费心理和消费习惯等；也有市场主体内部的因素，如目标市场的选择、销售价格的制定与变动、促销手段的选择与实施、营销方法的确定等。市场需求预测正是全面考察这些因素后对市场需要量进行的估计和推测。它包含商品市场、金融市场、房地产市场、劳动力市场、产权市场、科技文化市场等诸多市场需求的预测。

市场需求具有趋向性、替代性、相关性、习俗性和无限性等特点。趋向性是指特定顾客群体购买商品的倾向性。不同的购买者（职业、年龄、地理环境的不同）的市场需求倾向有明显的不同，但总的来说是按由粗到精，由低到高，由数量向质量这样的趋势发展。替代性是指许多商品在性质、功能上可以相互替代，如棉纱、化纤、丝、麻等织物

视频 2　市场需求预测

任务 9　预测市场趋势

可以互相替代。商品间的替代性使商品的需求量可以相互转化。某一商品销售量增加，有可能影响到另一商品销售量的减少；甲商品涨价，有可能引起乙商品销售量的增长等。相关性是指许多商品之间的连带性或相关性，如西装与领带、照相机与胶卷、卷烟与打火机等。预测某一商品的需求发生了变化，还应注意相关商品的需求变化。习俗性是指不同地区、不同民族、不同宗教文化的居民，有不同的生活风俗习惯，对商品的需求有不同的偏好。调研工作既要了解现实需求，又要分析经过积极促销，促使消费习俗的改变，形成的新的需求。无限性是指人们的消费需求不断变化且无止境，不但要数量多，还要品种齐、用途广，甚至更加艺术化、科学化等。掌握市场需求的这些特点，对提高预测的准确程度有十分重要的意义。

市场需求预测的内容，主要包括以下几个方面：

1. 市场商品需求总量预测

商品需求总量是市场上有货币支付能力的商品需要量，包括人们的生活消费需求和生产消费需求。有支付能力的货币总量构成了社会商品购买力，包括现实购买力和潜在购买力两部分。影响购买力总量变化的因素主要有货币收入、银行储蓄、手持现金、流动购买力和非商品性支出等。

2. 市场需求构成预测

市场需求构成，可分为消费品需求构成和生产资料需求构成两大类。这里主要是指消费品需求构成。消费品需求构成受消费品购买力水平的制约。一般来说，购买力水平越低，投向生活必需品的货币量相对越大，表现为购买力首先投向吃的方面；购买力水平越高，投向其他方面（如穿、用、住、行等）的货币量就会越大。另外，消费者的习俗、消费心理及商品价格等，也对消费品需求构成有很大的影响。

3. 消费者购买行为的预测

消费者购买行为的预测主要是指通过对消费者购买的动机、方式和心理等方面的调查分析，预测商品需求的趋向。其中的关键是调查消费者的购买决策，即由谁来买，买什么，为什么买，如何买，何时买，多长时间买一次，家庭和社会对其购买心理有什么影响等。

（二）市场资源预测

市场需求和市场资源是构成市场活动的两个基本因素。满足市场需求，一方面要有充分的货币支付能力，另一方面要有充分的商品资源。否则，市场上就会出现商品购买力与商品可供量之间的不平衡，给企业的经营活动和国民经济的发展都带来不利的影响。

视频3 市场资源预测

通过市场资源预测，可以预见市场的供需趋势，为企业确定生产规模、发展速度和质量水平等提供依据。还可了解新产品开发和老产品更新换代的信息，帮助企业正确面对新产品对老产品的影响。在宏观方面，市场资源预测还能为调节供需平衡提供依据。

市场资源预测的内容主要包括工业产品、农副产品和进口产品的预测。

1. 工业产品预测

工业产品预测主要指设备与工艺变化的预测；企业开发新产品的数量、质量、成本、价格、包装、商标及其消费对象的预测；国际、国内市场的类似产品、相关产品或替代产品的发展动向预测；工业产品所需原材料的品种、规格、性能、数量、来源和运输方式等的预测；工业产品的成本预测和价格预测。

2. 农副产品预测

农副产品预测主要指农副产品的生产量、商品率、上市季节等情况的预测。农副产品的生产量并不完全等于农副产品的商品量。农副产品的商品，是剔除了农民自己留用的、商业部门或消费者个人不能及时收购的那部分农副产品。因此，预测农副产品时，不能简单地把农副产品产量等同于农副产品的商品量。此外，农副产品资源还与气候变化、政府的经济政策密切相关。对农副产品资源的预测需要特别注意这些情况。

3. 进口产品预测

进口产品包括原材料、设备和工艺、专有技术，以及直接进口的各种产成品、半成品、零部件等。除了要预测这些进口产品的数量、质量、规格、型号和价格外，还要预测来源国的政治、经济等情况和外国厂商的规模、实力、经营策略及其市场占有率等。

（三）市场营销组合预测

市场营销组合预测，是对企业的产品、价格、销售渠道和促销方式等营销因素所进行的预测。

1. 产品预测

现代产品，不仅指产品的物质实体，还包含产品的商标、包装以及安装、维修、咨询等方面。产品组合是由产品线的不同宽深度和关联度所决定的生产策略。现代企业既要提高专业化程度，组织大批量生产，强化产品线的深度；又要实行多样化经营，适应市场变化的需要，扩大产品线的宽度。前者可以更加广泛地满足各种需要，甚至是特殊的消费需要，有利于占领更多的细分市场。后者有利于挖掘企业潜力，分散投资风险，不断占领新的市场。加强产品线的关联性，则可以增强企业的竞争地位，提高产品的市场占有率。开展产品组合预测，有利于企业制定正确的产品组合策略，提高企业在行业中的优势。

产品的商标，是现代整体产品的组成部分。人们购买某种商品，有时候是奔着该种商标来的。因为他们认为该产品的质量信得过，价格也合理，还可以享受到良好的服务。产品的包装，除了能保护商品、方便运输外，还起着"无声的推销员"的作用。高质量的售后服务，能使用户得到更大的满足，促使其重复购买。对市场上将会受欢迎的商标、包装和售后服务进行预测，有利于合理运用营销手段，促进产品的销售。

2. 价格预测

价格是市场营销活动最重要的内容。每个企业都需要了解竞争企业或竞争产品的价格，而且必须注意到不同价格水平会导致不同的需求量。因此需要对竞争产品的成本和价格进行预测。企业的产品价格确定后，应当及时地调查价格是否偏高或偏低，是否对消费者与经营者都有利，与竞争对手相比，是否具有优势或主动性等。有条件的企业，还应当进行产品需求曲线的预测。当产品需求曲线呈非弹性的时候，提高产品价格可以增加企业收入；如果产品需求曲线呈弹性的时候，降低价格则可以增加企业收入。企业掌握这些情况，对产品价格的及时调整很有帮助。

3. 销售渠道预测

销售渠道即商品流通渠道，是企业产品实现其价值的重要环节。它包括合理制定分销路线，选择与配置中间商，有效地安排运输与储存，适时地向用户提供适用的商品。如果企业销售渠道的数量多，商品流通的路线就广，市场占有率就高。消费品的销售渠道，可以在代理、批发和零售等中间商中选择一个或几个层次；生产资料的销售渠道一般不需要零售中间商。生产者选择销售渠道时，应对自身的条件、产品的情况和所处的市场进行综合分析，如企业的资本、商誉、服务和管理能力等；产品的单价高低、体积大小、易毁或易腐、通用或专用等；市场上同类商品的多少、潜在顾客的数量、购买者的习惯等。企业开展销售渠道的预测，就是要对这些影响因素的未来变化情况做出推测与判断，以确定相应的策略。

4. 促销预测

促销是企业通过一定的方法或手段向消费者传递信息，从而促进消费者对产品或企业的了解，并影响消费者的购买行为。市场营销的实践表明，客户接受一种产品的前提，首先是接受消费这一产品的观念。通过多种媒介传递信息，说服客户，就能创造使用这种产品的社会氛围。促销方式主要有广告、人员推销、销售促进和公共关系四种具体形式。各种形式都有自身的特性，相互之间又存在着一定的替代性。营销部门在大多数情况下都必须配合使用。企业开展促销方式的预测，就是要估计不同产品最适合的信息传递途径，推测顾客在不同促销方式下消费观念的变化，测算企业在各种促销组合下的经济效益。

上述营销要素各自的单体优势不一定能形成整体优势，单体优势之间还有一个整体优化问题。因此必须结合起来进行整体研究。将企业的产品、价格、销售渠道和促销方式结合起来，进行综合性的预测，是市场营销组合预测的关键。

三、市场预测方法

无论预测什么内容，都要推导出一个结果，取得预测结果的技术手段便是预测方法。市场预测方法可以归纳为定性预测和定量预测两大类。将这两大类方法结合起来，并越来越多地吸收计算机技术，是预测方法发展的总趋势。

视频4 市场预测方法

（一）定性预测方法

依靠预测者的专门知识和经验，来分析判断事物未来发展的趋势，称为定性预测。它要求在充分利用已知信息的基础上，发挥预测者的主观判断力。定性预测适合预测那些模糊的、无法计量的社会经济现象，并通常由预测者集体来进行。集体预测是定性预测的重要内容，能集中多数人的智慧，克服个人的主观片面性。

在实际工作中，由于影响市场发展的因素错综复杂，资料难以数量化，甚至根本不可能用数量指标表示，比如，一定时间内市场形势的发展变化情况，国家某项政策出台对消费倾向、市场前景的影响，我国加入世界贸易组织后对我国企业的利弊影响等。这种情况下的预测，一般只能采用定性预测方法。另外，企业经营活动中的分析经营环境、制定战略规划、技术开发或新产品研制等，往往也只能采用定性预测方法。定性预测要求预测者具有从事预测活动的经验，同时要善于收集信息、积累数据资料，尊重客观实际，避免主观臆断，才能取得良好的预测效果。

定性预测方法简便，易于掌握，而且时间快，费用省，因此得到了广泛采用。特别是进行多因素综合分析时，采用定性预测方法，效果更加显著。但是，定性预测方法缺乏数量分析，主观因素的作用较大，预测的准确度难免受到影响。因此，在采用定性预测方法时，应尽可能结合定量分析方法，使预测过程更科学、预测结果更准确。

定性预测是指不依托数学模型的预测方法。这种方法在社会经济生活中有广泛的应用，特别是在预测对象的影响因素难以分清主次，或其主要因素难以用数学表达式模拟时，预测者可以凭借自己的业务知识、经验和综合分析的能力，运用已掌握的历史资料和直观材料，对事物发展的趋势、方向和重大转折点作出估计与推测。定性预测的主要方法有指标法、专家预测法、销售人员意见综合法和购买意向调查预测法等。

1. 指标法

指标法又称朴素预测法，是通过一些通俗的统计指标，利用最简单的统计处理方法和有限的数据资料来进行预测的一种方法。这些统计指标包括平均数、增减量、平均增减量等。这里只介绍领先指标的预测运用，其他指标的预测运用将在后续章节中讲述。图形法是利用直观的图表来推测事物未来较短时期的变化发展趋势的方法。这两种方法都是最简单的非模型预测。

社会上的许多事物都可以看作是随时间流逝而不断发展的变量。比较各种变量变化的曲线图形，常常会发现某些变量的图形存在着明显的相似性，即某些曲线的起伏变化间距与另一些曲线的起伏变化间距几乎是相同的。就是说某一曲线经过一段时间由波峰（或波谷）发展到了波谷（或波峰），而另一条曲线也以相同的时间从波峰（或波谷）发展到了波谷（或波峰）。根据这种情况，人们可以把发生在前的事物作为参照物，从而推测后发生相似事物的发展变化趋势。

（1）领先指标、同步指标和滞后指标。与预测对象的发展有相似性的变量可分为三类。一类是在变化时间上早于预测对象，即波峰或波谷的出现时间均早于预测对象，这类变量称为领先指标（或先行指标）；第二类是变化时间与预测对象完全同步，即出现波谷与波峰的时间与预测对象相一致，它们被称为同步指标（或同行指标）；第三类是在变化时间上迟于预测对象，它们被称为滞后指标（或后行指标）。

基本建设的投资，是机械产品、钢材、木材、水泥等建筑材料需求量的先行指标。根据国家公布的基本建设投资规划，可以预测一段时间后这些生产资料的需求情况。人口增长和人均收入的变化是生活资料需求量的先行指标。根据国家的人口规划和提高人民收入水平的计划，可以预测一定时期之后某些消费品的需求量。基本建设对钢材、水泥和木材三大材料的需求量是同步指标，并且各需求量之间还有较为固定的比例关系。如果其中某种材料的生产或供应能力有限，则另外两种材料的需求也将受到限制。因此，通过研究"短线"（供应能力不足）材料可供数量的变化情况，可以预测供应能力有余材料的需求量。滞后指标有助于验证领先指标所表示的经济趋向是否真实。

（2）指标法预测步骤。第一步：根据预测的目标和要求找出领先指标。例如，预测化工产品的价格变动，可把石油价格变动作为领先指标。

第二步：画出领先指标、同步指标、滞后指标的时间序列图。

第三步：进行预测。

（3）应用领先指标法的条件。必须指出，指标之间的关系是根据以往的经验和历史数据来确立的，国家的某些政策很可能已改变了指标之间以往的伴随关系，领先指标与预测对象之间的提前时间也不一定是常数。认真分析这些情况，确认指标之间的伴随关系到现在是否仍然存在、间隔时间有什么变化，是应用领先指标法进行预测的必要条件，也是减少预测风险的要求。领先指标法适用于诸如原材料价格的变动先于制成品价格的变动，教育事业的发展先于科学技术的发展等中短期预测。

2. 专家预测法

专家预测法是以专家为索取信息的对象，运用专家的知识和经验，考虑预测对象的社会环境，直接分析研究和寻求其特征规律，并推测未来的一种预测方法。其主要包括个人判断法、集体判断法和德尔菲法。

（1）个人判断法。个人判断法是用规定程序对专家个人进行调查的方法。这种方法是依靠个别专家的专业知识和特殊才能来进行判断预测的。其优点是能利用专家个人的创造能力，不受外界影响，简单易行，费用也不多。但是，依靠个人的判断，容易受专家的知识面、知识深度、占有资料是否充分以及对预测问题有无兴趣所左右，难免带有片面性。专家的个人意见往往容易忽略或贬低相邻部门或相邻学科的研究成果，专家之间的当面讨论又可能产生不和谐。因此，这种方法最好与其他方法结合使用，让被调查的专家之间不发生直接联系，并给时间让专家反复修改个人的见解，才能取得较好的效果。

（2）集体判断法。这种方法是在个人判断法的基础上，通过会议进行集体的分析判断，将专家个人的见解综合起来，寻求较为一致的结论的预测方法。这种方法参加的人数多，所拥有的信息量远远大于个人拥有的信息量，因而能凝集众多专家的智慧，避免个人判断法的不足，在一些重大问题的预测方面较为可行可信。但是，集体判断的参与人员也可能受到感情、个性、时间及利益等因素的影响，不能充分或真实地表明自己的判断。

因此，运用集体判断法，会议主持人要尊重每一位与会者，鼓励与会者各抒己见，使与会者在积极发言的同时要保持谦虚恭敬的态度，对任何意见都不应带有倾向性。同时还要掌握好会议的时间和节奏，既不能拖得太长，也不要草草收场；当话题分散或意见相持不下时，能适当提醒或调节会议的进程等。

3. 德尔菲法

德尔菲法是为避免专家会议法之不足而采用的预测方法。这种方法的应用始于美国兰德公司，在国外颇为流行。这一方法的特点是，聘请一批专家以相互独立的匿名形式就预测内容各自发表意见，用书面形式独立地回答预测者提出的问题，并反复多次修改各自的意见，最后由预测者综合确定市场预测的结论。

德尔菲法进行市场预测的步骤：

（1）做好准备。准备好已搜集到的有关资料，拟定向专家小组提出的问题（问题要提得明确）。

（2）请专家做出初步判断。在做好准备的基础上，邀请有关专家成立专家小组，将书面问题寄发各专家（如有其他资料，也随同寄发），请他们在互不通气的情况下，对所咨询的问题做出自己的初次书面分析判断，按规定期限寄回。

（3）请专家修改初次判断。为使专家集思广益，对收到各专家寄回的第一次书面分析判断意见加以综合后，归纳出几种不同判断，并请身份类似的专家予以文字说明和评论，再以书面形式寄发各专家，请他们以与第一次同样的方式，比较自己与别人的不同意见，修改第一次的判断，做出第二次分析判断，按期寄回。如此反复修改多次，直到各专家对自己的判断意见比较固定，不再修改时为止。在一般情形下，经过三次反馈，即经过初次判断和两次修改，就可以使判断意见趋于稳定。

（4）确定预测值。即在专家小组比较稳定的判断意见的基础上，运用统计方法加以综合，最后做出市场预测结论。

例 9-1

某空调机厂对某种型号的空调机投放市场后的年销售量进行预测，聘请9位专家应用德尔菲法，进行4轮的征询、反馈、修改汇总后得到如下数据，如表9-1所示。

表 9-1　空调机销售量德尔菲法预测表　　　　　　　　　　　　万台

征询次数	专家1	2	3	4	5	6	7	8	9	中位数	极差
1	50	45	23	52	27	24	30	22	19	27	31
2	46	45	25	43	26	24	29	24	23	26	23
3	35	45	26	40	26	25	27	24	23	26	22
4	35	45	26	40	26	25	27	24	23	26	22

从表9-1可以看出，专家的第一轮意见汇总得出的中位数为27，极差为31。数据表明，专家的意见相当分散。专家根据反馈意见，大多数人修改了自己的意见并向中位数靠拢，因此，第二轮意见汇总后极差变小。但第四轮征询时，每位专家都不再修改自己的意见了，于是得出最终的预测值，可以认为年销售量将达到26万台，但极差达22万台。

4. 销售人员意见综合预测法

这里所指的销售人员除了直接从事销售的人员外还包括管理部门的工作人员和销售主管等人员。销售人员意见综合预测法在实施过程中要求每一位预测者给出各自的销售额的"最高""最可能""最低"预测值，并且就预测的"最高""最可能""最低"出现的概率达成共识。

这种预测方法的具体计算方法是：

先计算出每个销售人员的预测值，然后根据给每位销售人员赋予的不同权重 p_i，再计算加权平均值。每个销售人员的预测值的计算方法是：

$$F_i = 最高销量 \times 概率 + 最可能销量 \times 概率 + 最低销量 \times 概率$$

最终预测值的计算方法是：

$$F = \sum_{i=1}^{n} F_i p_i$$

例 9-2

某公司销售经理和两位副经理对某地区本公司的产品的销售量进行预测，得到如下数据（见表9-2），试求预测值。

表 9-2　预测数据表　　　　　　　　　　　　单位：万元

项目	最高销量	最可能销量	最低销量	权重
经理	2 720	2 510	2 350	0.6
副经理甲	1 900	1 800	1 700	0.2
副经理乙	2 510	2 490	2 380	0.2
概率	0.3	0.4	0.3	

经理的预测值为：

F1＝0.3×2 720+0.4×2 510+0.3×2 350＝2 525（万元）

副经理甲的预测值：

F2＝0.3×1 900+0.4×1 800+0.3×1 700＝1 800（万元）

副经理乙的预测值：

F3＝0.3×2 510+0.4×2 490+0.3×2 380＝2 463（万元）

最终预测值：

F＝0.6×2 525+0.2×1 800+0.2×2 463＝2 367.6（万元）

5. 消费者意向预测法

购买意向预测法是一种在市场研究中最常用的市场需求预测方法。这种方法与问卷形式征询潜在的购买者未来的购买量，由此预测出市场未来的需求。由于市场需求是由未来的购买者实现的，因此如果在征询中潜在的购买者如实反映购买意向的话，那么据此做出的市场需求预测将是相当有价值的。在应用这一方法时，对生产资料和耐用消费品的预测较非耐用品精确，这是因为对非耐用消费品的购买意向容易受到多种因素的影响而发生变化。

例 9-3

在某市区进行空调机需求的市场调查中，访问500个样本，被访者表明购买意向如下：

一定会买	150人	占30%
可能会买	75人	占15%
不能决定是否购买	125人	占25%
可能不会买	100人	占20%
肯定不会买	50人	占10%
总计	500人	占100%

对于上述的调查答案还必须进行某种加权处理才能得出符合实际情况的结论。如被访者回答一定会购买或可能购买往往包含夸大购买倾向的成分。被访者之所以具有这种夸大购买倾向的原因，一方面是为了给访问者一种满足，另一方面是因为回答时往往没有慎重考虑会影响购买的多种因素，仅仅是脱口而出而已。类似地，即使是回答可能不会买或肯定不会买的被访者也有成为最终购买者的可能。根据这种分析，在实际处理时，可对每一种选择赋予适当的购买权重。如对一定会购买赋予权数0.90，可能会购买赋予权数0.20，肯定不会购买赋予权数0.02，等等，如表9-3所示。

表9-3　空调机市场调查汇总表

选择答案	回答百分比/%	指定权数	加权百分比/%
一定会买	30	0.90	27
可能会买	15	0.20	3
不能肯定是否购买	25	0.10	2.5
可能不会买	20	0.03	0.6
肯定不会买	10	0.02	0.2

平均购买可能性＝27%＋3%＋2.5%＋0.6%＋0.2%＝33.3%

未来市场需求量＝家庭总户数×平均购买可能性

假设这一地区共有家庭总数200万个，则该地区空调的未来可能购买量为：2 000 000×33.3%＝666 000。

（二）定量预测方法

定量预测，是指在数据资料充分的基础上，运用数学方法，有时还要结合计算机技术，对事物未来的发展趋势进行数量方面的估计与推测。定量预测方法有两个明显的特点：一是依靠实际观察数据，重视数据的作用和定量分析；二是建立数学模型作为定量预测的工具。随着统计方法、数学模型和计算机技术日益为更多的人所掌握，定量预测的运用会越来越大。

市场预测中的定量预测方法，是在分析影响市场供求变动因素的基础上，找出相关变量之间的因果关系，建立起数学模型，通过运算来得到预测结果。例如，设某种商品价格稳定，该商品销售额便由销售量决定。这时，销售量是自变量，设为X，销售额是因变量，设为Y，它们之间用函数式表示为：$Y=f(X)$。这一函数式就描述了这种商品在价格确定条件下的销售额与销售量之间的相互关系及其变化规律。如果变量之间的关系能确定地描述，则称变量之间存在因果关系；如果变量之间的关系不能确定地描述，就称变量间为相关关系。不论变量之间存在的是因果关系或是相关关系，都可采用定量分析方法进行预测。

定量预测方法的运用要求有充分的历史资料，影响预测对象发展变化的因素相对稳定，能在预测对象的某一指标与其他相关指标的联系中找出规律性，并能以此作为依据建立数学模型。实际工作中，由于社会经济现象错综复杂，不可能把所有变动因素都纳入数学模型；有些数据难以取得或取得数据成本过高，使定量预测方法的运用也存在一定的局限性。

1. 移动平均法

移动平均法是取预测对象最近一组历史数据的平均值作为预测值的方法。这种方法不是仅取最近一期的历史数据作为下一期的预测值，而是取最近一组历史数据的平均值作为下一期的预测值，这一方法使近期历史数据参与预测，使历史数据的随机成分有可能互相抵消，平均值所含的随机成分相应减少。

移动平均法的"平均"是指对历史数据的"算术平均"，而"移动"是指参与平均的历史数据随预测值的推进而不断更新。当一个新的历史数据进入平均值时，要剔除原先参与预测平均得罪陈旧的一个历史数据，并且每一次参与平均的历史数据的个数是相同的。

其计算公式为：

$$F = \frac{1}{n} \sum_{i=t-n}^{t-1} X_i$$

其中，F表示预测值，X表示历史数据，n表示参与平均的数据的个数，t表示第t期。

例9-4

某公司根据2003年12月的某产品的销量，采用移动平均法预测2004年1月份的销售量情况，求预测值并分析其误差，如表9-4所示。

表 9-4 移动平均法计算表　　　　　　　　　　　　万元

月序数 t	实际销量 (X_t)	3月移动平均值 (F_{t+1})	预测误差 ($X_{t+1}-F_{t+1}$)	误差平方 ($X_{t+1}-F_{t+1})^2$
1	190.1			
2	220.0			
3	188.1			
4	198.0	199.3	−1.3	1.7
5	210.0	202.0	8	64
6	207.0	198.7	8.3	68.9
7	238.0	205.0	33	1089
8	241.0	218.3	22.7	515.3
9	220.0	228.7	−8.7	75.7
10	250.0	233.0	17	289
11	261.0	237.0	24	576
12	270.0	243.7	26.3	691.7
		260.3		

2. 季节指数法

季节变动是指某些市场现象由于受自然气候、生产条件、生活习惯等因素的影响，在一定时间中随季节的变化而呈现出周期性的变化规律，如农副产品受自然气候影响，形成市场供应量的季节性变动；节日商品、礼品性商品受民间传统的影响，其销售量也具有明显的季节变动现象。对季节变动进行分析研究，掌握其变动规律，可以预测季节型时间数列的季节变动值。

季节变动的主要特点是，每年都重复出现，各年同月（或季）具有相同的变动方向，变动幅度一般相差不大。因此，研究市场现象的季节变动，收集时间序列的资料一般应以月（或季）为单位，并且需要有3年或3年以上的市场现象各月（或季）的资料，才能观察到季节变动的一般规律性。

季节指数法，就是根据预测目标各年按月（或季）编制的时间数列资料，以统计方法测定出反映季节变动规律的季节指数，并利用季节指数进行预测的预测方法。测定季节指数的方法大体有两类，一是不考虑长期趋势的影响，直接根据原时间数列计算季节指数；二是考虑长期趋势的存在，先将长期趋势消除，然后计算季节指数。

（1）无趋势变动的季节指数预测法。如果时间数列没有明显的长期变动趋势，就可以假设其不存在长期趋势，直接对时间数列中各年同月（或季）的实际值加以平均，再将各年同月（或季）的平均数与各年的总平均数进行比较，求出季节指数，或将各年同月（或季）的平均数与各年的总平均数相减，求出季节变差，最后通过季节指数或季节变差来计算出预测值。

例 9-5

某商品销售量五年的分季资料,假设该资料无长期趋势,如表 9-5 所示。

表 9-5 某商品销售量五年的分季资料

年度	第一年	第二年	第三年	第四年	第五年
季度	一 二 三 四	一 二 三 四	一 二 三 四	一 二 三 四	一 二 三 四
销售量/吨	— — 13 18	5 8 14 18	6 10 16 22	8 12 19 25	15 17 23 30

要求:
①设第六年第一季度的销售量为 10 吨,试预测第二季度的销售量;
②设第六年上半年的销售量为 27 吨,试预测第三季度的销售量;
③设第六年全年的计划销售量为 60 吨,试预测各季度的销售量。
预测计算过程如下:
季节指数和季节变差的计算如表 9-6 所示。

表 9-6 季节指数和季节变差计算表

项目	一季度	二季度	三季度	四季度	全年合计
第一年	—	—	13	18	31
第二年	5	8	14	18	45
第三年	6	10	16	22	54
第四年	8	12	19	25	64
第五年	15	17	—	—	32
同季合计	34	47	62	83	226
同季平均数	34÷4=8.5	47÷4=11.75	62÷4=15.5	83÷4=20.75	年平均数 =14.125
季节指数/%	8.5÷14.125 =60.18	11.75÷14.125 =83.19	15.5÷4.125 =109.73	20.75÷14.125 =146.90	400
季节变差	8.5−14.125 =−5.625	11.75−14.125 =−2.375	15.5−14.125 =1.375	20.75−14.125 =6.625	0

注意,计算季节指数时,若以月为周期,则 12 个月的季节指数之和应为 1 200%;若以天为周期,则一周 7 天的季节指数之和应为 700%。如果计算时由于舍入误差,季节指数之

和不等于相应标准时，需用比例法将其调整为标准形态。同理，季节变差之和应等于0，否则也应做调整。

解（1）：先根据已知的一季度销售量和一季度的季节指数，求出第六年的季平均数；再根据第六年的季平均数和第二季度的季节指数，求出第二季度的预测值。

第六年的季平均数=10÷60.18%=16.62

第六年第二季度的销售量=16.62×83.19%=13.82（吨）

用季节变差预测第二季度的销售量，则可直接计算：

第六年第二季度的销售量=(10+5.625)-2.375=13.25（吨）

解（2）：先根据上半年的已知数和一、二季度的季节指数，求出第六年的季平均数；再根据第六年的季平均数和第三季度的季节指数，求出第三季度的预测值：

第六年的季平均数=27÷(60.18%+83.19%)=18.83

第六年第三季度的销售量=18.83×109.73%=20.66（吨）

也可用季节变差直接计算：

第六年第三季度的销售量=1.375+(27+5.625+2.375)÷2
　　　　　　　　　　　=18.875（吨）

解（3）：也需先求出第六年的季平均数，再根据第六年的季平均数和各季度的季节指数，求出各季度的预测值：

第六年的季平均数=60÷4=15

第六年第一季度的销售量=15×60.18%=9.027（吨）

第二季度的销售量=15×83.19%=12.478 5（吨）

第三季度的销售量=15×109.73%=16.459 5（吨）

第四季度的销售量=15×146.90%=22.035（吨）

仍可用季节变差直接计算：

第六年第一季度的销售量=15-5.625=9.375（吨）

第二季度的销售量=15-2.375=12.625（吨）

第三季度的销售量=15+1.375=16.375（吨）

第四季度的销售量=15+6.625=21.625（吨）

（2）含趋势变动的季节指数预测法。市场现象时间数列的变动，大部分都是季节变动与长期趋势变动交织在一起的。在研究其季节变动的同时，还必须考虑其长期趋势变动，把季节变动和长期趋势变动两种变动规律综合起来进行预测。

对含有两种变动趋势的时间数列求季节指数，最简便的办法是利用移动平均法计算出各期的趋势值，再将各期的实际值与对应期的趋势值相比较，计算出季节比率；接着把各年相同季节的季节比率加以平均，必要时再作一点修正，即求得季节指数。得到季节指数后，再根据趋势值的平均变动情况，求出预测期的趋势值，将其与对应期的季节指数相乘，就能得到所要预测的值。

以上例为例，销售量是含增长趋势的季节变动时间数列，按移动平均法来计算季节指数的过程如表9-7所示。

表 9-7 季节比率计算表

年度	季度	销售量 Y/吨	四个季度移动总数/吨	四个季度移动平均数/吨	趋势值 T/吨	趋势变动情况	季节比率 Y/T/%
第三年	一	6	48	12.00	12.25	0.50	48.98
	二	10	50	12.50	13.00	0.75	76.92
	三	16	54	13.50	13.75	0.75	116.36
	四	22	56	14.00	14.25	0.50	154.39
第四年	一	8	58	14.50	14.875	0.625	53.78
	二	12	61	15.25	15.625	0.75	76.80
	三	19	64	16.00	16.875	1.25	112.59
	四	25	71	17.75	18.375	1.00	136.05
第五年	一	15	76	19.00	—	—	—
	二	17	—	—	—	—	—
平均	—	—	—	—	—	0.66	—

注意，由于移动跨越期是偶数，移动平均数对应的时间是中点，因此需要对相邻的两个移动平均数再进行一次移动平均，得出的趋势值才能正好与同期实际值一一对应。计算出趋势值和平均趋势变动情况后，即可推测在长期变动趋势影响下各期的趋势值。如第四年第四季度的趋势值为 18.375，第五年第三季度与之相隔 3 期，平均趋势变动情况为 0.66，则第五年第三季度的趋势值为：18.375+3×0.66＝20.355。之后，再与相应的季节指数相乘，便得到了该期的预测值，如表 9-8 所示。

表 9-8 季节指数计算表　　　　　　　　　　　　　　　　　%

项目	一季度	二季度	三季度	四季度	全年合计
第一年	44.94	71.11	—	—	—
第二年	48.98	76.92	123.08	153.19	—
第三年	53.78	76.80	116.36	154.39	—
第四年	—	—	112.59	136.05	—
第五年	—	—	—	—	—
同季合计	147.70	224.83	352.03	443.63	—

续表

项目	一季度	二季度	三季度	四季度	全年合计
同季平均数	147.7÷3 = 49.23	224.83÷3 = 74.94	352.03÷3 = 117.34	443.63÷3 = 147.88	389.39
修正系数	\multicolumn{4}{c}{400÷389.39 = 1.027 25}	
修正后的季节指数	49.23×1.027 25 = 50.57	74.94×1.027 25 = 76.98	117.34×1.027 = 120.54	147.88×1.027 25 = 151.91	400

还有其他方法也能求出季节指数，限于篇幅，这里不再介绍。

根据上述已获得的资料，预测后续 6 个季度销售量的计算过程如下：

第五年第三季度预测值 =（18.375+3×0.66）×120.54% = 24.54（吨）

第四季度预测值：（18.375+4×0.66）×151.91% = 31.92（吨）

第六年第一季度预测值 =（18.375+5×0.66）×50.57% = 10.96（吨）

第二季度预测值 =（18.375+6×0.66）×76.98% = 17.19（吨）

第三季度预测值 =（18.375+7×0.66）×120.54% = 27.72（吨）

第四季度预测值 =（18.375+8×0.66）×151.91% = 35.93（吨）

3. 指数平滑法

指数平滑法，是根据历史资料的上期实际数和预测值，用指数加权的方法进行预测，其实质是一种以特殊的等比数列为权数的加权移动平均法，优点是只要有上期实际数和上期预测值，就可以算下期预测值，可以节省数据处理时间，方法简便。根据平滑次数，指数平滑法可分为一次指数平滑法和多次指数平滑法。

一次指数平滑法，以预测对象的本期实际值和本期预测值为基数，分别给两者以不同的权数，计算出指数平滑值，作为下期预测值。一次指数平滑法定预测公式为：

$$S_{t+1}^{(1)} = \alpha X_t + (1-\alpha) S_t^{(1)}$$

式中，$S_{t+1}^{(1)}$ 代表指数平滑值，即下期预测值；X_t 代表本期的实际值；$S_t^{(1)}$ 代表本期预测值；$\alpha(0 \leq \alpha \leq 1)$ 是平滑系数。

多次指数平滑法，是二次指数平滑法、三次指数平滑法及以上指数平滑法的统称。在市场预测中，主要应用二次指数平滑法。二次指数平滑法对时间数列进行了一次指数平滑后再做一次指数平滑，求得二次指数平滑值，并利用一次指数平滑值与二次指数平滑值之间的滞后偏差演变规律，建立线性方程，用于预测。二次指数平滑法的预测公式为：

$$S_t^{(2)} = \alpha S_t^{(1)} + (1-\alpha) S_{t-1}^{(2)}$$

式中，$S_t^{(2)}$ 代表 t 时期的二次指数平滑值；$S_t^{(1)}$ 代表 t 时期的一次指数平滑值；$S_{t-1}^{(2)}$ 代表 t 前一时期的二次指数平滑值；$\alpha(0 \leq \alpha \leq 1)$ 是平滑系数。二次指数平滑法欲建立的直线方程为：

$$\hat{X}_{t+T} = a_t + b_t T$$

式中，$\hat{X}_{t+T}$ 为第（$t+T$）期待预测值；t 为一次与二次移动平均值的时间，通常为本期；T 为本期到预测期的时期数；a_t 和 b_t 为参数，计算公式为：

$$a_t = 2S_t^{(1)} - S_t^{(2)}$$

$$b_t = \frac{\alpha}{1-\alpha}(S_t^{(1)} - S_t^{(2)})$$

在用指数平滑法进行预测的时候，需要确定初始值和平滑系数，初始值一般可以用最早的观察值或最早的前几个观察值的平均数代替，平滑系数则需要通过测试得出。

例 9-6

某公司根据最近 12 年的销售额，预测第 13 年的销售额情况，用一次指数平滑法进行预测（$\alpha=0.3$），如表 9-9 所示。

表 9-9 一次指数平滑法预测值计算表

年序数 t	实际销量 (X_t)	指数平滑值 (F_{t+1})	预测误差 ($X_t - F_t$)	误差平方 ($X_t - F_t)^2$
1	140.0	140.0	—	—
2	136.0	140.0	-4	16
3	157.0	138.0	18.2	331.2
4	174.0	144.3	29.7	822.1
5	130.0	153.2	23.2	538.2
6	179.0	146.2	32.8	1 075.8
7	180.0	156.0	24	576
8	154.0	163.2	-9.2	84.6
9	170.0	160.4	9.6	92.2
10	185.0	163.3	21.7	470.9
11	170.0	169.8	0.2	0.04
12	168.0	169.9	-1.9	3.6
13		169.3		

关于平滑系数的取值直接影响预测结果的精度。一般平滑系数按如下的原则选取：

①对于斜坡趋势型的历史数据，一般可取较大的平滑系数 $0.6 < \alpha < 1$；
②对于水平型历史数据一般可取较小的平滑系数 $0 < \alpha < 0.3$；
③对于水平型和斜坡趋势型混合的历史数据，一般可取适中的平滑系数 $0.3 \leq \alpha \leq 0.6$。

（三）因果分析法

因果分析法也叫回归分析法，就是分析市场变化的原因，找出原因与结果的联系的方法，并据此预测市场未来的发展趋势。

在生产和流通领域的活动中，经常遇到一些同处于一个统一体中的变量。在这个统一体中，这些变量是相互联系、相互制约的，它们之间客观上存在着一定的关系。为了深入了解事物的本质，需要利用适当的数学表达式来表明这些变量之间的依存关系。微积分是研究完全确定的函数关系。然而，在许多实际问题中，不是由于变量之间的关系比较复杂，人们无法得到精确的数学表达式，就是由于生产或实验过程中不可避免地存在误差的影响，而它们之间的关系具有某种不确定性。

因此，需要用统计方法，在大量的实践或观察中，寻找隐藏在上述随机性后面的统计规律性。这类统计规律称为回归关系，有关回归关系的计算方法和理论通称为回归分析法。用回归分析法来分析一个或几个自变量（y）的变动，推测另一个自变量（x）变动的方向和程度，就是回归预测。回归预测主要分一元线性回归预测、多元线性回归预测、非线性回归预测等。本任务从多方面因素考虑，只讲解一元回归预测法。

一元线性回归预测是运用一个在事物变动的诸因素中主要的和起决定作用的自变量的变动，来推测另一个因变量的变动情况并得出它们之间的关系式，从而进行市场预测的一种方法。因为这两个变量之间的关系式一般呈线性关系，所以叫作线性回归预测法。根据它们相关的方向不同，又有正相关（顺相关）与负相关（逆相关）之分。例如，某地区居民人均年收入增加，某种耐用销售品的销售量也随之增加，其变动方向一致，因此称为正相关。如果根据商品流通费率的大小来预测商业利润的增减，由于流通费率增大，利润率就会随之降低，其变动方向是反的，就称为负相关。

一元线性回归法的公式为：

$$Y = a + bX$$

式中，Y 为因变数，X 为自变量，即引起市场变化的某影响因素；a、b 为回归系数，其中 a 是截距，b 为斜率。在市场预测中，回归分析则是通过历年数据确定回归系数 a、b 之值。推算 a、b 值的常用方法是最小二乘法。公式为：

$$a = \frac{1}{n}\sum_{i=1}^{n} Y_i - b\frac{1}{n}\sum_{i=1}^{n} X_i = \bar{Y} - b\bar{X}$$

$$b = \frac{n\sum X_i Y_i - \left(\sum_{i=1}^{n} X_i\right)\left(\sum_{i=1}^{n} Y_i\right)}{n\sum X_i^2 - \left(\sum_{i=1}^{n} X_i\right)^2}$$

例 9-7

现在以 2011—2015 年某地区居民人均年收入与某企业生产的某种耐用消费品的年销售量为例，建立预测模型，预测该企业的年销售数量，如表 9-10 所示。

表 9-10　某地区居民人均收入和某种耐用消费品年销售表

年份	人均年收入/万元	x	年销售量 y/万件	xy	年销售量理论值/万件
2011	3	9	8	24	8.24
2012	4	16	9.5	38	9.32
2013	5	25	10.6	53	10.4

续表

年份	人均年收入/万元	x	年销售量 y/万件	xy	年销售量理论值/万件
2014	6	36	11.5	69	11.48
2015	7	49	12.4	86.8	12.56
总和	25	135	52	270.8	52.00

根据上述公式，得：$b=1.08$，$a=5$

据此建立的预测模型为：

$\hat{y}=5+1.08x$

当 2017 年居民人均年收入为 9 万元时，该企业的年销售量预测值为：

$\hat{y}=5+1.08\times9=14.72$（万件）

素养提升

加快建设农业强国　全面推动乡村振兴

《中国农业展望报告（2023—2032）》显示，2022 年，我国农业农村改革发展取得明显成效，稳住了基本盘，夯实了压舱石，为经济社会大局稳定提供了基础支撑。粮食逆境再夺丰收，产量再创历史新高，粮食和重要农产品供给安全基础持续稳固。2022 年粮食播种面积 17.75 亿亩，全国粮食总产量达 6.87 亿吨，连续 8 年保持在 6.5 亿吨以上。大豆油料产能提升工程迎来"开门红"，大豆自给率提高了 3 个百分点，食用植物油自给率提高了 1 个百分点。棉花产量小幅增加，畜牧业生产稳定增长，果菜鱼供给充足，蔬菜面积产量稳中有增，水果量足质优。

案例 1　中国农业发展现状与未来趋势

中国农业稳步发展和持续增强，得益于国家不断出台一系列促进粮食增产的政策，现代农业基础支撑不断加强，农业高质量发展成效显著。2022 年全国农业科技进步贡献率达到 62.4%，农业机械化水平稳步提高，农作物耕种收综合机械化率达到 73%；种业振兴深入推进，供种保障率提高到 75%。

党的二十大报告指出，加快建设农业强国，扎实推动乡村产业、人才、文化、生态、组织振兴。在加快建设农业强国的战略部署下，未来 10 年我国主要农产品市场将呈现什么样的发展态势？国际农产品生产和贸易情况又会产生什么变化？

任务实施

市场预测的程序就是开展预测工作的步骤，它是提高预测工作的效率和质量的重要保证。完整的预测工作一般包含以下几个步骤，如图 9-2 所示。

视频 5　市场预测步骤

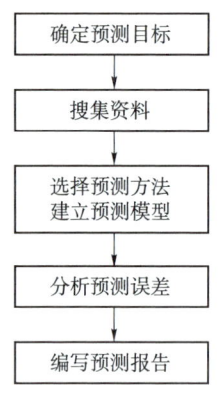

图 9-2　市场预测步骤

一、确定预测目标

由于预测的目标、对象、期限、精度、成本和技术力量等不同，预测所采用的方法、资料数据收集也有所不同。明确预测的具体目标，是为了抓住重点，避免盲目性，提高预测工作的效率。例如，预测某种商品的需求量，就是一个具体的预测目标。确定了这个目标之后，才能为搜集市场商情资料、选择预测方案、配备技术力量和预算所需费用指明方向。只有根据企业经营活动的需要，制订预测工作计划，编造预算，调配力量，组织实施，才能以较少费用，取得满意的预测结果。

二、搜集资料

资料是预测的依据，有了充分的资料，才能为市场预测提供可靠的数据。搜集有关资料是进行市场预测重要的基础工作，如果某些预测方法所需的资料无法搜集或搜集的成本过高，即便有理想的预测方法也无法应用。广泛收集影响预测对象的一切资料，注意资料的真实性和可靠性，剔除偶然性因素造成的不正常情况，是定量预测模型的基础条件。

三、选择预测方法与建立预测模型

市场预测方法很多，但并不是每个预测方法都适合所有被预测的问题。预测方法选用是否得当，将直接影响预测的精确性和可靠性。根据预测的目的、费用、时间、设备和人员等条件选择合适的方法，是预测成功的关键。对同一个预测目标，一般应同时采用两种以上的预测方法，以资比较和鉴别预测结果的可信度。定量预测模型应该在满足预测要求的前提下，尽量简单、方便和实用。

四、分析预测误差

预测是估计和推测，很难与实际情况百分之百吻合。预测模型又是简化了的数学模型，不可能包罗影响预测对象的所有因素，出现误差是不可避免的。产生误差的原因，一种可能是收集的资料有遗漏和篡改或预测方法有缺陷；另一种可能是工作中的处理方法失当，工作人员的偏好影响等。因此，每次预测实施后，要利用数学模型计算的理论预测值，与过去同期实际观察值相比较，计算出预测误差，估计其可信度。同时，还要分析各种数学模型所产生误差的大小，以便对各种预测模型做出改进或取舍。误差分析往往同选择预测方法结合进行。以上几个预测步骤是相互密切联系的，在先后顺序上有时也可交叉进行。市场调查人员应当根据预测的目的要求和实际工作进程灵活掌握。

五、编写预测报告

预测报告是对预测工作的总结，也是向使用者做出的汇报。预测结果出来之后，要及时编写预测报告。报告的内容，除了应列出预测结果外，一般还应包括资料的搜集与处理过程、选用的预测模型及对预测模型的检验、对预测结果的评价（包括修正预测结果的理由和修正的方法），以及其他需要说明的问题等。预测报告的表述，应尽可能利用统计图表及数据，做到形象直观、准确可靠。

拓展阅读

专家调查法

课后巩固

◆ 知识训练

一、单项选择题

1. 以下内容不属于市场需求的特点的是（　　）。
   A. 趋向性　　　B. 有限性　　　C. 相关性　　　D. 替代性
2. 以下预测方法不属于定性预测方法的是（　　）。
   A. 专家预测法　　　　　　　B. 购买意向调查预测法
   C. 指标法　　　　　　　　　D. 季节指数法
3. 市场预测的主要目的在于（　　）。
   A. 最大限度地减少不确定性　　B. 加强对过去市场的认识
   C. 进行调查研究　　　　　　　D. 提高市场占有率

二、多项选择题

1. 以下属于市场预测的基本原理的是（　　）。
   A. 可知性原理　　B. 系统性原理　　C. 惯性原理
   D. 因果原理　　　E. 类推原理　　　F. 概率原理
2. 以下属于市场预测的基本要求的是（　　）。
   A. 客观性　　　B. 片面性　　　C. 及时性
   D. 主观性　　　E. 持续性　　　F. 经济性
3. 市场资源预测的内容包括（　　）。
   A. 工业产品预测　　　　　　　B. 农副产品预测
   C. 进口产品预测　　　　　　　D. 出口产品预测

任务 9　预测市场趋势　　229

三、判断题

1. 市场营销组合预测不包括渠道预测。（　　）
2. 定性预测方法简便，易于掌握，而且时间快、费用省，因此得到广泛采用。（　　）
3. 定量预测方法不需要依靠实际观察数据。（　　）

四、简答题

1. 请简述市场预测的内容。
2. 请简述市场预测的步骤。

◆ **实践演练**

1. 某市商业总公司欲对本公司下一年度的销售额进行预测，由三名有权威的管理人员组成预测小组，他们的预测结果如表9-11所示。

表 9-11　预测结果　　　　　　　　　　　　万元

预测人员	最高销售额	概率	最可能销售额	概率	最低销售额	概率
管理人员 A	7 800	0.3	7 300	0.6	6 800	0.1
管理人员 B	6 700	0.2	6 500	0.7	6 200	0.1
管理人员 C	6 200	0.1	6 000	0.7	5 600	0.2

根据以上资料，估算：

（1）各位管理人员的预测期望值；

（2）若给予管理人员 A、B、C 的权数分别为 7、6、5，试估算该公司下一年度销售预测值（保留两位小数）。

2. 某公司2021年上半年各月销售收入分别为：400万元、450万元、420万元、390万元、410万元、480万元。试用一次指数平滑法预测：

（1）取 $\alpha=0.3$ 时，预测2021年7月份的销售额；

（2）取 $\alpha=0.6$ 时，预测2021年7月份的销售额。

3. 根据表9-12的资料，计算某产品销售的季度指数。

表 9-12　1—12月销售量

月份	销售量	月份	销售量
1	105	7	145
2	135	8	140
3	120	9	100
4	105	10	80
5	90	11	100
6	120	12	110

4. 某地区农民 10 年人均年纯收入和该地区相应年份的销售额的资料如表 9–13 所示。

表 9–13　某地区农民 10 年人均纯收入和相应年份的销售额

年序号	人均年纯收入/元	销售额/百万元
1	400	130
2	520	150
3	560	156
4	640	164
5	720	172
6	820	182
7	940	190
8	1 040	202
9	1 160	216
10	1 200	226

要求：

（1）用最小平方法求出该一元回归方程中的参数，建立预测模型；

（2）假设模型的各项检验均通过，用该模型预测当年纯收入为 1 400 元的销售额（点预测）。

◆ 任务评价

任务执行评价

序号	评价维度	评价内容	所占分值/%	自我评价/30%	小组评价/20%	教师评价/50%
1	任务完成情况	学习自觉性高，积极主动，一丝不苟。遵守时间，能在规定时间内完成并上交	10			
2	任务呈现形式	如实记录，表达准确，条理清晰，内容丰富，图文并茂，有一定的创新力	20			
3	行动工具的达成	正确使用行动工具，作业步骤清晰，能够举一反三、融会贯通	25			
4	任务成果的达成	思想上积极上进，有强烈的求知欲和进取心，能够立足专业、提升技能、夯实基础，综合素养得到全面提升	25			
5	学习小组合作情况	团队目标明确，沟通顺畅，有团队协作精神，有领导组织能力	20			
		小计				
		合计				

任务 9 预测市场趋势 随堂笔记

姓名		上课时间	
地点		授课教师	
主题			
重点及难点			
我的思考与问题			

任务 10
撰写调查报告

学习目标

知识目标
1. 掌握市场调查报告的写作格式
2. 掌握市场调查报告的撰写程序
3. 把握撰写市场调查报告的侧重点
4. 理解调查报告在市场调查工作的作用

技能目标
1. 明确市场调查的重点部分
2. 熟悉调查报告的写作特点
3. 掌握介绍调查报告的技巧
4. 懂得对整个调查工作的理解能力和综合应用能力
5. 提升调查问题的归纳能力和分析能力

素质目标
1. 培养学生的职业道德，规范学生的职业行为
2. 培养学生的责任与担当意识
3. 培养学生严谨、诚信、实事求是的工作态度
4. 培养学生的团队意识与团队协作能力

任务导入

　　大学生作为一个特殊的消费群体，有不同于社会其他消费群体的消费心理和行为。近年来，大学生群体的消费水平及结构备受人们的关注。2023 年，某内陆省份的一所职业技术学院就利用市场调查与分析课程的实训教学环节，组成了 10 名大学生的调查项目小组，在该校的万名在校大学生群体中，随机发放《大学生消费问题调查问卷》500 份，对大学生的月消费水平、支出类别及金额、生活资金及来源、社会兼职及目的、家庭收入、自我评价等问题，进行问卷访谈。之后，项目小组审核整理回收的调查问卷，得到了 480 份有效问卷，在编码录入后进行了数据分析。最后，项目小组需要将调查及分析结果撰写成一份调查分析报告并提交，图 10-1 所示为大学生消费主要构成。

　　现在，项目小组成员面对这次调查活动获得的调查资料与数据分析的结果，应当如何撰写这份调查分析报告呢？

图 10-1　大学生消费主要构成

> 任务分析

如何提交和陈述调查结果，会对一项市场调查项目的成败造成重大的影响。而且，调查团队通常都需要准备一个书面的市场调查报告，并且往往需要做口头的陈述。比起调查资料来，这项工作完成的形式与质量，将会更加影响到对调查成果的领悟，以及决策者实施决策活动。因此，调查人员必须了解其特点，掌握撰写的方法，能够较好地完成市场调查报告的撰写。

任务 10 将沿着调查报告的撰写过程，向读者展示背景素材提示的市场调查项目的调查报告主体内容，并通过解析来阐述调查报告的撰写技术。需要读者关注以下问题：

一个好的市场调查报告的结构与特点；

撰写一份市场调查报告的技巧；

案例资料显示的调查报告写作思路及技巧。

在此基础上，学习本章内容之后，读者应当撰写一份课程学习过程中实施的市场调查项目报告，并制作 PPT 演示文稿，在小组范围内展示报告成果，进行小组讨论及答辩。

> 任务知识

一、市场调查报告的定义

市场调查报告是以一定类型的载体反映市场状况的有关信息并包括某些调研和预测结论和建议的形式。

视频 1　市场调查报告

市场调查报告的类别和形式是多种多样的，但是任何种类、形式的调查报告都具有如下基本特征：

（1）调查报告是市场调查活动的总结和说明，产生于市场调查分析之后，它是市场调查过程的高度概括。

（2）调查报告反映的是市场现象中的主要矛盾和市场活动中的新问题。调查报告既反映了对现有认识的广度和深度，又反映了对未知领域广度和深度的探索，同时它的针对性也很强。

（3）调查报告是科学的。调查报告是以调查事实为依据的分析和总结。它如实反映了客观世界，是客观事物间内在联系的总结和反映。调查报告中运用的调查资料和数据是采用科学的方法获取的。

（4）调查报告对市场现象不是一般性的描述，而是经过对现象的科学分析和总结，揭示出事物的本质。调查报告展示了市场现象发生、发展和变化的规律。

（5）调查报告涉及的知识面较宽，如哲学、政治经济学、社会学、逻辑学、数学和统计学等专业知识。它是调查者思想、立场、知识、能力和才华的综合体系。

二、市场调查报告的种类

市场调查报告依据不同标准可划分多种类型。依据研究的目的不同，可分为理论性调查报告和实际型调查报告；依据调查对象的范围和关系不同，可分为概况型调查报告和专题型调查报告；依据调查的性质不同，可分为叙述型调查报告和分析型调查报告；按表达形式不同，可分为文字报告与口头报告。

（一）概况型调查报告

概况型调查报告是围绕调查对象的基本状况而撰写的全貌表述。其主要用途是较详尽地记录调查结果，较系统地陈述调查资料，以弄清调查对象发生和发展的基本状况，使人们对调查对象有个全面的了解。

（二）专题型调查报告

专题型调查报告是围绕某一专题而撰写的。这些专题可以是典型经验、新生事物、历史事件或存在问题等。专题调查名目繁多，范围较广，实用性很强。专题调查报告的主要用途是研究具体问题，及时反映情况，揭露事物某一侧面矛盾，根据调查分析结果提出建议和对策。其特点是：主题鲜明、针对性强、材料具体、数据准确、说服力强。

（三）理论型调查报告

如果调查分析的目的是提出、证明或补充某个经济理论观点，其报告就为理论研究型报告。其特点是注重理论研究和陈述，讲求分析问题的立场和方法。

（四）实际型调查报告

这类调查报告的目的是为某项工作，针对某社会现象和有影响的问题，或对某方案提出意见和建议而撰写的。其除了具有专题型调查报告的特点外，还具有调查报告建议的结合实际、有分量、有新意等，提出的建议是仅依靠调查取得的全部资料和数据等特点，做到言之有理、论之有据。

三、市场调查报告的组织结构

市场调查报告作为一种特殊的应用文，其格式总的特点是开门见山，准确简练。从一般结构上看，一篇完整的调查报告由标题、目录、摘要、正文和附件等几部分组成。

（一）报告标题

市场调查报告的标题是由调查与预测的目的、内容与范围来决定的。不同类型的报告标题，所强调的内容和重点不同。

1. 产品调查与预测

产品调查与预测的目的，是了解产品的供需情况、制定的产品策略。调查与预测内容包括该项产品的供需总量，消费者对产品质量、性能、价格、交货期及技术服务的意见，该产品处于寿命周期的哪个阶段，现有产品扩展市场的可能性，以及市场对于创新产品的需求情况。报告标题应突出产品名称，并突出产品某个方面的侧重点。

如："青岛啤酒国内市场的市场调查与预测"

"2023年中国钢铁市场预测报告"

"2020—2023年中国PE塑料颗粒市场发展前景预测报告"

2. 消费者需求调查与预测

消费者需求调查与预测的内容，主要是某类某项产品的消费者需求总量、消费构成以及消费者的购买动机与购买行为等。例如，某一类产品的消费者属于哪种消费层次？年龄特点、收入水平、地区分布、购买动机等情况如何？消费量有多大？有哪些消费习惯？等等。拟定这类调查报告的标题，通常采用直接叙述的方式。

如："北京市居民消费结构的调查与预测"

"海尔小家电产品顾客满意度研究"

"移动电话市场规模的调查与预测"

"上海日用小商品短缺情况的调查与预测报告"

"关于××市居民轿车消费状况与趋势的调研报告"

3. 营销活动调查与预测

营销活动调查与预测的目的，在于为企业制定营销策略提供依据。营销活动调查与预测的内容，包括企业产品的营销实绩与趋势分析，营销渠道、销售价格的分析与预测，营销活动的费用和效率的分析预测，广告等促销活动的经济效果分析，售后服务的方式及其效果分析，以及消费者对营销活动的意见调查等。拟定这类调查报告的标题要突出重点。

如："出口商品包装不容忽视"

"某公司广告促销活动的效果分析"

"市场导向对于企业营销绩效的影响研究"

4. 市场环境调查与预测

市场环境调查与预测的内容，包括对市场有重大影响的政治环境、经济环境、科技环境和竞争环境的调查与预测，涉及国家的经济政策、投资政策、能源政策、经济发展速度以及能源、交通发展状况，新技术、新工艺、新材料的发展趋势及应用状况，竞争企业的生产能力、产品质量、生产成本、市场占有率及推销策略等。拟定这类调查报告的标题要突出环境因素。

如："进入WTO对于中国零售业的影响"

"国家的新能源政策对于电力企业发展的影响"

"网络环境下陕西省旅游业发展状况的分析与预测"

(二) 报告目录

当市场调查报告的页数较多时，应使用目录或索引形式列出主要纲目及页码，编排在报告题目的后面。目录包含报告所分章节及其相应的起始页码。通常只编写两个层次的目录。较短的报告也可以只编写第一层次的目录。需要注意的是，报告中的表格和统计图都要在目录中列明,详见图 10-2。

```
目　录
一、摘要……………………………………………………………………1
二、调查概况………………………………………………………………4
    1. 研究背景及目的……………………………………………………4
    2. 研究内容……………………………………………………………6
三、研究方法………………………………………………………………8
四、消费者调查结果………………………………………………………10
    1. ××××……………………………………………………………11
    2. ××××……………………………………………………………15
    3. ××××……………………………………………………………20
五、零售商调查结果………………………………………………………26
    1. ××××……………………………………………………………26
    2. ××××……………………………………………………………30
    3. ××××……………………………………………………………33
六、结论及建议……………………………………………………………37
七、消费者对零售商偏好分析图…………………………………………45
八、消费者使用频率分析图………………………………………………46
附录一　消者调查问卷
附录二　消费者问卷的原始统计数据
附录三　零售商调查问卷
附录四　零售商问卷的原始统计数据
```

图 10-2　目录的例子

(三) 摘要

摘要是整个报告的精华,一般是按照市场调查项目的顺序将问题展开,包括调查目的、调查对象和调查内容的简要介绍,处理问题的途径和所采用的方案设计、主要的发现等几个方面的内容,最后,还要得出结论,提出建议。摘要写作时,应注意以下事项:

语言简洁,只提示主要内容,一般不超过 2 页;

内容精练,分段落,用小标题标示清楚;

应该引起阅读者的兴趣,使其进一步阅读报告的其余部分。

例如,《关于女性内衣市场的调查报告》的摘要部分是这样写的:

中国女性内衣市场是一个具有良好增长规模和前景的市场,在中国国内是现阶段新的经济增长点。目前中国女性内衣市场上的品牌主要以合资、进口、国产为主,其中,国外品牌开始进入内地市场并逐渐占领高端市场。合资产品占有中高端市场相当份额,成为各商场的中坚主打商品。国产低端品牌内衣主要靠价格促进销售,竞争异常激烈。在品牌战略、策略和产品设计创新方面,国内女性内衣制作企业与国外品牌和企业相比还有很大差距,国内的内衣销售渠道也存在进一步改善渠道结构的空间。面对女性内衣市场上需求的增长和国际内衣市场竞争的日益激烈,国内内衣制作企业必须在生产和营销两个方面下更多的工夫。

(四) 报告的正文

市场调查报告的正文部分占篇幅最长,内容也最多,因此,在结构上必须精心安排。正文部分一般需要包括本次调查的背景资料、市场调查中使用的调查方法、研究主题的具体分析说明、结尾部分和附录。

1. 背景资料介绍

背景资料介绍也称作引言。在这一部分报告内容中,撰写者要对本次调查的由来或受委托展开调查的原因进行说明。引言的形式一般有以下几种：

（1）开门见山，揭示主题。正文开始先交代调查与预测的目的或动机，揭示主题。

例如："我公司受××商业集团的委托，对市中心五区消费者进行一项有关购物环境满意度的调查，了解解消费者对商场购物环境的满意和不满意因素，为××商业集团改善购物环境提供决策依据。"

（2）结论先行，逐步论证。先将结论写出来，然后再逐步论证，这种引言的特点是观点明确、一目了然。

例如，一项对唐装未来消费趋势的调查报告可以这样开头："近年来，穿着唐装成为一种仿古时尚，经过对消费者的抽样调查，我们认为唐装未来的销售潜力是巨大的，原因主要从如下几个方面反映……"

（3）交代情况，逐层分析。先交代背景情况，然后逐层分析，得出结论。

例如，2014—2022年，我国结婚率由0.96%降至0.52%，出生率下降0.7%，65岁以上人群占比增至14.9%，"空巢青年"与"空巢老人"数量均有增加。在人均可支配收入增加的情况下，越来越多的人选择养宠物来弥补内心的孤独感，宠物行业市场得到高速发展，预计2025年市场规模将达到1 410.1亿元。

（4）提出问题，引入正题。

例如，自2020年下半年以来，我国各地CPI均持续走高，特别是食品价格更是居高不下。面对食品原材料价格的持续上涨，我国餐饮业面临很大的成本挑战，行业竞争也趋近于白热化。如何在成本走高的整体环境下保持原有产品和服务不缩水？如何在激烈的竞争中立于不败之地？带着这些问题，我公司对××市餐饮企业进行了有关情况调查。

2. 调查和分析方法说明

市场调查报告的正文部分需要说明市场调查和分析时使用的方法，并解释选择这些方法的理由，同时还要说明使用这些方法存在的缺陷，并且用统计调查进一步交代最后结果的置信度。在这一部分，需要说明的内容包括：

（1）调查地区。即调查活动是在哪个地区或区域进行的。

（2）样本情况。即样本是在什么样的对象中，用什么样的抽样方法选取出来的。

（3）访问完成情况。即调查之初拟订样本含量多少，实际获得有效结果的被调查者有多少，同时还要说明，对于丢失或数据有误的问卷，是如何采取补救措施的。

（4）数据采集。说明用什么方法来收集资料，是电话访问还是现场访问，是观察法还是实验法。

（5）数据处理方法。主要介绍用何种方法、何种工具对数据进行处理和统计分析。

3. 研究主题的具体分析说明

这是调查与预测报告的核心部分，具体内容应视调查与预测的目的而定。比如，若调查与预测的是市场的一般供需状况，分析的内容就可能是：某种产品的市场总需求量和饱和点；有无替换产品存在或供开拓；市场的销售发展趋势；产品市场地区划分和地区分布；本企业产品在同行业中的市场占有率；本企业产品在各地区市场上的占有情况；未被开发和占领的市场；不同地区可期望的销售量以及广告费用与销售力量的合理分配。

若进行产品调查，分析的可能就是：现有产品线的扩充或收缩；产品设计；产品的功能与用途；产品使用与操作安全；产品牌号和商标设计；产品外观与包装；产品系列与产品组合；产品生命周期；探索产品新用途；产品售前售后服务；保持适当库容。

若进行产品价格调查，分析的内容如下：影响价格变动的因素分析；产品需求弹性计算；不同价格政策对产品销售量的影响分析；产品的合理价格及新产品的定价策略；产品生命周期不同阶段的定价原则；类似产品的合理比价。

若进行广告效果调查，分析的内容如下：产品寿命周期不同阶段的广告目标；合理的广告市场查与预算；最能激发消费者购买动机的广告媒体；广告效果的测定。

若进行营销渠道调查，分析的内容如下：各类中间商的选择与评价；各地区市场销售网点分析；销售成本分析；销售渠道的拓宽。

若进行市场竞争情况调查，分析的内容往往包括：竞争对手的产品设计性能、包装和售后服务等情况；竞争对手的产品生产成本与定价策略；竞争对手的产品广告费用与广告策略；竞争对手的销售渠道；未来市场竞争情况。

总之，分析预测的结果是应用统计工具或定性分析技巧，对数据或资料处理结果的一个归纳和总结。它要与前面的研究问题和研究方法相匹配，整合为一个逻辑严密的整体。此外，在必要时，还要对一些分析和预测的结果做出合理的解释。

4. 结尾部分

结尾部分是调查报告的结束语，也是对前文分析的进一步总结，用来帮助读者和用户明确主旨、加深认识，启发读者的思考和联想。一般来说，市场调查报告的结尾包括如下四部分内容：

（1）概括全文。经过前文的具体分析后，概括总结本次调查和调查报告的主旨，深化报告主题。

（2）形成结论。前文的具体分析过程已得到一些结论，但都是分散的，结尾就是要将前文的零散结论进行综合说明。

（3）提出建议。建议的内容必须紧紧围绕本次市场调查的主题。例如，本次调查是为了了解广告对某产品销售促进的效果，那么建议的内容就应该是选择哪种广告媒体、制作怎样的广告方案等。

（4）调查工作总结。这部分内容是总结市场调查全过程的得与失，即成功之处在哪里，有哪些经验值得积累，不足之处是什么，产生的原因是什么，调查结果的信度和效度如何，今后哪些结论可以随时间的改变而改变，等等。

（五）附录

市场调查报告的附录是对报告主体部分的补充，用以附加说明本次调查分析的相关问题。附录内容的多少由具体情况决定，可能包括各种表格、图表、图示或插图说明等，应该将其按顺序编号，排列在报告正文之后。一般来说，附录中会包括如下一项或几项：

（1）调查问卷副本、访问提纲、量表等；

（2）调查对象的名单或名称表；

（3）文献资料的出处；

（4）某种特殊调查方法和分析方法的介绍；

（5）已经在正文汇总的统计表和统计数字列表及其详细计算；

（6）认为有价值却无法在正文中反映的调查资料。

具体如表10-1所示。

表 10-1　市场调查报告基本结构

扉页	报告正文
1. 市场调查题目	1. 详细背景介绍
2. 市场调查用户	2. 调查主体详细说明
3. 市场调查组织者	3. 调查方法的详细说明
4. 市场调查日期	4. 调查主题的详细论述过程
序言	5. 调查图表解释
1. 目录	得出结论
2. 简介（项目背景，人员配备）	1. 市场调查结论 1
市场调查结论摘要	2. 市场调查结论 2
1. 调查主题简要陈述	提出建议
2. 调查结论简要陈述	1. 市场营销建议 1
3. 调查方法简要陈述	2. 市场营销建议 2
4. 提出建议简要陈述	附录：种类附录资料

以上提出了一份极为正规的调查报告所应包含的所有组成部分。这种极为正规的格式用于企业内部大型调查项目，或调查公司向客户提供的服务项目。对于那些不那么正规的报告，某些组成部分可以略去不写。视项目的重要程度和委托方的实际需要，可以从最正规的格式到只要一份报告摘要的这一逐渐简化系列中选择一个适当的设计。

四、市场调查报告的写作技巧

（一）市场调查报告的写作方法

1. 良好的调查报告基本要求

（1）调研主题突出，结构合理；

（2）文字流畅；

（3）选材适当；

（4）重点突出；

（5）全面报告应打印成正式文稿，要字迹工整、清楚、方便阅读。

2. 市场调查报告起草过程

市场调查报告的起草顺序与其文体结构的顺序正好相反，即从准备有关的图表和附件入手，进而草拟报告正文，最后再撰写调查报告摘要，如图 10-3 所示。

准备分析图表 → 起草报告正文 → 撰写报告摘要 → 整体报告其他部分

图 10-3　市场调查报告起草过程

在草拟调查报告正文之前，调查人员应对报告的文体结构、章节、段落有一个大概的写作思考框架，这需要反复思考和构思才能形成。在起草时要条理性和系统性地集中阐明市场调查结论及其论据，注意突出重点，避免平铺直叙、面面俱到。报告草拟初稿形成后应进行认真审查，仔细进行修改，使报告更加完整和丰满。

3. 图表使用

调查报告的撰写要充分利用种类图表的功能。因为图表不仅可以向阅读者提供一个简明系统的资料，而且可以使阅读者迅速利用图表进行直观的对比和分析，一目了然地了解调查工作的成果。使用图表相比于使用文字，说明市场现象某种数据关系及其变化趋势等问题，可以收到更为明显的效果。

4. 调查报告撰写中容易出现的问题

（1）调查主题不突出：偏离主题的文字或资料堆集。
（2）文体结构安排不当：结构层次不清，线路混乱，没有写作提纲的平铺直叙。
（3）论据不够充分：市场调查资料不足，或对市场调查过程的说明不充分。
（4）定量分析不足或过量：数据过多或不足，图表过多或不足。
（5）资料使用不当：对数据资料的理解或解释不当。

（二）调查报告的写作特点

1. 写作的表达方式

表达方式是在写作中运用语言反映客观事物的方法。调查报告的表达方式以说明为主。"说明"在调查报告中的主要作用是将研究对象及其存在的问题产生的原因、程度及解决问题的办法解释清楚，使读者了解、认识和信服。在报告中不论是陈述情况、介绍背景，还是总结经验、罗列问题、分析原因以及反映事物情节、特征和状况等，都要加以说明。即使提出建议和措施也要对其进行说明。因此，调查报告是一种特殊说明文。

（1）背景说明。任何社会现象、经济现象都是在一定历史和环境条件下产生的，而且这种社会条件、环境是不可重复的。要正确客观地反映事物，必须介绍其背景。背景说明可以反映事物产生发展的时间、空间和条件，可以解释事物的内涵，加深和突出调查报告的基本观点。因此，背景说明是十分重要的，也是必不可少的。

（2）情况说明。事物在产生和发展过程中，会呈现出各种不同的结构、状态、规模、速度、性质和特征等各种情况。调查报告的重要任务之一就是要说明这些情况。为了达到客观、准确，必须对研究对象有深入细致的了解及清晰的说明。要注意的是，"说明"要讲求顺序，不论是采用由主及次、由浅入深，还是采用由远及近、由表及里，都必须按照事物的逻辑顺序加以说明，否则会显得杂乱无章，说而不明。

（3）建议说明。为了有助于领导进行科学决策，有助于社会各界对调查研究对象的关注和问题的解决，除了反映情况、分析问题外，还要提出解决问题的办法、措施和建议。所以，"建议说明"是调查报告的必然部分。建议的表述也是依靠"说明"而完成的，这部分必须明确具体、切实中肯，具有较强的针对性和可行性。

2. 调查报告的语言

调查报告不是文学作品，它具有较强的应用性，因此它的语言应该严谨、简明和通俗。

（1）严谨。语言严谨体现在选词造句精确、分寸感强，要求对事物进行准确、周密的描述和恰当的评价。因此，在调查报告中既不能使用如"可能""也许""大概"等含糊的词语，还要注意在选择使用表示强度的副词或形容词时，要把握词语的程度差异，比如，"有所反应"与"有反应"，"较大反响"与"反应强烈"，

视频3 调查报告的语言

"显著变化"与"很大变化"之间的差距。

为确保用词精确，书写时要少用形容词，最好是用数字来反映；用较强的概念时，要注意其本身的内涵和外延；同时还要区分相近、易于混淆的概念，例如，"发展速度"与"增长速度"，"番数"与"倍数"，"速度"与"效益"。

（2）简明。在叙述事实情况时，必须使用简述的手法，把事实浓缩，力争以较少的文字清楚地表达较多的内容。要使语言简明，重要的是训练作者的思维。只有思维清晰、深刻，才能抓住事物的本质和关键，用最简练的语言概括和表述。

（3）通俗。调查报告的语言应力求朴实严肃、平易近人。通俗易懂才能发挥其应有的作用，但通俗、严肃并非平淡无味，作者要加强各方面的修养和语言文字表达的训练，提高驾驭语言文字的能力，最终才能写出语言生动、通俗易懂的高水平的调查报告。

3. 调查报告中数字的运用

较多地使用数字、图标是调查报告的主要特征。调查报告中的数字与数学中的数字不同，它不是抽象的数量表现，而是物的数量特征，它解释事物之间的数量关系。因此，调查报告中的数字既要准确，又要讲究技巧，力求把数字用活，用得恰到好处。

视频 4　调查报告中数字的应用

（1）要防止数字文学化。数字文学化表现为在调查报告中到处都是数字，在大量使用数字时，要注意使用方式。一般我们应该使用图表来说明数字。

（2）运用数字的技巧。为了增加统计数字的表现力，使之更加鲜明生动、通俗易懂，还要对数字进行加工和换算。运用的方法有以下几种：

比较法：比较是研究事物的基本方法，也是数字加工的基本方法。比较法可分为纵向比较和横向比较。纵向比较可反映事物自身的发展变化，横向比较可以反映事物间的差距。对比可形成强烈的反差，增强数字的鲜明性。

化小法：运用化小法表达数字。有时数字太大，不易理解和记忆。如果把大数字换算成小数字则便于记忆。如把某厂年产电视机 518 400 台换算成每分钟生产 1 台效果好，153 000 000 公里换算成 1.53 亿公里更容易记忆。

推算法：运用推算法表达数字。有时个体数量较小，不易引起人们的重视，但由此推算出的整体数量却大得惊人。如对农民建房占用耕地情况调查发现 12 个村 3 年每户平均占用耕地 2 分 2 厘，而由此推算全县农村建房 3 年共占用耕地上万亩。

形象法：运用形象法表达数字。这种方法并不使用事物本身的具体数字，而是用人们熟悉的数字表示代替，以增强生动感。例如，乐山大佛高 71 米，头长 14.7 米……换成形象法为：佛像有 20 层楼高，耳朵有 4 个人高，每只脚背上可停放 5 辆解放牌卡车。相比较后者更具有吸引力。

（3）使用的汉字与阿拉伯数字应统一。总的原则是可用阿拉伯数字的地方，均应使用阿拉伯数字。公历世纪、年代、年、月、日和时间应使用阿拉伯数字，星期几则一律用汉字，年份一般不用简写；计数与计量应使用阿拉伯数字，不具有统计意义的一位数可以使用汉字（如一个人，九本书等）；数字作为词素构成定型的词、词组、惯用语或具有修辞色彩的语句应当用汉字（如"十五"规划等）；邻近的两个数并列连用表示概数时应当用汉字（如三五天、十之八九等）。

五、例文学习

例文一
××市居民家庭饮食消费状况调查报告

为了深入了解本市居民家庭在酒类市场及餐饮类市场的消费情况，特进行此次调查。调查由本市某大学承担，调查时间是2021年7—8月，调查方式为问卷式访问调查，本次调查选取的样本总数是2 000户。各项调查工作结束后，该大学将调查内容予以总结，其调查报告如下。

一、调查对象的基本情况

（一）样品类属情况

在有效样本户中，工人320户，占总数比例18.2%；农民130户，占总数比例7.4%；教师200户，占总数比例11.4%；机关干部190户，占总数比例10.8%；个体户220户，占总数比例12.5%；经理150户，占总数比例8.52%；科研人员50户，占总数比例2.84%；待业户90户，占总数比例5.1%；医生20户，占总数比例1.14%；其他260户，占总数比例14.77%。

（二）家庭收入情况

本次调查结果显示，从本市总的消费水平来看，相当一部分居民还达不到小康水平，大部分的人均收入在1 000元左右，样本中只有约2.3%的消费者收入在2 000元以上。因此，可以初步得出结论，本市总的消费水平较低，商家在定价的时候要特别慎重。

二、专门调查部分

（一）酒类产品的消费情况

1. 白酒比红酒消费量大

分析其原因，一是白酒除了顾客自己消费以外，用于送礼的较多，而红酒主要用于自己消费；二是商家做广告也多数是白酒广告，红酒的广告很少。这直接导致白酒的市场大于红酒的市场。

2. 白酒消费多元化

（1）从买白酒的用途来看，约52.84%的消费者用来自己消费，约27.84%的消费者用来送礼，其余的是随机性很大的消费者。

买酒用于自己消费的消费者，酒价格大部分在20元以下，其中10元以下的约占26.7%，10~20元的占22.73%，从品牌上来说，稻花香、洋河、汤沟酒相对看好，尤其是汤沟酒，约占18.75%，这也许跟消费者的地方情结有关。从红酒的消费情况来看，大部分价格也都集中在10~20元，其中，10元以下的占10.23%，价格档次越高，购买力相对越低。从品牌上来说，以花果山、张裕、山楂酒为主。

送礼者所购买的白酒，其价格大部分在80~150元（约28.4%），约有15.34%的消费者选择150元以上的。这样，生产厂商的定价和包装策略就有了依据，定价要合理，又要有好的包装，才能增大销售量。从品牌的选择来看，约有21.59%的消费者选择五粮液，10.795%的消费者选择茅台，另外对红酒的调查显示，约有10.2%的消费者选择40~80元价位的，选择80元以上的约5.11%。总之，从以上的消费情况来看，消费者的消费水平基本上决定了酒类市场的规模。

（2）购买因素比较鲜明。调查资料显示，消费者关注的因素依次为价格、品牌、质量、包装、广告、酒精度，这样就可以得出结论：生产厂商的合理定价是十分重要的，创名牌、求质量、巧包装、做好广告也很重要。

(3) 顾客忠诚度调查表明，经常换品牌的消费者占样本总数的32.95%，偶尔换的占43.75%，对新品牌的酒持喜欢态度的占样本总数的32.39%，持无所谓态度的占52.27%，明确表示不喜欢的占3.4%。可以看出，一旦某个品牌在消费者心目中形成，是很难改变的，因此，厂商应在树立企业形象、争创名牌上狠下功夫，这对企业的发展十分重要。

(4) 动因分析。主要在于消费者自己的选择，其次是广告宣传，然后是亲友介绍，最后才是营业员推荐。不难发现，怎样吸引消费者的注意力，对于企业来说是关键，怎样做好广告宣传，消费者的口碑如何建立，将直接影响酒类市场的规模。而对于商家来说，营业员的素质也应重视，因为其对酒类产品的销售有着一定的影响作用。

（二）饮食类产品的消费情况

本次调查主要针对一些饮食消费场所和消费者比较喜欢的饮食消费，调查表明，消费有以下几个重要特点：

(1) 消费者认为最好的酒店不是最佳选择，而最常去的酒店往往又不是最好的酒店，消费者最常去的酒店大部分是中档的，这与本市居民的消费水平相适应，现将几个主要酒店比较如下：

泰福大酒店是大家最看好的，约有31.82%的消费者选择它；其次是望海楼和明珠大酒店，都是10.23%；然后是锦花宾馆。调查中我们发现，云天宾馆虽然说是比较好的，但由于这个宾馆的特殊性，只有举办大型会议时使用，或者是贵宾、政府政要才可以进入，所以调查中作为普通消费者的调查对象很少会选择云天宾馆。

(2) 消费者大多选择在自己工作或住所的周围，有一定的区域性。虽然在酒店的选择上有很大的随机性，但也并非绝对如此，例如，长城酒楼、淮扬酒楼，也有一定的远距离消费者惠顾。

(3) 消费者追求时尚消费，如对手抓龙虾、糖醋排骨、糖醋里脊、宫保鸡丁的消费比较多，特别是手抓龙虾，在调查样本总数中约占26.14%，以绝对优势占领餐饮类市场。

(4) 近年来，海鲜与火锅成为市民饮食市场的两个亮点，市场潜力很大，目前的消费量也很大。调查显示，表示喜欢海鲜的占样本总数的60.8%，喜欢火锅的约占51.14%，在对季节的调查中，喜欢在夏季吃火锅的约有81.83%，喜欢在冬天吃火锅的约为36.93%，火锅不但在冬季有很大的市场，在夏季也有较大的市场潜力。目前，本市的火锅店和海鲜馆遍布街头，形成居民消费的一大景观和特色。

三、结论和建议

（一）结论

(1) 本市的居民消费水平还不算太高，属于中等消费水平，平均收入在1 000元左右，相当一部分居民还没有达到小康水平。

(2) 居民在酒类产品消费上主要是用于自己消费，并且以白酒居多，红酒的消费比较少，用于个人消费的酒品，无论是白酒还是红酒，其品牌以家乡酒为主。

(3) 消费者在买酒时多注重酒的价格、质量、包装和宣传，也有相当一部分消费者持无所谓的态度。对新牌子的酒认知度较高。

(4) 对酒店的消费，主要集中在中档消费水平上，火锅和海鲜的消费潜力较大，并且已经有相当大的消费市场。

（二）建议

(1) 商家在组织货品时要根据市场的变化制定相应的营销策略。

(2) 对消费者较多选择本地酒的情况，政府和商家应采取积极措施引导消费者的消费，实现城市消费的良性循环。

（3）海鲜和火锅消费的增长导致城市化管理的混乱，政府应加强管理力度，对市场进行科学引导，促进城市文明建设。

例文二

某某大学学生消费情况调查报告

近年来，随着高校的扩招，在校大学生数量逐渐增多，大学生作为一个特殊的消费群体也受到越来越多的关注，他们有不同于社会其他消费群体的消费心理和行为，消费观念的超前和消费实力的滞后，都对他们的消费有很大影响。了解大学生的消费情况，清楚大学生消费水平、消费支出项目，从而合理引导大学生理性消费十分必要。因此，我们决定在我校大学生中进行一次消费的调查分析，了解我校大学生的消费情况。

一、问卷调查的情况

我们组成了一个10人调查小组，实施本次调查。设计的大学生消费情况调查问卷，包括大学生月消费额度、生活资金来源、家庭收入情况，用于饮食、通信、证书考试培训、恋爱交友等支出金额。在校园内，面向1万余名大学生，采取简单随机抽样的方法抽取500个样本单位，通过访谈获取500份调查问卷，经过审核整理，确认收回有效问卷480份。从抽中的样本看，接受调查的同学毕业生占27%，新生占40%，其他年级学生占33%，性别比例趋于均衡，且分布在不同的专业，样本具有代表性。

二、调查数据的统计和分析

（一）月消费水平

统计结果表明，我校大学生月消费额集中在1 100~1 300元和1 200~1 500元，低于900元和超过1 500元的相对较少，仅占20%。样本平均值为1 350元，考虑到我校所处城市的物价水平相对于大城市来说较低，这一数据应当说是趋于合理的。另外，消费层次一定程度两极分化，年消费最高的达到30 000元，年消费最低的只有9 000元。家庭对学生的经济供给增多，构成大学生消费的一种特殊的奢侈格局，主要表现在旅游、电脑或手机等方面的消费上。

（二）饮食与衣着支出情况

调查的样本数据显示，饮食方面支出集中于800~900元，这说明饮食消费占据大学生月消费额的多数，大学生群体的消费支出主要用于正常的生活消费，应该说符合这一群体的消费特征。吃饭穿衣仍然是支出的主要方面，价格、质量、潮流是吸引大学生消费的主要因素。访谈时了解到，在购买商品时，大学生们首先考虑的因素是价格和质量，他们会尽量搜索那些价廉物美的商品，虽然不一定买名牌，但质量显然是非常关注的内容。

（三）通信与交友支出情况

随机问卷得到的结果为：拥有平板、电脑或智能手表的同学占到样本人数的60%，大学生智能电子设备的普及率较高。学生每月网络和话费支出介于80~120元的占到80%以上，主要用于交友联络、网上冲浪、短视频观看和玩游戏。也有个别同学迷恋网络游戏、网络小说，用于网络支出的费用偏高。月消费额较高的同学支出主要是恋爱消费、朋友聚餐、购买衣服等。数据结果显示，现代大学生比较注重交友与人际关系，也十分注重生活的品质。

（四）社会兼职打工情况

调查数据显示，随着在校时间的增长，有过社会兼职打工的人数所占比例逐步增多，三年级学生60%有过此方面的经历。同学们兼职的目的主要是增长社会经验，锻炼专业技能；打工的方式以寒暑假、五一、十一长假为主；工作岗位主要是学校提供的勤工助学岗位，个人在社会寻找的短期务工,如导购、网络服务、导游、保险推销、市场调研员、家教等。少部分同学由于家庭经济收入偏低,为增加个人收入,在学校提供的岗位兼职的同时,还在校外选择其他打工方式。由此来看,大学生参与社会实践的热情较高,社会阅历得以增加,这在增加大学生收入的同时,也促进了个人能力的提升,对就业帮助较大。

(五)生活资金来源及家庭收入

调查数据显示,90%以上的被调查者的资金主要是由家庭提供,这是当代中国大学生的普遍情况。由于我国教育制度、社会制度的制约,尚未建立像西方国家一样的勤工助学机制,即使家庭贫困的大学生完全依靠个人的努力解决求学的费用,这个愿望也是难以实现的。由此看来,我国的大学生的自理自立能力仍然需要进一步提高,大学生应当有自主创业、自立自强的精神。

(六)证书考核培训费用支出

访谈中发现,由于就业单位对学历、技能的要求,大学生在专升本考试、职业资格证书考试等方面的投入较大,许多同学会不惜重金参加一些培训班,报考一些资格证书,在为自己就业积累知识资本、购买资料等消费项目上出手大方,家长对此项消费的投入支持力度大。需要说明的是,由于这项支出的不确定性,我们没有将其包括在月消费支出额中。

三、调查结果的分析

(一)消费结构存在不合理因素

第一,大学生的生活消费组成部分以生活费用和购买学习资料、用品为主。在生活费用中,饮食费用又是重中之重。但是,在被调查的同学中,多数不注意饮食的营养结构,很少喝牛奶,有的以素食为主,有的不吃蔬菜,有的只选择廉价的饭菜。

第二,存在攀比心理。调查中了解到,为了拥有一款手机或者换上一款最流行的手机,有的同学情愿节衣缩食,甚至牺牲其他必要开支;男同学为了一双名牌运动鞋,女同学为了一套名牌化妆品或者一件名牌衣服,不惜向别人借钱满足自己的欲望,也就是说部分学生不懂得量入而出,而虚荣心的驱使又极易形成无休止的攀比心理。

第三,恋爱支出较多,部分谈恋爱的大学生每月多支出400元左右,有的高达1 500元(比如送名贵礼物给对方)。他们经常难以理性把握适度消费的原则,甚至有些女生的恋爱支出超过男生。

第四,理财意识差,储蓄观念淡薄。在调查中了解到,同学们对理财的认识较少,一学期结束后,大部分同学的消费已经超出计划范围,甚至有些同学还需要向别人借回家的路费,略有剩余的同学也想着如何把剩余的钱花完,只有极个别同学有储蓄的意识。

(二)不合理因素的成因分析

当前大学生在消费上出现无计划消费、消费结构不合理、攀比、奢侈浪费、恋爱支出过度等问题,既与社会大环境的负面影响有关,也与家庭、学校教育缺乏正确引导不无关系。

第一,今天的大学生生活在"没有围墙"的校园里,全方位地与社会接触,当某些大学生受到享乐主义、拜金主义、奢侈浪费等不良社会风气的侵袭时,如果没有及时得到学校老师和父母的正确引导,容易形成心理趋同的倾向,当学生所在家庭可以在经济上满足较高的消费条件时,这些思想就会在他们的消费行为上充分体现。

第二,父母在日常生活消费的原则立场是子女最初始的效仿对象。有些父母本身消费观念存在误区,又何以正确指导自己的孩子呢?

第三,学校教育环境对学生消费观念培养的重要影响作用。由于对大学生的消费心理和行为了解不够全面和客观以及课程设置等因素，与人生观、劳动观、金钱观、国情观等重要思想观念紧密相关的消费观的专题教育不够，校风建设范畴中普遍缺少倡导大学生勤俭节约生活消费观的内容，在校风建设上没有较好地注重塑造和强化学生良好的消费意识和消费行为，没有培养起学生良好的消费习惯。

四、结论与建议

（一）引导大学生增强独立意识，培养和加强理财能力

现今的大学生需要懂得如何在激烈竞争的社会中生存，独立理财能力就成了重中之重。理财不是简单的收支平衡，个人盲目的冲动不是独立，可以通过举办一些理财课程讲座（个人理财、股票投资、基金投资等），提高大学生的理财能力，引导大学生独立地行动和理性地思考，使他们具有正确认识金钱及金钱规律的能力，具有正确运用金钱及金钱规律的能力。

（二）引导大学生克服攀比情绪，形成大学生良好消费风气

攀比心理的形成不可避免，学校应当通过一些社团活动、主题班会、思想政治工作，教育大学生树立适应时代潮流的、正确的、科学的价值观，逐渐确立正确的人生准则，给自己理性的定位。使他们明确大学生的确需要竞争意识，但并不是所有的事物都需要争，生活上次于别人并不可耻，要在学业上竞争高低。一旦良好的消费习惯得到培养和加强，就会对良好校风的塑造起促进作用，并形成校风助学风的良性循环。因此，应该把大学生良好消费心理和行为的培养作为校园文化建设的重要组成部分。在校园文化建设中设计有关大学生健康消费理念的活动专题，并且持之以恒，以大学生良好的消费心理和行为促进良好生活作风的形成，进而促进良好学风、校风的巩固与发展。

（三）家庭、社会、政府共同关注，形成良好的环境与机制

家庭作为大学生经济来源的主渠道，应当根据家庭经济状况、大学生合理的消费水平，为大学生提供适度的资金，避免铺张奢侈；大学生的生活离不开社会，社会各界应当关注大学生消费群体，利用舆论等引导大学生合理消费，避免片面诱导；大学生能否自立，根本上取决于国家的政策制度，政府应当继续推进改革，进一步改善用人机制、高校的奖助学金管理机制，为大学生提供一个自立自强的平台。

（四）学校加强管理与引导，形成理性消费的校园环境基础

高校是大学生生活学习的环境，校园文化、消费群体习惯等对于年轻的大学生有着巨大的影响，高校应当重视大学生的消费问题，采取措施尽量引导学生避免奢侈浪费，不提倡学生穿名牌、用名牌的高消费行为；采取措施，为贫困学生尽可能多地提供勤工助学岗位，建立专门机构负责向大学生介绍社会兼职工作，严格管理奖助学金的发放等。多渠道、全方位构建文明的校园环境，形成理性消费的环境。

素养提升

**在全党大兴调查研究之风：
把情况摸清、把问题找准、把对策提实**

详细拟定调研方案，不打招呼、直奔现场，掌握真情况、研究真问题，提出一系列务实举措……党员领导干部应该深入基层一线，扎实开展调查研究，真正扑下身子干实事、谋实招、求实效。

案例2　大兴调查研究，提高党的执政能力和领导水平

调查研究是谋事之基、成事之道。习近平总书记指出，"要了解实际，就要掌握调查研究这个基本功"，强调"听真话、察真情，真研究问题、研究真问题，不能搞作秀式调研、盆景式调研、蜻蜓点水式调研"。中共中央办公厅印发《关于在全党大兴调查研究的工作方案》，提出："必须坚持问题导向，增强问题意识，敢于正视问题、善于发现问题，以解决问题为根本目的，真正把情况摸清、把问题找准、把对策提实，不断提出真正解决问题的新思路新办法。"

作出科学合理的决策，需要大量客观、真实、有效的信息。革命年代，为了准确摸清当时中国富农问题和商业情况，毛泽东同志抽出近1个月时间，与农民、手工业者、商人等深入谈心，掌握了大量第一手材料，写出5章、39节的《寻乌调查》。涉浅水者得鱼虾，涉深水者得蛟龙。对现实情况的掌握越是全面、准确，就越能为谋划工作、制定决策提供科学支撑。因此，到基层调查，要一下到底，寻求"源头活水"；既要抓点、搞好典型调查，也要注重调查研究对象的广泛性；敢于"钻矛盾窝"了解实情，少看花瓶和盆景，多看看后院和角落。用好交换、比较、反复的方法论，力求准确、全面、深透地了解情况，才能为进一步开展工作打好基础。

发现问题、找准问题，是解决问题的前提。如何啃下深度贫困这块硬骨头，打好脱贫攻坚战？从提出"突出重点、加强对特困村和特困户的帮扶"的"精准扶贫"理念，到要求"把扶贫开发、现代农业发展、美丽乡村建设有机结合起来"，再到强调"把'两不愁三保障'各项措施落实到村、到户、到人"……习近平总书记坚持访真贫、问真苦，走遍了全国所有集中连片特困地区，作出一系列重要部署。正是因为找准了导致深度贫困的主要原因，采取有针对性的脱贫攻坚举措，我们才如期打赢了脱贫攻坚战，创造了减贫治理的中国样本。实践证明，调查研究不仅要全面深入细致地了解实际情况，更要善于分析矛盾、发现问题。既要总体分析面上的情况，又要深入解剖麻雀，透过现象看本质，提炼出规律性认识。

开展调查研究，根本目的是解决问题。不解决问题就是形式主义，对问题听之任之就会误党误国。衡量调查研究搞得好不好，不是看调查研究的规模有多大、时间有多长，也不是光看调研报告写得怎么样，关键要看调查研究的实效，看调研成果的运用，看能不能把问题解决好。就此而言，调研形成的建议必须兼顾需要和可能，提出切实可行的具体措施。拿出符合实际、可行性强的对策，真正实现"调"以务实、"研"以致用，才能让调查研究成果更好地破解难题、推动工作。

问题是时代的声音。练好调查研究基本功，把事情的真相和全貌调查清楚，把问题的本质和规律把握准确，把解决问题的思路和对策研究透彻，一锤接着一锤敲，一步紧跟一步行，把一个个"问题清单"变为"成果清单"，我们就一定能积小胜为大胜，用实际行动扎实推进中国式现代化。

任务实施

在撰写市场调查报告过程中，主要有两个工作需要完成，第一个工作是如何撰写市场调查报告，第二个工作是如何合理地对市场调查结果进行表达沟通。前面对市场调查报告的知识层面进行了详细的阐述，究竟如何撰写市场调查报告？撰写市场调查报告的程序是怎样的？对于已知的市场调查结果如何对委托人或其他人员进行充分的信息沟通呢？

市场调查报告的撰写程序：

撰写调查报告的目的是反映实际情况，为营销决策提供书面依据。所以调查报告必须是在对调查资料进行科学的整理和分析的基础上撰写的。撰写调查报告是把调查分析的结果用文字表述出来，撰写程序一般有以下步骤：

一、确定调查报告的主题

调查报告的主题是调查报告的中心问题。主题是否明确、有价值，对调查报告具有决定性的意义。确定主题包括选题和确定观点两个步骤。

选题是指发现、选择、确定和分析论题的过程。论题就是对分析对象和目的的概括。所以选题一般表现为调查报告的选题。选题的途径一般分为：领导布置、外单位委托或自选观察调查。选题一般表现为调查报告的标题，也就是调查报告的题目，它必须准确揭示调查报告的主题思想，做到题文相符；高度概括，具有较强的吸引力。一般是通过扼要地突出本次市场调查全过程中最为有特色的环节的方式，揭示本报告所要论述的内容。案例素材的调查报告题目确定为：
《大学生消费问题调研分析报告——××学院在校生消费情况调查分析》。

视频5　确定调查报告主题

观点是调查研究者对分析对象所持有的看法和评价。它是调查材料的客观性与调查者主观认识的统一体，是形成思路、组织材料的基本依据和出发点。要从实际调查的情况和数字出发，通过现象而把握本质，具体分析，提炼观点，并立论新颖，用简单、明确、易懂的语言阐述。在观点形成过程中应遵循以下原则：

第一，分析要深入。要从实际调查的情况和数字出发，通过现象来把握本质。第二，分析要具体。分析不可以先入为主，只能从具体的现象、数字入手，在调查材料上做文章。第三，立论要新颖。观点是认识的逻辑概括，要用简单、明确、易懂的语言把自己的新认识阐述出来。

确定主题应注意的问题：调查报告的主题必须与调查主题相一致；要根据调研分析的结果确定观点并重新审定主题；调查报告的主题不宜过大。

二、取舍资料

资料是形成调查报告主题观点的基础；观点是资料的统帅和代表，其决定资料的取舍。这是撰写调查报告必须遵循的主要原则。在取舍材料时应注意几点：获取充分、完整的资料，依据主题筛选资料，多次取舍。

三、拟定提纲

在确定主题，取舍资料后，撰写调查报告就有了一个轮廓。提纲是调查报告的骨架，拟定一份提纲可以厘清思路。调查报告的写作提纲可分为条目提纲和观点提纲。条目提纲就是从层次上列出报告的章节。观点提纲是列出各章节要表述的观点。一般先拟定提纲框架，把调查报告分为几大部分。然后在各部分中再充实，按次序或轻重，横向或纵向罗列而成较细的提纲。提纲越细，反映调查者的思路越清晰，同时也便于对调查报告进行调整。例如案例素材的调查报告提纲：

前言：概述调查的意义与目的。

第一部分：陈述问卷调查的情况，内容包括问卷涵盖的问题、样本的获取方法及样本数量、有效问卷等。

第二部分：调查数据的统计分析。说明数据处理的方法，分析数据的主要计算结果，涉及消费总额及结构比例分析、收入情况分析、通信与交友情况分析、社会兼职及收入分析、自我评价分析等。

第三部分：调查结果分析。就调查数据结果，结合访谈资料，分析大学生消费不合理现象，并进行成因分析。

第四部分：结论与建议。就分析结果提出引导大学生理性消费的建议，从家庭、社会、政府、学校四方面论述。

四、撰写报告

在拟定较细提纲的基础上，便可以正式撰写调查报告。在撰写报告过程中，除按调查报告的格式，以事实为依据组织内容编写外，还要注意以下部分：第一，要做到通俗易懂。调查报告应摆事实，讲道理，内容是市场经济中的现象，讲清市场现象发展变化的趋势和规律性。写报告是为了给决策者看的，所以要用他人看得懂的文字表述观点，切忌使用不当的华丽词语，借用"大名词"显示学问以及滥用图表。第二，使用材料要准，分析问题要深刻。通俗易懂与理论上深入分析并不矛盾，只是要求在深入分析问题时，使用大众化语言，这样不会降低调查报告的水平和质量。第三，还要注意"活"字。就是文字生动活泼，形式灵活多样。针对不同需要采取不同的反映形式，如使用适当的图表既可清楚反映问题，又可打破一味叙述论证的"呆板"形式。

五、修改报告

任何写作都不是一次完成的，调查报告更是如此。它不但涉及语言文字的运用，更重要的是事实根据。因此调查报告必须反复修改、逐句审查、严把质量关。例如案例素材的调查报告正文如下：

市场调查报告的结果表达：

市场调查结果沟通是指市场调查人员同委托者、使用者以及其他人员之间就市场调查结果的一种信息交换活动。其意义在于市场调查报告的沟通是调查结果实际应用的前提条件，有利于委托者及使用者更好地接受有关信息，做出正确的营销决策，发挥调查结果的效用，有利于市场调查结果的进一步完善。市场调查报告的呈递方式（沟通方式）主要有两类，书面呈交方式（主要以调查报告形式）和口头汇报的方式。书面方式上述已经解决，接下来介绍口头汇报工作方法与内容。

相对而言，口头报告是一种直接沟通方式，它更能突出强调市场调查的结论，使相关人员对市场调查的主题意义、论证过程有一个清晰的认识。口头报告的优点有三：一是时间短，见效快，节省决策者的时间与精力；二是听取者对报告的印象深刻；三是口头汇报后可以直接进行沟通和交流，提出疑问，并做出解答等。事实上，对于一项重要的市场调查报告，口头报告是唯一的一种交流途径。它可以帮助调查组织者达到多重目的。

口头报告前期需要准备以下材料：

1. 汇报提要

为每位听众提供一份关于汇报流程和主要结论的汇报提要。提要应留出足够的空白，以利于听众做临时记录或评述。

2. 视觉辅助

使用手提电脑、投影设备，制作演示稿，内容包括摘要、调查方案、调查结果和建议的概要性内容。

3. 执行总结

每名听众都应有一份执行总结的复印件，使管理者在听取介绍前就能思考所要提出的问题。

4. 调查报告的复印件

报告是调查结果的一种实物凭证，鉴于调查者在介绍中省略了报告中的许多细节，为委托者及感兴趣者准备报告复印件，使其在听取介绍前就能思考所要提出的问题，就感兴趣的环节仔细阅读等。

5. 强调介绍的技巧

（1）注意对介绍现场的选择、布置。

（2）语言要生动，注意语调、语速等。

（3）注意表情和形体语言的使用。

最近几年，为寻求沟通调研结果的更有效方式，市场调查人员纷纷使用演示软件。微软公司 PowerPoint 软件在市场上居于支配地位，因为这种软件可方便地让分析人员进行下述工作：

（1）利用多种字体和字号创建项目图表，并且可以进行字体加粗、变斜体、添加下画线。

（2）可以创建出多种不同类型的、可用于展示特定调研发现的图形（饼状图、柱形图、线形图等），而且只需点击鼠标就可以对这些图形进行修改和测试。

（3）在演示及切换幻灯片时，有多种动画效果，还可以在幻灯片中插入声音、视频（项目组分析的现场录像）。

事实上，使用图表展示信息比用文字显得更有效、更具说服力，而且调查委托方一般都指明报告应以图表为基础，要求尽量少使用文字。

项目组成员制作了关于大学生消费问题调查的汇报演示文稿，文稿中插入了关于典型调查问卷、调查地点、访谈对象的一些图片，插入了消费水平及支出情况调查数据的统计表、条形图、饼形图，重点介绍了调查的结论与建议，并进行了信度论证。之后，调查小组成员携带准备好的资料参加专门的会议，项目组长做了专题的项目策划与实施汇报。

拓展阅读

第 51 次《中国互联网络发展状况统计报告》

> 课后巩固

◆ 知识训练

一、单项选择题

1. 以下内容不属于专题型调查报告的特点的是（　　）。
   A. 主题鲜明　　　　　　　　B. 数据准确
   C. 注重理论研究　　　　　　D. 材料具体
2. 以下哪项不属于消费者需求调查与预测的内容？（　　）
   A. 消费者需求总量　　　　　B. 消费构成
   C. 消费者的购买动机　　　　D. 售后服务的方式
3. 市场环境调查与预测的内容不包括（　　）。
   A. 竞争企业的生产能力　　　B. 政治环境
   C. 经济发展速度　　　　　　D. 促销活动的经济效果分析

二、多项选择题

1. 市场调查报告的正文部分一般包括（　　）。
   A. 背景资料　　　　　　　　B. 调查方法
   C. 调查过程　　　　　　　　D. 数据分析方法
   E. 分析结论　　　　　　　　F. 调查总结
2. 营销活动调查与预测的内容包括（　　）。
   A. 企业产品的营销实绩与趋势分析
   B. 营销渠道、销售价格的分析与预测
   C. 营销活动的费用
   D. 营销效率的分析预测
3. 市场调查报告依据研究的目的不同，可分为（　　）。
   A. 理论性调查报告　　　　　B. 实际型调查报告
   C. 专题型调查报告　　　　　D. 概况型调查报告

三、判断题

1. 调查报告反映的是市场现象中的主要矛盾和市场活动中的新问题。（　　）
2. 市场调查报告作为一种特殊的说明文，其格式总的特点是开门见山，准确简练。（　　）
3. 调查报告是市场调查活动的总结和说明，产生于市场调查分析之后，它是市场调查过程的高度概括。（　　）

四、简答题

1. 请简述市场调查报告的组织结构。
2. 请简述调查报告撰写中容易出现的问题。

◆ 实践演练

1. 到市场上或者网络上找一份其他公司已经用过的调查报告,并分析其优劣。
2. 以大学生就业意向为例进行一次虚拟的调查报告的编写。
3. 以大学生日常生活进行简短的调查,并着手写一篇正规的市场调查报告,并在班上进行调查结果展示和沟通。

◆ **任务评价**

任务执行评价

序号	评价维度	评价内容	所占分值/%	自我评价/30%	小组评价/20%	教师评价/50%
1	任务完成情况	学习自觉性高，积极主动，一丝不苟。遵守时间，能在规定时间内完成并上交	10			
2	任务呈现形式	如实记录，表达准确，条理清晰，内容丰富，图文并茂，有一定的创新力	20			
3	行动工具的达成	正确使用行动工具，作业步骤清晰，能够举一反三、融会贯通	25			
4	任务成果的达成	思想上积极上进，有强烈的求知欲和进取心，能够立足专业、提升技能、夯实基础，综合素养得到全面提升	25			
5	学习小组合作情况	团队目标明确，沟通顺畅，有团队协作精神，有领导组织能力	20			
		小计				
		合计				

任务10 撰写调查报告 随堂笔记

姓名		上课时间	
地点		授课教师	
主题			
重点及难点			
我的思考与问题			